Étranges récits, étranges lectures

De la même auteure

Pages de sable. Essai sur l'imaginaire du désert,
Rachel Bouvet
XYZ, 2006

L'espace en toutes lettres
Sous la direction de Rachel Bouvet et Basma El Omari
Nota Bene, 2003

Nomades, voyageurs, explorateurs, déambulateurs. Les modalités du parcours dans la littérature
Sous la direction de Rachel Bouvet, André Carpentier et Daniel Chartier
L'Harmattan, 2006

Théories et pratiques de la lecture littéraire
Sous la direction de Bertrand Gervais et Rachel Bouvet
Presses de l'Université du Québec, 2007

PRESSES DE L'UNIVERSITÉ DU QUÉBEC
Le Delta I, 2875, boulevard Laurier, bureau 450
Québec (Québec) G1V 2M2
Téléphone : (418) 657-4399 • Télécopieur : (418) 657-2096
Courriel : puq@puq.ca • Internet : www.puq.ca

Diffusion / Distribution :

CANADA et autres pays
DISTRIBUTION DE LIVRES UNIVERS S.E.N.C.
845, rue Marie-Victorin, Saint-Nicolas (Québec) G7A 3S8
Téléphone : (418) 831-7474 / 1-800-859-7474 • Télécopieur : (418) 831-4021

FRANCE
AFPU-DIFFUSION
SODIS

BELGIQUE
PATRIMOINE SPRL
168, rue du Noyer
1030 Bruxelles
Belgique

SUISSE
SERVIDIS SA
5, rue des Chaudronniers,
CH-1211 Genève 3
Suisse

Rachel Bouvet

Étranges récits, étranges lectures

ESSAI SUR L'EFFET FANTASTIQUE

2007

Presses de l'Université du Québec
Le Delta I, 2875, boul. Laurier, bur. 450
Québec (Québec) Canada G1V 2M2

Catalogage avant publication de Bibliothèque et Archives nationales du Québec et Bibliothèque et Archives Canada

Bouvet, Rachel, 1964-

Étranges récits, étranges lectures : essai sur l'effet fantastique

Publ. à l'origine dans la coll. : Collection L'univers des discours. Montréal : Balzac-Le Griot, 1998.

ISBN 978-2-7605-1518-5

1. Littérature fantastique - Histoire et critique. 2. Fantastique dans la littérature. 3. Poe, Edgar Allan, 1809-1849. Ligeia. I. Titre.

PN56.F34B68 2007 809.3'8766 C2007-941566-0

Nous reconnaissons l'aide financière du gouvernement du Canada par l'entremise du Programme d'aide au développement de l'industrie de l'édition (PADIE) pour nos activités d'édition.

La publication de cet ouvrage a été rendue possible grâce à l'aide financière de la Société de développement des entreprises culturelles (SODEC).

Mise en pages : INFO 1000 MOTS

Couverture – Conception : RICHARD HODGSON

Illustration : M.C. ESCHER, *Puddle* (1952), gravure sur bois.

1 2 3 4 5 6 7 8 9 PUQ 2007 9 8 7 6 5 4 3 2 **1**

Dépôt légal – 4e trimestre 2007
Bibliothèque et Archives nationales du Québec / Bibliothèque et Archives Canada
Imprimé au Canada

Table des matières

Liste des figures et des tableaux

Figures

Tableaux

Le lecteur indécis ne savait plus,
perdait pied comme en une eau
dont le fond manque à tout instant,
se raccrochait brusquement au réel
pour s'enfoncer tout aussitôt, et se débattre
de nouveau dans une confusion pénible
et enfiévrante comme un cauchemar.

Guy de Maupassant

Introduction

Les amateurs de fantastique savent qu'un effet très particulier peut résulter de la lecture d'un récit fantastique, c'est d'ailleurs bien souvent dans l'espoir de ressentir à nouveau cet effet qu'ils se précipitent sur les textes appartenant à ce type de littérature. En fait, parmi les personnes s'intéressant de près ou de loin au fantastique, la question de l'effet ne laisse personne indifférent. Des auteurs comme Maupassant, Poe, Lovecraft en ont parlé ; l'*unheimliche* ou inquiétante étrangeté occupe une place de choix dans la psychanalyse freudienne ; certains théoriciens du fantastique lui accordent une attention particulière, c'est le cas de Louis Vax, qui met de l'avant le sentiment de l'étrange, de Roger Caillois, qui s'interroge sur l'impression d'étrangeté irréductible, ou encore d'Irène Bessière, pour qui la frayeur est la seule chose que l'œuvre a à proposer. Quant à Tzvetan Todorov, dont l'ouvrage est devenu la référence principale dans ce domaine, loin d'être indifférent au problème, il considère que cet effet n'intéresse que les psychologues, reléguant ainsi hors du champ d'étude un objet qu'il juge secondaire. Cette prise de position a bien entendu suscité un débat au sein des théories du fantastique, un débat où le point de vue du texte et celui de l'émotion s'affrontent. Ce que l'on a tendance à oublier, c'est que l'effet ressenti à la lecture du fantastique est d'abord et avant tout un *effet de lecture*. Comment rendre compte de ce phénomène si l'on ne prend pas en considération le cadre où il se produit, à savoir la lecture ? S'interroger sur ces étranges lectures menées par les lecteurs de fantastique implique de déplacer le problème du côté des théories de la lecture au lieu de se cantonner aux théories concernant spécifiquement le récit fantastique[1].

Ce qu'il y a d'intéressant dans l'effet fantastique, c'est qu'il permet de problématiser certains aspects du processus de lecture. Il suppose, entre autres, que le lecteur[2] perçoive les indéterminations du texte sans pour autant chercher à les résoudre. Bien entendu, le texte fantastique n'est qu'un exemple de texte contenant des indéterminations importantes, le problème étant de savoir ce que l'on entend exactement par le terme d'« indétermination ». L'autre problème, tout aussi important, concerne la façon dont le lecteur réagit face à l'indétermination. L'effet fantastique n'est pas quelque chose d'automatique ; certains lecteurs, irrités par tel ou tel aspect du texte ou bien voulant l'interpréter à tout prix, ne le ressentiront jamais. Il importe donc de s'interroger sur les *variations* que peut connaître le processus de lecture. Si l'effet fantastique est un résultat possible de la lecture, on ne peut l'étudier sans s'interroger sur ce qui se passe lorsque la lecture est poussée à un autre extrême, lorsqu'elle trouve un prolongement dans une interprétation, ce qui constitue un autre résultat possible de la lecture. Cela explique pourquoi nous avons placé la notion d'indétermination au centre de notre étude, pourquoi nous avons mis en regard le problème de l'effet fantastique, qui était au point de départ de la recherche, et celui de l'interprétation du récit fantastique.

L'enjeu de ce livre est donc double : d'une part, il s'agit de définir l'effet fantastique, dont tout le monde parle mais qui n'a pas fait l'objet d'une véritable étude, et d'autre part, de remettre en cause la conception selon laquelle la lecture est un processus fondé sur l'élimination des indéterminations.

Le but n'est donc pas d'élaborer une nouvelle définition du texte fantastique mais bien d'explorer l'acte de lecture de textes reconnus comme tels. Nous avons opté pour une étude sémiotique de la lecture plutôt que pour une étude de la réception des textes, fondée sur une enquête auprès de lecteurs réels, parce que les enquêtes et questionnaires, malgré tout l'intérêt qu'ils représentent, ne permettent d'évaluer que des *résultats* de lecture. Or, notre but est d'examiner, non pas des résultats, mais un *processus* en train de se dérouler. Celui-ci ne peut être saisi de manière empirique : il est impossible de savoir ce

1. Ceci est la version remaniée d'une thèse de doctorat en sémiologie présentée au Département d'études littéraires de l'Université du Québec à Montréal en octobre 1994 sous le titre « Étranges récits, étranges lectures : le rôle des indéterminations dans la lecture du fantastique ». Cette recherche a été rendue possible grâce à l'appui financier du Conseil de recherches en sciences humaines du Canada et des fonds FCAR. Je les en remercie.
2. Pour éviter les répétitions et longueurs que l'usage excessif des deux genres entraîne, j'attribue au terme « lecteur », dans cet ouvrage, une valeur neutre : il désigne aussi bien une femme qu'un homme.

qui se passe dans la tête d'un lecteur au moment même où il est en train de lire ; c'est uniquement à l'aide d'hypothèses théoriques, définies à partir d'une expérience subjective, que l'acte de lecture peut être exploré.

Notre étude du rôle des indéterminations dans la lecture du fantastique comprend trois chapitres. Dans le premier, nous essayons de définir en quoi consistent les indéterminations du récit fantastique. Nous consacrons le second chapitre à l'articulation du rapport entre l'indétermination et l'effet fantastique qui se produit au cours de la lecture. Nous montrons que la progression rapide à travers le texte, la présence de certains procédés et le plaisir de l'indétermination sont trois conditions déterminantes dans la création d'un effet fantastique. Certains procédés, tels que le suspense, l'ambiguïté, l'enchâssement des cadres de référence, les dédales et les jeux de l'espace font l'objet d'une étude approfondie. Le corpus analysé dans ces deux chapitres est constitué d'un ensemble de récits fantastiques, les uns datant du XIXe siècle, provenant du corpus français : «La nuit» de Guy de Maupassant[3], «L'intersigne» d'Auguste Villiers de L'Isle-Adam[4], «La Vénus d'Ille» de Prosper Mérimée[5] ; et du corpus américain : «Ligeia» d'Edgar Allan Poe[6] ; les autres provenant du XXe siècle, appartenant soit à la littérature belge : «La ruelle ténébreuse» de Jean Ray[7] ; soit à la littérature québécoise : «Le livre de Mafteh Haller» de Marie José Thériault[8] et *Héloïse* d'Anne Hébert[9].

Dans le troisième chapitre, nous nous interrogeons sur le rapport entre indétermination et interprétation, et plus particulièrement sur l'amorce du processus interprétatif et sur l'attitude interprétative. Nous analysons un second corpus, comprenant des études que différents critiques ont faites de «Ligeia» et qui ont pour caractéristique de donner de ce récit des interprétations précises. Cette analyse a pour but de mettre en évidence le fonctionnement de ces diverses interprétations, de dégager, au moyen de la lecture en parallèle, certaines caractéristiques de l'attitude interprétative. L'interprétation se présente comme le résultat, l'aboutissement d'une lecture approfondie du texte et il est

3. Guy de Maupassant, «La nuit», *Contes et nouvelles 1875-1884. Une vie*, Paris, Robert Laffont, coll. «Bouquins», 1988, p. 599-603. [Première publication : 1887.]
4. Auguste Villiers de L'Isle-Adam, «L'intersigne», *Contes cruels*, Paris, Gallimard, coll. «Folio», 1983, p. 260-282. [Première publication : 1883.]
5. Prosper Mérimée, «La Vénus d'Ille», *Carmen et autres nouvelles*, tome 2, Paris, Librairie générale française, 1983, p. 73-111. [Première publication : 1837.]
6. Edgar Allan Poe, «Ligeia», *Contes, Essais, Poèmes*, Paris, Laffont, coll. «Bouquins», 1989, p. 362-374. (Cette édition présente des traductions de Baudelaire et de Mallarmé commentées par Jean-Marie Maguin et Claude Richard.)
Edgar Allan Poe, *Poetry and Tales*, New York, The Library of America, 1978, p. 262-277. [Première publication en version originale : 1838.]
7. Jean Ray, «La ruelle ténébreuse», *Le grand nocturne. Les cercles de l'épouvante*, Bruxelles, Actes sud/Labor, coll. «Babel», 1984, p. 87-132. [Première publication : 1952.]
8. Marie José Thériault, «Le livre de Mafteh Haller», *L'envoleur de chevaux et autres contes*, Montréal, Boréal, 1986, p. 97-115.
9. Anne Hébert, *Héloïse*, Paris, Seuil, 1980.

important pour une étude axée sur la lecture de comprendre quelles sont les caractéristiques de cette lecture. En plus d'observer comment ces interprétations éliminent les indéterminations du récit, nous étudions la façon dont les cadres de référence sont utilisés.

Voici quelques précisions sur la façon dont nous employons les traductions dans cet essai. Pour ce qui est des ouvrages ou articles savants, les citations sont faites en français lorsqu'une traduction existe et sinon en anglais. Le cas de la nouvelle «Ligeia» de Poe est quant à lui un peu particulier étant donné que sa traduction par Baudelaire s'est imposée jusqu'à aujourd'hui pour le public francophone (la dernière édition ne présente pas une nouvelle traduction, seulement des commentaires en note) et que Poe a été lu autant en anglais qu'en français. C'est l'acte de lecture *du texte traduit* qui fera dans cet essai l'objet de l'étude ; toutefois, la version anglaise sera mise en note de bas de page pour chaque citation, afin que le lecteur puisse vérifier l'original lorsqu'un extrait est analysé.

Il faut également rappeler que si les contes de Poe sont gothiques pour les uns et fantastiques pour les autres, c'est parce que ces deux termes sont enracinés dans des contextes culturels précis. Le roman gothique occupe une place importante dans la littérature anglo-saxonne, qu'il s'agisse des classiques comme *Les mystères du château d'Udolphe* d'Ann Radcliffe, *Le château d'Otrante* d'Horace Walpole, *Le moine* de Matthew Gregory Lewis[10], ou des *gothic stories* publiées actuellement et parmi lesquelles on trouve parfois des récits fantastiques. Si le roman gothique met généralement en scène des événements et des êtres surnaturels, s'il cherche à provoquer la peur, l'épouvante, la répulsion, l'horreur, il n'en reste pas moins qu'il est avant tout associé à un décor particulier, inspiré par l'architecture gothique. Les trames romanesques sont dans l'ensemble assez ordinaires : il y a des bons et des méchants, une jeune fille à secourir, un château devant être rendu à son héritier légitime, etc. Les effets de peur, de répulsion, d'horreur, sont moins dus à la saisie d'indéterminations qu'à la représentation explicite et détaillée de scènes sanguinolentes et il semblerait plus justifié de comparer cet effet à celui qui se crée lors de la lecture d'histoires d'horreur, comme pour les histoires de vampires d'Ann Rice, plutôt qu'à l'effet fantastique. Le gothique, dans les pays anglo-saxons, est étudié dans le cadre plus large de la «*fantasy*», parfois traduit par «fantastique», ce qui rend la confusion encore plus grande[11].

---

10. Ann Radcliffe, *Les mystères du château d'Udolphe*, Paris, J. Corti, 1984 ; Horace Walpole, *Le château d'Otrante*, Paris, J. Corti, 1967 ; Matthew Gregory Lewis, *Le moine*, Verviers, Marabout, 1977.
11. Les approches théoriques françaises et anglo-saxonnes du «récit terrifiant» sont examinées par Denis Mellier dans *L'écriture de l'excès : fiction fantastique et poétique de la terreur*, Paris, H. Champion, 1999.

Il peut être intéressant de rappeler que la notion de fantastique n'a pas connu la même évolution dans les pays anglo-saxons qu'en France. Comme le fait remarquer Joël Malrieu,

> [i]l n'est rien de commun entre ce que nous entendons sous ce vocable et ce que recouvrent le mot allemand *Phantasie* ou l'anglais *fantasy*. Ces derniers termes servent en effet à désigner indifféremment toute production de l'imaginaire pur n'ayant d'autre but que de divertir ou d'illustrer un message : *Les voyages de Gulliver* et *Alice au pays des merveilles* relèvent de la fantasy au même titre que *Dracula* ou *L'étrange cas du Dr. Jekyll et de Mr. Hyde*. De ce fait, ces notions, encore plus floues que celle de fantastique, et inaptes à être investies d'une quelconque valeur conceptuelle, ne sauraient participer à l'élaboration d'une théorie d'un genre qui n'est de toute façon pas envisagé comme tel en Allemagne ou dans les pays anglo-saxons[12].

Cette confusion entre les termes « fantastique » et « *fantasy* » se rencontre souvent. En est témoin l'ouvrage *Visions d'un autre monde. La littérature fantastique et de science-fiction canadienne*[13], où l'adjectif fantastique apparaît comme synonyme de *fantasy*. Il s'agit d'un recueil d'articles destiné à accompagner une exposition sur la littérature fantastique organisée par la Bibliothèque nationale du Canada, exposition dont l'une des principales ressources est une collection au titre révélateur : « The Merril Collection of Science Fiction, Speculation and Fantasy ». En fait, la *fantasy* rassemble des productions très hétérogènes, comme le montre à sa manière l'ouvrage de Rosemary Jackson, *Fantasy : The Literature of Subversion*[14], qui étudie conjointement des récits gothiques, fantastiques et merveilleux.

Si l'on en croit Joël Malrieu, ce sont peut-être des erreurs de traduction qui ont permis au mot « fantastique » de connaître dans le domaine francophone une destinée particulière. D'une part, il faut rappeler que lors de sa traduction des contes d'Hoffmann, Loève-Veimars a choisi de traduire le titre allemand, « Fantasiestücke », par « Contes fantastiques » plutôt que par « contes fantaisistes », qui aurait été plus proche du sens de « phantasie ». D'autre part, cette édition était précédée par la traduction, par Defauconpret, d'un article de Walter Scott sur Hoffmann. Ce que Scott appelait le « *fantastic mode of writing* » d'Hoffmann a été traduit par « genre fantastique » ; autrement dit, la qualification d'une manière d'écrire est devenue par le jeu de la traduction un genre littéraire. On comprend dès lors pourquoi les contes d'Hoffmann occupent une place privilégiée dans l'évolution du fantastique[15].

---

12. Joël Malrieu, *Le fantastique*, Paris, Hachette supérieur, 1992, p. 17.
13. Andrea Paradis (dir.), *Visions d'autres mondes. La littérature fantastique et de science-fiction canadienne*, s.l., Quarry Press et Bibliothèque nationale du Canada, 1995.
14. Rosemary Jackson, *Fantasy : The Literature of Subversion*, New York et Londres, Methuen, coll. « New Accents », 1982.
15. Voir à ce sujet le livre de Marcel Schneider, *Histoire de la littérature fantastique en France*, Paris, A. Fayard, 1985, et celui de Jean-Luc Steinmetz, *La littérature fantastique*, Paris, Presses universitaires de France, coll. « Que sais-je ? », 1990.

Ce sont donc uniquement des récits dits « fantastiques » que nous étudierons dans cet essai. Mais avant de commencer à explorer le processus de lecture de ces textes, je tiens à remercier Bertrand Gervais pour les conseils, les encouragements et l'aide qu'il m'a donnés tout au long de cette recherche. Les nombreux échanges que j'ai pu avoir avec lui ont joué un rôle essentiel. Je remercie aussi les autres membres du groupe de recherche sur la lecture, et plus particulièrement le coordonnateur de l'équipe, Gilles Thérien, dont les conseils ont toujours été fructueux. Mes remerciements vont également à Mahmoud Hasab-Alla, qui m'a toujours soutenue et grâce à qui j'ai pu faire face aux aléas du quotidien. Je dois ajouter enfin que la rédaction de cet essai a été égayée par la naissance, les sourires et les premiers pas de Karim, mon fils, qui découvre à son tour le pays du langage.

Chapitre 1

L'INDÉTERMINATION

[Q]u'un artiste, jouant au cartographe,
laisse en blanc des terres du pays de ses songes,
ces blancs-là ne seront, ne pourront jamais être remplis,
car leur seul rôle est de devoir être perçus comme blancs
dans l'immobilité énigmatique et définitive de leur mystère.

LOUIS VAX

1.1. LA NOTION D'INDÉTERMINATION

Considérée comme un élément du texte littéraire, l'indétermination a occasionné des réflexions importantes dans le champ des études littéraires, des réflexions qui sont menées le plus souvent dans le but de mieux comprendre l'acte de lecture. À la question de savoir quel est le rôle joué par le lecteur face à l'indétermination, on répond la plupart du temps par l'élimination, le remplissage, la résolution. Or, quand on choisit d'étudier un objet précis, tel que le récit fantastique, qui, d'une part se présente comme un cas où l'indétermination est thématisée, poussée à son extrême, et qui, d'autre part, suscite des effets de lecture très particuliers, on se trouve obligé de reformuler la question. Quel est le rôle joué par l'indétermination dans l'effet fantastique ? Afin de pouvoir répondre à cette question, nous étudierons deux modèles théoriques qui placent cette notion au centre de leurs préoccupations : ceux de Roman Ingarden et de Wolfgang Iser. Chez ces deux auteurs, la notion d'indétermination suscite des réflexions somme toute très éloignées de celles auxquelles le principe d'indétermination a donné lieu dans différents domaines du savoir[1].

Le lieu d'indétermination

Si certains voient en Roman Ingarden l'un des précurseurs des théories de la lecture[2], il n'en reste pas moins que sa perspective de recherche dans *L'œuvre d'art littéraire*[3] n'est pas celle de la lecture mais de l'ontologie. L'auteur se propose de déterminer l'essence de l'œuvre littéraire, selon une approche phénoménologique, et de montrer qu'il s'agit d'un objet possédant une structuration propre. Il s'intéresse à l'œuvre achevée, laissant de côté sa genèse, et tout au long du livre, il la distingue de ses concrétisations ou de ses lectures.

1. Mis en évidence par les physiciens de l'école de Copenhague, et en particulier par Werner Heisenberg, le principe d'indétermination, également connu sous l'expression « relations d'incertitude », est à la base de la physique quantique, qui a révolutionné l'univers des sciences. Il s'agit de l'hypothèse selon laquelle les différentes propriétés de l'atome ne peuvent pas être étudiées à l'intérieur d'une seule observation. Il a plus tard été appliqué à la philosophie, par Quine, à propos de la traduction. En ce qui concerne les études littéraires, il faut mentionner que dans *L'œuvre ouverte* (Paris, Seuil, 1965), Umberto Eco fait une analogie entre les découvertes scientifiques et les productions littéraires et explique comment l'indéterminé et la discontinuité sont devenus des catégories du savoir. Fait à souligner, la « poétique de l'œuvre ouverte » était dénommée antérieurement « poétique de l'indétermination » (« L'œuvre ouverte et la poétique de l'indétermination », *La nouvelle revue française*, 1re partie : n° 91, juillet 1960, p. 117-124 ; 2e partie : n° 92, août 1960, p. 313-320). Le principe de l'indétermination a également été utilisé par le mouvement de la déconstruction pour décrire l'acte d'interprétation, notamment par Paul de Man qui parle d'« une incertitude suspendue comportant l'impossibilité de choisir entre deux modes de lecture » (*Allégories de la lecture*, Paris, Galilée, coll. « La philosophie en effet », 1989, p. 39). Ce problème est aussi soulevé par Charles Altieri dans « Literary Procedures and the Question of Indeterminacy » (*Act and Quality. A Theory of Literary Meaning and Humanistic Understanding*, Amherst, The University of Massachussetts Press, 1981, p. 214-237), par Robert S. Sturges dans « Indeterminacy of Literary Meaning and Medieval Culture » (*Medieval Interpretation. Models of Reading in Literary Narrative. 1100-1500*, Carbondale, Southern Illinois University Press, 1991, p. 1-31) et par Timothy Bahti dans « Ambiguity and Indeterminacy : The Juncture » (*Comparative Literature*, vol. 38, n° 3, 1986, p. 209-223).
2. Michael Glowinski, « Reading, Interpretation, Reception », *New Literary History*, vol. 11, n° 1, 1979, p. 75-82.
3. Roman Ingarden, *L'œuvre d'art littéraire*, Lausanne, L'âge d'homme, coll. « Slavica », 1983.

Le problème de la lecture, bien qu'évacué dès le début, apparaît néanmoins à la fin du livre comme une préoccupation essentielle. L'auteur lui consacre en effet un chapitre entier, qui commence ainsi :

> Jusqu'à présent, l'orientation de nos recherches nous portait à considérer l'œuvre littéraire comme un « objet » *pour soi*, et à essayer d'en saisir la structuration particulière. Nous l'avons *détachée* du contact vivant avec les individus psychiques, et par là même de l'atmosphère culturelle et des différents courants spirituels qui se développent au cours de l'histoire. Là où l'œuvre littéraire elle-même renvoie à des opérations subjectives, nous avons évidemment dû faire référence aux éléments subjectifs. Il est temps, maintenant, de remettre l'œuvre littéraire en contact avec le lecteur, et de la replacer dans le concret de la vie spirituelle et culturelle, pour voir quels nouveaux états-de-fait et quels nouveaux problèmes en résultent[4].

Ce changement de cap est important car il inaugure une réorientation complète de son travail, que l'on trouve à l'œuvre dans son ouvrage subséquent intitulé *On the Cognition of the Literary Work of Art*[5], ouvrage sur lequel nous reviendrons plus loin.

L'œuvre d'art littéraire est conçue comme un tout organique, une construction polyphonique comprenant quatre couches : la couche glossophonique, la couche des unités de signification, la couche des aspects et la couche des objets figurés.

L'objet accède à la figuration au moyen des aspects schématisés. Ces derniers forment une couche distincte, dont l'étude suscite une investigation dans le domaine de la perception. Les aspects schématisés sont les schèmes perceptuels des objets, qui permettent de saisir les objets figurés à l'aide des cinq sens. Étant donné qu'il y a de l'indétermination dans la perception, les aspects schématisés présentent des lieux d'indétermination.

L'expression « objet figuré » désigne « chaque quelque chose projeté *nominalement* » et se rapporte « aussi bien à des personnes qu'à des choses, ou à n'importe quels événements, états, actes personnels, etc.[6] ». Les lieux d'indétermination sont présents dans l'objet figuré en nombre illimité. La plupart sont comblés par le lecteur lorsqu'il parcourt le texte, mais ils ne peuvent en principe être complètement éliminés. L'objet figuré se situe à l'opposé de l'objet réel qui est quant à lui univoquement déterminé :

---

4. *Ibid.*, p. 281, souligné par l'auteur.
5. Roman Ingarden, *On the Cognition of the Literary Work of Art*, Evanston, Ill., Northwestern University Press, 1973. (Il n'existe pas de traduction française de cet ouvrage.)
6. *Ibid.*, p. 189, l'auteur souligne.

> [...] l'objet figuré, «réel» selon sa teneur, n'est pas un individu authentique, déterminé de toute part d'une manière parfaitement univoque, qui forme une unité originaire, il n'est qu'une formation *schématique* qui présente divers lieux d'indétermination et un nombre fini des déterminations qui lui sont positivement attribuées[7].

Il est intéressant de voir comment la notion d'indétermination cède la place successivement à celle de «zone d'indétermination» puis à celle de «lieu d'indétermination», expression qui sera utilisée de façon constante par la suite, du moins dans la traduction française. La première fois où le mot «indétermination» apparaît, c'est dans le cadre plus large de ce que l'on pourrait appeler la problématique de la figuration. Lorsqu'un objet, seul, accède à la figuration, il est projeté sur un arrière-plan qui n'est pas quant à lui projeté :

> C'est toujours comme si un faisceau de lumière nous éclairait une partie d'une région dont le reste disparaîtrait dans le brouillard, et qui serait pourtant là dans son indétermination[8].

Deux remarques peuvent être faites au sujet de cette métaphore visuelle : d'une part, elle met en jeu la question de l'horizon, si chère aux phénoménologues, qui sera reprise et développée par Iser, dont la conception de la lecture est axée entre autres sur la dialectique du thème et de l'horizon ; d'autre part, on remarque que l'indétermination concerne avant tout un espace. Comme c'est précisément en fonction de l'espace que sera définie la «zone d'indétermination», il ne faudrait pas voir en cette phrase une simple métaphore.

L'espace figuré n'est ni l'espace réel, relatif au sujet percevant, ni l'espace idéel, pure diversité de points tridimensionnels, ni l'espace de représentation, lié à la représentation intuitive d'objets. Il est apparenté à tous ces espaces, notamment parce qu'il est sans discontinuité, ce qui forme l'essence de l'espace en général. Ingarden parle de «zones d'indétermination», qui sont en fait des lacunes, des vides, des trous, à propos des espaces qui séparent les espaces explicitement figurés :

> Les espaces explicitement et réellement figurés sont alors séparés comme par des lacunes (Lucken) ; ils présentent pour ainsi dire des zones d'indétermination. Autant de situations qui sont tout à fait impossibles dans un espace réel[9].

La même chose se produit pour le temps figuré : celui-ci n'est pas le temps réel, qui est un milieu continu et qui ne présente aucune lacune, mais partage avec lui le fait de ne supporter, par essence, aucune rupture. Les lacunes tempo-

---

7. *Ibid.*, p. 213.
8. *Ibid.*, p. 188.
9. *Ibid.*, p. 192.

relles ne sont pas remarquées du lecteur pour qui la rupture chronologique est impossible ; il s'agit d'intervalles de temps quelconques, en opposition à ceux explicitement figurés :

> Si deux phases temporelles « séparées » sont figurées, l'une étant antérieure et l'autre postérieure, alors le lecteur, en raison de l'impossibilité de la rupture chronologique, pose comme existant l'espace temporel situé entre ces deux phases : les lacunes chronologiques qui correspondent aux phases temporelles explicitement non figurées disparaissent de notre vue[10].

Ce n'est que lorsque l'on étudie de près l'œuvre d'art littéraire que l'on observe la présence de lieux d'indétermination. Lors de la lecture, ceux-ci passent inaperçus. Le lecteur, de manière générale, ne remarque pas les lieux d'indétermination :

> Cependant, l'œuvre littéraire singulière, lorsqu'un contact vivant s'établit avec elle dans la lecture, ne semble présenter aucun lieu d'indétermination, aucune schématisation ni aucune de ces potentialités des aspects tenus prêts[11].

La notion d'indétermination revêt en fait une importance de plus en plus grande à mesure que l'analyse d'Ingarden progresse. En effet, la conclusion à laquelle parvient l'auteur est que seule la présence de lieux d'indétermination dans l'œuvre d'art littéraire permet de différencier cet objet des objets réels et idéels.

Blancs et négations

La notion de lieu d'indétermination est reprise par Wolfgang Iser dans *L'acte de lecture*[12], mais elle subit des modifications importantes. La première concerne la perspective dans laquelle se situe l'étude de l'indétermination. Alors que Ingarden faisait œuvre de philosophe, en se situant délibérément dans une perspective ontologique et en ne procédant jamais à une analyse littéraire, Iser travaille dans le domaine des théories de la lecture et s'interroge sur l'acte de lecture ou de réception et l'effet esthétique des textes littéraires. Il remet donc le texte en contact avec le lecteur, mais conçoit toujours le texte comme une entité contenant une part d'indétermination.

La seconde modification est que la notion d'indétermination d'Ingarden est appliquée chez Iser à un principe de communication entre le texte et le lecteur :

---

10. *Ibid.*, p. 203.
11. Roman Ingarden, *L'œuvre d'art littéraire*, *op. cit.*, p. 281.
12. Wolfgang Iser, *L'acte de lecture. Théorie de l'effet esthétique*, Bruxelles, Mardaga, coll. « Philosophie et langage », 1985.

> [...] le texte contient une composante d'indétermination. Ce n'est pas un défaut, mais bien une condition fondamentale de la communication du texte : elle permet la participation du lecteur à l'intention du texte[13].

Rappelons que, chez Iser, le lecteur est implicite, virtuel, présent dans le texte, et possède un point de vue mobile. Comme les horizons de la mémoire et de l'attente se modifient constamment au cours de la lecture, les perspectives du texte interagissent entre elles. La communication entre le texte et le lecteur s'établit grâce à une activité de regroupement de ces perspectives, activité appelée « synthèse », d'où résulte une configuration sémantique.

La notion de lieu d'indétermination est quant à elle remplacée par celle de « blanc », dans la traduction du moins[14] :

> Si les blancs sont formés par les éléments d'indétermination du texte, il conviendrait de les appeler des lieux d'indétermination, comme l'a fait Ingarden. Mais les blancs ne se rapportent pas tant à la détermination incomplète de l'objet intentionnel ou des aspects schématisés qu'à l'occupation de certains lieux du système textuel par les représentations du lecteur. Plutôt que d'impliquer un achèvement nécessaire, ils soulignent une nécessité combinatoire[15].

Deux types de « blancs » ou éléments d'indétermination sont distingués : les blancs qui organisent l'axe syntagmatique de la lecture et les blancs produits par les « négations », intervenant quant à elles au niveau paradigmatique. Les premiers signalent une disjonction entre les segments du texte et stimulent ainsi l'imagination du lecteur : « dans la mesure où les blancs signalent l'omission d'une relation, ils permettent au lecteur de se représenter librement la jonction et "disparaissent" aussitôt qu'elle est établie[16] », le lecteur peut ainsi percevoir les changements de points de vue qui se succèdent dans le texte (point de vue du narrateur, des différents personnages, etc.).

Le rôle des blancs est de stimuler l'activité de représentation du lecteur, activité qui en retour permet leur élimination. C'est grâce à la projection de ses propres représentations, au moyen des images mentales, que le lecteur implicite comble les blancs :

> Dès lors qu'ils interrompent la cohérence du texte, les blancs stimulent l'activité de représentation du lecteur. Ils fonctionnent ainsi comme structure autorégulatrice dans la mesure où les disjonctions qu'ils créent activent le processus de représentation dans la conscience du lecteur. Il s'agit en effet de remplir les lacunes du texte par des images mentales[17].

---

13. Wolfgang Iser, *L'acte de lecture*, *op. cit.*, p. 55.
14. Dans la traduction anglaise, il est question de « gaps ».
15. Wolfgang Iser, *L'acte de lecture*, *op. cit.*, p. 318-319.
16. *Ibid.*, p. 319.
17. *Ibid.*, p. 337.

La présence de blancs peut également être due à la négation de normes, qui sont des éléments du « répertoire » du texte, et amener le lecteur à suppléer au texte, sur le plan du contenu cette fois. Le lecteur doit produire des significations à partir de la négation, expliciter ce que le texte contient d'implicite. Ce type de négation, appelé « négation primaire », introduit généralement un autre type de négation, la « négation secondaire », concernant la position du lecteur :

> La négation de certains éléments du répertoire avait montré au lecteur qu'il s'agissait pour lui de formuler quelque chose que le texte passait sous silence. La réussite graduelle d'une telle formulation introduit le lecteur dans le texte mais le détache de ses habitudes. [...] Sa position est intermédiaire entre sa découverte et ses habitudes. [...] Le lecteur recherche un équilibre entre ces deux pôles. L'incompatibilité entre ces deux pôles se résout en général par la production d'une troisième dimension, perçue en tant que configuration sémantique du texte[18].

Quelle que soit l'intensité des négations secondaires, celles-ci conduisent toujours, selon l'auteur, à l'établissement d'une cohérence. Rétablir une cohérence peut parfois demander au lecteur un effort important. Iser distingue en effet des cas où les blancs ne sont pas résolus, ce qui amène le lecteur à rechercher une signification à la présence de ces négations. Face à ces blancs « qui ne disparaissent pas », le lecteur devra, par exemple dans le cas du livre de Faulkner *The Sound and the Fury*, comprendre que le récit cherche à montrer ainsi « l'absurdité de la vie » ; ou encore, dans le cas de l'œuvre de Beckett, comprendre que le texte oblige le lecteur à prendre conscience de ses propres projections[19].

---

18. *Ibid.*, p. 375-376. La façon dont Iser détermine la résolution des blancs ne fait pas l'unanimité dans le domaine des théories de la lecture. Elle est remise en cause entre autres par David S. Miall dans son article « The Indeterminacy of Literary Texts : The View from the Reader ». La conclusion de son expérimentation faite en classe est que la réaction affective du lecteur est déterminante dans sa façon de combler les blancs : « *When a phrase is indeterminate it appears that the reader has recourse to her feelings : she provides an affective meaning, which may be informed by previous readings of similar texts, but is probably based most directly on her own experience* » (*Journal of Literary Semiotics*, n° 17, 1988, p. 164). Miall développe également cette question dans « Affect and Narrative. A Model of Response to Stories » (*Poetics*, n° 17, 1988, p. 259-272) et « Beyond the Schema Given : Affective Comprehension of Literary Narratives » (*Cognition and Emotion*, vol. 3, n° 1, 1989, p. 55-78).

19. Iser analyse ces exemples dans la partie allant de la page 337 à la page 386. On observe un glissement important d'un type de compréhension à un autre : il ne s'agit plus des inférences automatiques suscitées par les interruptions entre les segments du texte, ou encore relatives à une norme, mais d'une compréhension nécessitant un effort assez proche semble-t-il d'une interprétation. Le choix de ces exemples a d'ailleurs retenu l'attention de Menachem Brinker dans son article « Two Phenomenologies of Reading. Ingarden and Iser on Textual Indeterminacies » (*Poetics Today*, vol. 1, n° 4, 1980, p. 203-212). Il montre comment les textes sont répartis chez Iser en deux groupes : ceux dont la lecture ne bouleverse pas les normes, une lecture qualifiée d'« ennuyante », et ceux qui demandent de reconstituer le

Il faut bien voir que, dans cette théorie, les blancs sont toujours comblés par le lecteur[20]. Le principe de réduction de l'indétermination, qui peut être mis en évidence à propos de la communication orale, semble jouer de la même façon dans la «communication entre le lecteur et le texte». En effet, le lecteur, tout comme l'interlocuteur dans la communication orale, doit s'adapter au texte, réagir adéquatement aux blancs et aux négations. Des ajustements doivent être ménagés, pour pouvoir réduire à néant les indéterminations du texte. Peut-on aller jusqu'à dire que lire un récit, selon Iser, c'est réduire ses indéterminations? On constate en effet que c'est moins l'indétermination en elle-même qui intéresse Iser que le *processus de détermination* qui s'effectue au cours de la lecture: le texte est prédéterminé et le lecteur a pour tâche de combler les vides du texte. En définitive, l'indétermination est toujours résolue[21].

Finalement, ce qui retient l'attention d'Iser, c'est la façon dont l'indétermination est dépassée, grâce à l'élaboration d'une signification ou d'une image mentale. La conséquence de ceci est que le plaisir de la lecture réside essentiellement dans la construction effective d'une signification. Ce n'est pas l'indétermination en soi qui importe, mais bien ce qu'elle permet au lecteur de faire.

---

texte implicite et dont la lecture est valorisée. Brinker en conclut (p. 210): «*Reading as described by Iser is – contrary to reading described by Ingarden – tied to specific literary works important and central to literature as they may be.*»

20. Ceci est répété plusieurs fois. Ainsi, à la page 299: «Si le texte se présente ainsi comme un système combinatoire, il doit y avoir dans ce système une place prévue pour la personne chargée de réaliser ces combinaisons. Cette place est prévue aux lieux d'indétermination qui, en tant que disjonctions, marquent des enclaves dans le texte, et qui se présentent au lecteur comme des vides que celui-ci est appelé à combler.» En fait, cette définition du fonctionnement des blancs ne renvoie pas de manière spécifique au processus de lecture tel qu'il est expérimenté par un sujet en chair et en os. Le concept d'indétermination d'Iser peut être appliqué à toute autre chose, comme l'étude des procédés romanesques, ce qui a été fait par D. L. James dans une thèse intitulée *Wolfgang Iser's Concept of Indeterminacy and its Application to Stendhal's Fiction* (thèse en philosophie, Université d'East Anglia, 1988). Le but de cette étude est de mettre à jour certains traits de la technique romanesque stendhalienne et d'examiner son évolution d'un roman à un autre. Il n'y est pas du tout question de lecture.

21. Cela est souligné par Timothy Bahti dans l'article cité plus haut («Ambiguity and Indeterminacy: The Juncture», *loc. cit.*, p. 218): «*For Iser, texts are indeterminate – indeterminably so – but interpretations still determine.*»

1.2. LES INDÉTERMINATIONS DU RÉCIT FANTASTIQUE

«La nuit» ou le lecteur désorienté

La théorie d'Iser permet-elle de rendre compte des indéterminations du récit fantastique ? Prenons par exemple le récit «La nuit» de Guy de Maupassant[22] : le narrateur, devenu noctambule à cause de sa passion immodérée pour la nuit, entreprend de raconter ce qui lui est arrivé la nuit précédente, ou du moins «une nuit», car il ne lui est plus possible de se fier aux habituels repères temporels. La première partie du texte, entièrement au présent, expose l'engouement du narrateur pour les heures qui suivent le coucher du soleil. Elle est suivie par un paragraphe assez étonnant, qui ne peut que retenir l'attention du lecteur :

> Ce qu'on aime avec violence finit toujours par vous tuer. Mais comment expliquer ce qui m'arrive ? Comment même faire comprendre que je puisse le raconter ? Je ne sais pas, je ne sais plus, je sais seulement que cela est. – Voilà.
>
> Donc hier – était-ce hier ? – oui, sans doute, à moins que ce ne soit auparavant, un autre jour, un autre mois, une autre année, – je ne sais pas. Ce doit être hier pourtant, puisque le jour ne s'est plus levé, puisque le soleil n'a pas reparu. Mais depuis quand la nuit dure-t-elle ? Depuis quand ?... Qui le dira ? Qui le saura jamais ? (p. 600)

La question reste évidemment sans réponse. Après cet intermède quelque peu curieux, sur lequel nous reviendrons plus tard, le narrateur relate sa promenade dans Paris, qui peu à peu se transforme en une véritable errance. Le temps se défait au fur et à mesure qu'il progresse dans les rues de la ville. Les lampadaires s'éteignent, les étoiles disparaissent, les bruits habituels se taisent, sa montre s'arrête. Arrivé près des quais, il veut vérifier si le fleuve coule encore. Il descend l'escalier qui mène à la Seine, «presque tarie», marche dans le sable, dans la vase, trempe son bras dans l'eau, et finit son récit par cette phrase : «Et je sentais bien que je n'aurais plus jamais la force de remonter... et que j'allais mourir là... moi aussi, de faim – de fatigue – et de froid.» (p. 603)

Arrivé au terme du récit, on reste perplexe. L'inférence qu'on est amené à faire est que le narrateur est bel et bien mort peu de temps après sa descente dans le lit de la Seine. Si l'on reprend les distinctions d'Iser, nous avons affaire ici à une négation primaire étant donné que l'on rend explicite ce que la fin du texte passe sous silence. L'aventure est relatée au passé et l'on ignore complètement ce qui s'est produit entre le moment où le narrateur est entré dans la Seine, pour y mourir semble-t-il, et celui où il raconte son aventure. Il ne peut

22. Étant donné le nombre important de citations que nous ferons dans l'analyse de ce conte, nous mentionnerons les numéros de pages entre parenthèses dans le texte, après chaque citation. Nous procéderons de la même façon pour les autres textes du corpus.

pas être mort au moment où il narre son histoire, c'est paradoxal. Étant donné que l'indétermination du récit touche ici plus le contenu que l'aspect syntagmatique, et qu'elle déstabilise le lecteur, il apparaît fondé de la rapprocher de ce que Iser appelle les « négations secondaires ».

La négation secondaire serait due dans ce cas à la présence d'une incohérence fondamentale : le temps de la narration ne peut pas être postérieur au temps de l'histoire quand celle-ci finit avec la mort du narrateur. Ou encore : un mort ne parle pas.

On pourrait ajouter qu'il y a en outre une ambiguïté en ce qui concerne la nature de l'aventure. S'agit-il d'une aventure réelle ou d'un « cauchemar », comme l'indique le sous-titre[23] ? On ne peut rien affirmer, surtout pas que l'hypothèse du cauchemar élimine l'incohérence, car de la même façon qu'on ne raconte pas sa vie quand on est mort, on ne peut raconter un cauchemar où l'on se trouve encore[24]. Le mot « cauchemar » peut être pris à la lettre ou au sens figuré (« cette histoire, c'est un vrai cauchemar ! ») ; l'indétermination vient de l'impossibilité dans laquelle on se trouve d'opter pour l'une ou l'autre des significations du récit. Là encore, on pourrait parler de « négation secondaire », l'indétermination due à l'ambiguïté du récit empêchant le lecteur d'effectuer une synthèse.

Il faut cependant noter que le fonctionnement de la négation secondaire semble incomplet : elle peut déstabiliser le lecteur, mais elle ne le conduit pas forcément à établir une configuration sémantique. Pris « entre sa découverte et ses habitudes », comme le dit Iser, il peut être désorienté sans pour autant chercher à rétablir l'équilibre. L'indétermination semble paralyser plutôt que provoquer l'élaboration d'une signification : tout comme le narrateur, le lecteur peut se perdre au cours de son trajet et ressentir une impression d'incohérence, de vertige, à la fin de son parcours. Bien entendu, il peut également ressentir le besoin d'effectuer une synthèse, de redonner un sens au texte ; seulement, pour ce faire, il lui faudra relire le récit, parcourir à nouveau « La nuit » qui ne représentera plus l'inconnu. Nous reviendrons plus loin sur cette distinction

23. Il faut noter que lors de sa parution dans *La vie populaire*, cette nouvelle de Maupassant, datant de 1887, ne comportait pas de sous-titre. (Ceci fait l'objet d'une note dans l'édition de poche GF Flammarion, *Apparition et autres contes d'angoisse*, 1987, p. 199.)

24. Voici ce que dit Gwenhaël Ponnau à ce sujet : « Maupassant, pour sa part, dans *La nuit*, a radicalisé cette osmose fantastique du rêve et de la réalité : aussitôt après la déclaration liminaire dans laquelle le héros proclame son amour de la nuit, commence une déambulation à travers un paysage urbain et nocturne de plus en plus insolite, sans qu'il soit précisé si le sujet est en train de rêver (comme le donne à entendre le sous-titre du conte, "Cauchemar") ou si, inexorablement, tandis que le temps semble se figer dans une nuit sans fin, la réalité se transforme et se défait imperceptiblement minée par un processus fantastique de métamorphose. Passage de la vie consciente à la vie onirique, suivi d'un passage de l'univers du rêve dans le monde des ténèbres et de la mort : tel est peut-être le parcours surnaturel accompli par le héros. » (Gwenhaël Ponnau, *La folie dans la littérature fantastique*, Toulouse, Édition du CNRS, 1987, p. 171.)

entre différents types de lecture. Bornons-nous à constater pour l'instant que, d'une part, ce sont les indéterminations du type « négation secondaire » qui semblent présenter un intérêt pour l'étude du fantastique, et que, d'autre part, leur fonctionnement n'est pas tout à fait celui préconisé par Iser.

Quelques observations supplémentaires nous semblent nécessaires quant aux conceptions de l'indétermination qu'Ingarden et Iser proposent. Il est important tout d'abord de nous interroger sur le caractère spontané de la résolution de l'indétermination.

Les lieux d'indétermination qu'Ingarden situait dans les couches des aspects et des objets figurés sont pris en charge par les « images mentales » dans la théorie d'Iser. Celles-ci font actuellement l'objet de recherches et d'expérimentations en psychologie cognitive, qui s'intéressent surtout à la lecture de textes simples[25]. Comme le montre Michel Denis dans son ouvrage *Image et cognition*[26], la production d'images mentales se fait de façon spontanée.

Si l'on observe maintenant les lieux d'indétermination présents dans la couche des objets figurés d'Ingarden, on s'aperçoit qu'ils sont en grande partie remplis par le lecteur de façon tout aussi spontanée. Ils correspondent en effet aux blancs (faire le lien entre deux paragraphes, entre les différents points de vue, etc.) et aux négations primaires d'Iser (rendre explicite ce qui est implicite) et sont à mettre en relation avec un mécanisme de production d'inférences automatiques. Les recherches en psychologie cognitive sur les schémas, les scripts, les inférences, qui connaissent depuis quelque temps un développement important, s'intéressent à ce type d'indétermination[27].

Le caractère spontané de la résolution des indéterminations est évident dans le cas des blancs et des négations primaires ; il n'en va pas de même pour les négations secondaires, dont la résolution exige une relecture, une réflexion sur le texte ou encore une analyse approfondie. Les théories d'Ingarden et

---

25. Parmi les rares travaux prêtant une attention particulière au rapport entre l'image mentale et le texte littéraire, il faut citer le travail de Christopher Collins, *The Poetics of the Mind's Eye. Literature and the Psychology of Imagination* (Philadelphia, University of Pensylvania Press, 1991), qui s'interroge sur la production d'images mentales lors de la lecture de la poésie. Ce qui ressort de ses travaux, c'est la certitude que la lecture de textes littéraires n'est qu'une situation parmi d'autres où des images mentales sont produites.

26. Michel Denis, *Image et cognition*, Paris, Presses universitaires de France, coll. « Psychologie d'aujourd'hui », 1989.

27. Voir par exemple les travaux présentés par Guy Denhière dans *Il était une fois... compréhension et souvenirs de récits*, Lille, Presses universitaires de Lille, 1984. Parmi les travaux qui utilisent les résultats de la psychologie cognitive afin d'étudier la littérature, ce qui est une démarche très récente, on peut citer *Reading Minds. The Study of English in the Age of the Cognitive Science*, de Mark Turner (Princeton, NJ, Princeton University Press, 1991), où une reconceptualisation complète des « *humanities* » est proposée, ou encore *Apprendre à lire les fables*, de Christian Vandendorpe (Montréal, Le Préambule, 1989), qui offre un modèle pédagogique de la lecture axé sur les structures cognitives d'attente et de compréhension.

d'Iser apparaissent divergentes sur ce point. En effet, si Ingarden considère que le lieu d'indétermination n'est jamais remarqué par le lecteur, ce n'est pas le cas d'Iser. Au contraire, en ajoutant une catégorie non prévue par Ingarden, la négation secondaire, Iser complexifie le problème de l'indétermination. Ce type d'indétermination est remarqué par le lecteur, qui est « déstabilisé », rendu parfois conscient de ses propres projections, et qui doit fournir un effort important pour résoudre l'indétermination. Iser met en fait sur le même plan ce qui peut apparaître parfois comme une véritable énigme et ce qui est résolu de façon spontanée.

Étant donné que ce sont les indéterminations de type « négation secondaire » qui sont les plus intéressantes dans le cas du fantastique, il s'avère important de faire une distinction très nette entre les blancs et les négations primaires d'un côté, et les négations secondaires de l'autre. Cette distinction entre les différents types d'indétermination est importante car, si l'on peut poser que tout discours littéraire contient des blancs et des négations primaires, il est beaucoup moins évident qu'il en soit ainsi pour les négations secondaires.

Notre recherche sur les indéterminations du récit fantastique prendra trois directions. Tout d'abord, nous nous interrogerons sur la thématisation de l'indétermination. En reprenant l'analyse du conte « La nuit », qui n'a été présentée que très partiellement, nous tenterons de montrer de quelle façon l'indétermination est thématisée dans le discours fantastique. Pour ce faire, nous nous appuierons sur le code énigmatique de Roland Barthes.

Nous nous demanderons ensuite si l'indétermination est toujours résolue par le lecteur. Selon Iser, la déstabilisation du lecteur est intéressante dans la mesure où elle provoque la découverte de ce qui est nié par la négation secondaire, autrement dit la résolution de l'indétermination. Lors de la lecture d'un récit fantastique, une indétermination est sentie, perçue, saisie par le lecteur lors de son premier parcours du texte. Ce n'est que grâce à une analyse, ou à une réflexion sur le texte, qu'il pourra la résoudre. Il s'avère donc nécessaire de faire une distinction entre différents types de lecture, ce que nous ferons en présentant les théories élaborées par Matei Calinescu et Bertrand Gervais, qui proposent chacun une opposition, l'un entre première lecture et relecture, l'autre entre lecture-en-progression et lecture-en-compréhension.

Enfin, nous montrerons que l'indétermination ne provoque pas uniquement l'élaboration d'images mentales ou la production d'une configuration sémantique. Lorsqu'elle reste irrésolue, elle peut créer un plaisir de lecture bien particulier, que nous nommerons plaisir de l'indétermination.

Le code énigmatique

Peut-on aller jusqu'à dire que les indéterminations du récit fantastique se présentent comme de véritables énigmes ? Les lacunes d'information que sont les indéterminations du texte ont pour effet de créer un suspense, de mettre le lecteur en attente d'une explication, d'un complément d'information. Le discours s'organise autour d'un vide, d'un manque.

Un tel questionnement sur l'indétermination est en fait assez proche de celui de Roland Barthes au sujet du « code herméneutique » ou « code énigmatique », l'un des cinq codes mis en évidence dans *S/Z*, les autres codes étant : le code proaïrétique ou code des actions, le code culturel ou code de la référence, le code sémique et le code symbolique[28]. C'est dans une « analyse textuelle » que ces codes sont utilisés, pour donner au texte une dimension plurielle, déployer les significations du récit dans plusieurs directions. C'est ce même type d'analyse qui est mis en application dans l'article « Analyse textuelle d'un conte d'Edgar Poe », où Barthes parcourt lexie par lexie « La vérité sur le cas de M. Valdemar », qui met en scène une « science » très prisée au XIXe siècle : le magnétisme[29]. Étant donné que dans ces analyses, Barthes identifie surtout des « énigmes », et que le terme « herméneutique » renvoie à une réflexion qui dépasse de beaucoup le présent sujet, ne serait-ce que parce que l'herméneutique fait partie du champ philosophique et non pas littéraire, nous utiliserons désormais l'expression « code énigmatique » pour désigner « l'ensemble des unités qui ont pour fonction d'articuler une question, sa réponse et les accidents variés qui peuvent ou préparer la question ou retarder la réponse ; ou encore : de formuler une énigme et d'amener son déchiffrement[30] ».

Les trois premiers éléments (thématisation, position, formulation de l'énigme) correspondent à la question et le dernier (dévoilement ou déchiffrement) à la réponse. Entre ces deux extrêmes, de nombreux éléments ont pour fonction de retarder la réponse, de faire en sorte que le lecteur soit de plus en plus pressé de connaître le mot de la fin (promesse de réponse, équivoque, blocage, réponse suspendue, réponse partielle). Regardons maintenant comment se présentent les énigmes de « La nuit ».

Dans toute la première partie, allant du titre à la phrase « Ce qu'on aime avec violence finit toujours par vous tuer », l'attention est dirigée sur un objet bien précis : la nuit. L'accent mis par le discours sur l'objet de la passion du narrateur, passion plutôt inusitée et relatée avec des termes appartenant au registre amoureux [« J'aime la nuit avec passion » (p. 599) ; « j'ai envie de crier

---

28. Roland Barthes, *S/Z*, Paris, Seuil, coll. « Points Essais », 1970.
29. Roland Barthes, « Analyse textuelle d'un conte d'Edgar Poe », dans Claude Chabrol (dir.), *Sémiotique narrative et textuelle*, Paris, Larousse, 1973, p. 29-54.
30. Roland Barthes, *S/Z*, *op. cit.*, p. 24.

de plaisir», «un impétueux, un invincible désir d'aimer s'allume dans mes veines» (p. 600)], permet d'affirmer qu'une énigme est thématisée dès le début du texte. Un changement brusque s'opère quand on arrive à la question : «Mais comment expliquer ce qui m'arrive ?», où l'on pourrait voir formulée l'énigme principale du récit, de façon implicite toutefois. Cette question contient en effet un présupposé : s'il éprouve des difficultés à expliquer ce qui lui arrive, c'est que la situation dans laquelle il se trouve est complexe. Qu'est-il arrivé au héros amoureux de la nuit ? Telle est l'énigme qui est proposée au lecteur comme point de départ d'un parcours semé d'embûches. La présence d'une indétermination concernant ce qui est arrivé au narrateur contribue à susciter chez le lecteur le désir de connaître le fin mot de l'histoire, de se dépêcher d'aller jusqu'au bout du texte où il espère trouver le déchiffrement de l'énigme. Une tension est ainsi créée, qui constitue l'amorce d'un suspense.

La phrase suivante : «Comment même faire comprendre que je puisse le raconter ?» se présente comme un commentaire du narrateur sur les conditions mêmes de son énonciation. Elle a pour effet de rendre les choses encore plus obscures. Le «je» est plongé dans l'anonymat le plus complet, de même que le «ici» et le «maintenant» de la situation d'énonciation. La situation dans laquelle il se trouve s'avère tellement grave qu'elle met en cause les possibilités mêmes d'énoncer ce qui va suivre. Le paradoxe visé dans cette phrase (énoncer tout en étant dans l'impossibilité d'énoncer) signale la présence d'une énigme ; on peut donc considérer cet énoncé comme la «position de l'énigme».

Le narrateur répond à ces questions en disant : «Je ne sais pas, je ne sais plus, je sais seulement que cela est. – Voilà.», une réponse plutôt légère face aux «comment expliquer... ? comment comprendre... ?» qui présupposaient une situation des plus inhabituelles. Cette phrase, véritable emblème de l'indétermination, instaure une rupture dans le texte, et renvoie la solution du problème à plus tard. Il s'agit bel et bien d'un blocage : l'énigme est présentée d'emblée comme insoluble puisque le narrateur ne peut donner ne serait-ce qu'une bribe d'explication. En fait, au lieu d'expliquer, le personnage va se mettre à raconter son aventure, en s'arrêtant encore une fois en cours de route : «Donc hier – était-ce hier ? – oui, sans doute, à moins que ce ne soit auparavant, un autre jour, un autre mois, une autre année, – je ne sais pas.» Le récit n'est pas plus tôt commencé avec «Donc hier», qui constitue une promesse de réponse à l'énigme, une amorce de récit, que se produit une nouvelle rupture, à la fois dans la phrase elle-même avec les tirets, les points d'interrogation, et dans le déroulement du récit. Le doute concernant le déictique «hier», l'indétermination quant au temps de l'aventure, nous montrent un personnage «perdu» dans le temps. «Hier», qui est un repère temporel, un marqueur de l'énonciation, finit par être totalement disloqué, transformé en un temps indistinct, de plus en plus vague («auparavant, un autre jour, un autre mois, une autre année, – je ne sais pas»). La résolution de l'énigme est à nouveau bloquée.

Que dire des lignes suivantes, sinon qu'elles semblent correspondre à ce que Barthes appelle l'équivoque, autre terme du code énigmatique ? Dans la phrase « Ce doit être hier pourtant, puisque le jour ne s'est plus levé, puisque le soleil n'a pas reparu », on trouve à la fois une vérité – hier se définit comme le jour précédant la nuit –, et un leurre, puisqu'il fait toujours nuit et que les repères temporels ne sont plus d'aucune utilité.

L'énigme s'épaissit encore davantage avec les questions : « Mais depuis quand la nuit dure-t-elle ? Depuis quand ?... Qui le dira ? qui le saura jamais ? » La division du temps en jours, mois, années, repose sur la définition du jour comme intervalle entre deux nuits. Supposer un dérèglement de la nuit, c'est perdre du même coup tout repère temporel, d'où le caractère angoissé de ces questions. Celles-ci ne sont d'ailleurs des questions qu'en apparence, car elles contiennent, de façon implicite, leur propre réponse. Lire : « qui le saura jamais ? », c'est comprendre : « personne ne le saura jamais », d'où un nouveau blocage de l'énigme, un nouveau constat d'insolubilité. Le récit embraye véritablement avec la reprise du « Donc hier... ». Après s'être lui-même convaincu qu'il s'agissait bien d'« hier » – mais combien de questions a-t-il fallu pour y arriver ? –, le narrateur se décide à raconter son aventure. Ce moment peut être considéré comme une nouvelle promesse de réponse. Les éléments de la première énigme peuvent être résumés ainsi :

Tableau 1.1 – **L'énigme de la nuit**

Thématisation	« La nuit »... finit toujours par vous tuer.
Formulation	Mais comment expliquer ce qui m'arrive ?
Position	Comment même faire comprendre... ?
Blocage	Je ne sais pas... Voilà.
Promesse de réponse	Donc hier –
Blocage	Était-ce hier ?... je ne sais pas.
Équivoque	Ce doit être hier... le soleil n'est pas reparu.
Blocage	Mais depuis quand... Qui le saura jamais ?
Promesse de réponse	Donc hier... après mon dîner.

L'extrait qui vient d'être analysé montre une dislocation complète du temps. Très riche en données temporelles (adverbes, prépositions, conjonctions, syntagmes se rapportant au temps), présentant divers temps verbaux (présent, imparfait, passé composé, futur, subjonctif) et suivant un rythme, donné par la ponctuation, précipité, c'est l'un des moments importants de la nouvelle. Le passage d'un temps verbal à un autre, d'un terme lié au temps à un autre, d'un déictique à un questionnement sur l'énonciation, provoque une fragmentation, un éclatement, une explosion riche en «temporalité». C'est donc au moyen d'une série de ruptures temporelles que se met en place le code énigmatique.

Survient ensuite le récit d'une longue promenade à travers Paris, promenade qui va se transformer en une véritable errance. Un premier trajet commence et finit avec la contemplation des astres[31] ; c'est une période d'accalmie puisque aucune trace de l'énigme n'apparaît. Ainsi qu'il le fait d'habitude, le héros sort de la ville et fait un tour dans les bois :

> J'entrai dans le bois de Boulogne et j'y restai *longtemps, longtemps*. Un frisson singulier m'avait saisi, une émotion imprévue et puissante, une exaltation de ma pensée qui touchait à la folie. Je marchai *longtemps, longtemps*. Puis je revins. Quelle heure était-il quand je repassai sous l'Arc de Triomphe? Je ne sais pas. (p. 601, nous soulignons)

Ces lignes sont importantes, comme nous le verrons plus loin. Bornons-nous à remarquer pour le moment que la répétition de l'adverbe *longtemps* (quatre fois en quatre lignes), ainsi que la question banale «quelle heure était-il?», mettent l'accent sur le temps. Une nouvelle énigme, portant plus spécifiquement sur le temps, est thématisée. Quand le narrateur revient vers la ville, il a un curieux pressentiment : «Pour la première fois, je sentis qu'il allait m'arriver quelque chose d'étrange, de nouveau.» (p. 601) L'énigme est ici signalée, posée. Un défilé plutôt curieux se présente alors à ses yeux, composé de voitures de légumes «d'un rouge de feu», «d'un vert d'émeraude», «d'un blanc d'argent» se dirigeant vers les Halles. Ces teintes très lumineuses sont tout simplement celles des carottes, des choux et des navets. Les chevaux marchent sur le pavé de bois, «sans bruit», conduits par des personnages «invisibles», car endormis.

Plusieurs incohérences peuvent être relevées dans cette description du défilé : comment les légumes peuvent-ils être aussi lumineux dans une rue à peine éclairée («les becs de gaz paraissaient mourants», p. 601)? Comment se fait-il que les sabots des chevaux ne fassent pas de bruit, surtout sur un pavé de bois? Le narrateur ne remarque pas ces incohérences, il ne fait qu'observer l'aspect désertique de Paris et tirer sa montre. De la même façon, le lecteur peut passer à côté de ces incohérences sans les voir s'il n'est pas en situation d'analyse. Son attention peut porter sur autre chose, être déviée par l'aspect poétique de la description par exemple, ce qui fait qu'il ne soupçonnera pas la

---

31. Voici ce que dit le texte au tout début de la promenade dans Paris : «En descendant vers les boulevards, je regardais au-dessus de ma tête le fleuve noir et plein d'étoiles découpé dans le ciel par les toits de la rue qui tournait et faisait onduler comme une vraie rivière ce ruisseau roulant des astres» (p. 600) ; et juste avant la ballade dans le bois de Boulogne : «Les astres là-haut, les astres inconnus jetés au hasard dans l'immensité où ils dessinent ces figures bizarres, qui font tant rêver, qui font tant songer» (p. 601).

présence d'incohérences. On peut supposer que le défilé n'est pas pris pour ce qu'il est, un défilé fantôme, irréel, et que ce passage du récit fonctionne comme un leurre pour le lecteur.

Jetons un œil maintenant sur la montre du narrateur : « Il était deux heures. » Cette mention précise de l'heure intervient environ une page après la question : « Quelle heure était-il ? » Celle-ci, d'abord posée sur le mode insignifiant, devient saugrenue lorsqu'elle est adressée à un chiffonnier qui fouille le ruisseau une lanterne à la main. Pourquoi en effet demander l'heure lorsque l'on a une montre dans sa poche et de la lumière (la lanterne du chiffonnier) pour regarder son cadran ? Pourquoi, de plus, choisir de la demander à un chiffonnier, pour qui une montre représente vraisemblablement un luxe, et qui répond d'ailleurs par un laconique « J'ai pas de montre » ? L'attitude du narrateur apparaît incohérente. Là encore, on peut parler d'un leurre, car il semble difficile de remarquer l'incohérence lors du premier parcours du texte[32].

L'errance à laquelle on assiste peu après est à la fois une errance dans l'espace : « je me perdis ; j'errai », « Je me perdis encore » (p. 602), et dans le temps, puisque le narrateur se demande en vain : « Quelle heure était-il donc ? Je tirai ma montre, mais je n'avais point d'allumettes. J'écoutai le tic-tac léger de la petite mécanique avec une joie inconnue et bizarre. Elle semblait vivre. J'étais moins seul. » (p. 602) Cette question, appartenant au réseau des platitudes, ponctue le texte de façon régulière[33] et devient, du fait de la répétition, une question obsédante ; elle correspond en fait à la formulation de l'énigme liée au temps thématisée quelques pages plus tôt. Avec l'exclamation « Quel mystère ! », survenant juste après, la présence d'une énigme est à nouveau pointée du doigt.

32. Sorin Alexandrescu, qui étudie le texte lexie par lexie en suivant les principes de la sémiotique greimassienne, explique cette réaction de la façon suivante : « Le contact établi, la communication n'aboutit à rien : le chiffonnier avoue son ignorance. Il est donc qualifié pour le rôle d'Autrui, mais il ne peut pas être qualifié comme Actant (Adjuvant) parce qu'il est caractérisé par un non-savoir, qui lui interdit de s'intégrer à la quête de Je. [...] D'ailleurs Je, devant l'anormalité des signifiants, a une réaction inadéquate, en cherchant les mêmes signifiés qu'auparavant : une deuxième quête de la Nuit perce à travers sa quête de l'Adjuvant. » (« Le discours étrange. Essai de définition à partir d'une analyse de "La nuit" de Maupassant », dans Claude Chabrol (dir.), *Sémiotique narrative et textuelle*, Paris, Larousse, 1973, p. 80). Les autres analyses de « La nuit » ne parlent pas de cette incohérence, ni de celle concernant le défilé de voitures. Voir D. Hampton Morris, « Variations on a Theme. Five Tales of Horror by Maupassant » (*Studies in Short Fiction*, vol. 17, n° 4, 1980, p. 475-481) ; Charles Castella, « Une divination sociologique : les contes fantastiques de Maupassant (1875-1891) » (Louis Forestier [dir.], *Agencer un univers nouveau*, Paris, Minard, coll. « Lettres modernes », 1976, p. 63-92) ; Marie-Claire Bancquart, *Maupassant conteur fantastique* (Paris, Minard, coll. « Lettres modernes », 1976).

33. Elle sera dite en tout cinq fois : p. 601 : « Quelle heure était-il quand je repassai sous l'Arc de Triomphe ? Je ne sais pas » ; p. 602 : « "Quelle heure est-il, mon brave ?" Il grogna : "Est-ce que je sais ! J'ai pas de montre" » ; « Quelle heure était-il donc ? Je tirai ma montre, mais je n'avais point d'allumettes » ; « Quelle heure pouvait-il être ? » ; p. 603 : « Mais l'heure ? l'heure ? qui me dirait l'heure ? »

Le héros, désespéré de voir le jour se lever, ne tarde pas à montrer les signes d'une extrême fatigue: «Je marchais, me semblait-il, depuis un temps infini, car mes jambes fléchissaient sous moi, ma poitrine haletait, et je souffrais de la faim horriblement.» (p. 602) Le temps semble s'être étiré en longueur, depuis le moment où le narrateur a marché *longtemps, longtemps* dans le bois, jusqu'à atteindre les dimensions de l'infini dans cette phrase, même si ce n'est que de l'ordre de l'impression. Le temps ne pouvant plus être connu avec certitude à l'aide de l'instrument habituel, la montre, le héros a recours à sa propre perception du temps, basée quant à elle sur les transformations que son corps a subies au cours de la nuit. Cette phrase présente en fait les caractéristiques de l'équivoque. On pourrait considérer qu'une partie de la réponse est donnée: l'inférence selon laquelle le temps s'est arrêté, a perdu ses contours et est devenu du même coup «infini», est en effet possible lors d'un retour sur le texte. Mais, quand on lit le texte pour la première fois, la modalisation due au «me semblait-il» empêche de prendre le narrateur au sérieux; la «vérité» est occultée par le fait qu'il ne s'agit que d'une perception, d'une impression, ce qui en soi n'est pas très fiable. La cause d'une telle fatigue reste inconnue, ce qui renforce le caractère énigmatique de la scène.

Après avoir vainement tenté de rencontrer quelqu'un en sonnant à toutes les portes, le narrateur est saisi par l'épouvante et cherche une nouvelle fois à connaître l'heure:

> Mais l'heure, l'heure, qui me dirait l'heure? Aucune horloge ne sonnait dans les clochers ou dans les monuments. Je pensai: «Je vais ouvrir le verre de ma montre et tâter l'aiguille avec mes doigts.» Je tirai ma montre... elle ne battait plus... elle était arrêtée. (p. 603)

Il ne reste «plus rien» – ces termes apparaissent quatre fois en quatre lignes –, tout semble anéanti. L'arrêt de la montre a pour effet de bloquer la résolution de l'énigme du temps.

Comme il est arrivé, ne sachant pas trop comment, près des quais, il perçoit l'humidité du fleuve, d'où une nouvelle interrogation: «La Seine coulait-elle encore?» (p. 603). Il ne s'agit pas d'un simple mouvement de curiosité: au-delà du fait que la présence de l'eau montrerait que tout n'est pas totalement anéanti, il faut remarquer le cliché voulant que l'eau – et la Seine en particulier chez les poètes français – symbolise le temps qui passe. On pourrait dire que, ne pouvant plus compter sur les appareils à mesurer le temps (la montre, les horloges), le narrateur se tourne vers un élément naturel pour s'assurer que le temps «s'écoule encore». La question qu'il se pose peut donc être considérée comme une variante de la question obsédante «Quelle heure était-il donc?», et comme la formulation différente de la même énigme, celle du temps.

La Seine coule encore, mais il faut qu'il traverse, au bas des marches, un banc de sable, de la vase, avant de trouver de l'eau. Il faut bien se rendre à l'évidence : elle est très froide, « presque gelée », « presque tarie » – l'hypothèse d'une sécheresse est à rejeter, car l'eau ne serait pas si froide –, « presque morte ». Le texte apporte donc une réponse de type « oui, mais... » à la question posée plus haut, ce qui semble proche de l'équivoque. Une partie de la vérité est donnée (elle coulait encore), mais le fait qu'elle soit presque tarie ne s'explique pas, ce qui ne fait qu'augmenter le mystère. Enfin, la dernière phrase, où le narrateur pressent l'imminence de la mort, causée par la faim, la fatigue et le froid, laisse la question en suspens[34].

Le tableau suivant récapitule la façon dont l'énigme du temps (énigme 2) évolue :

Tableau 1.2 – **L'énigme du temps**

Thématisation	J'entrai dans le bois et j'y restai longtemps, longtemps... Quelle heure était-il quand je repassai sous l'Arc de Triomphe ?
Position	Pour la première fois, je sentis qu'il allait m'arriver quelque chose d'étrange, de nouveau.
Leurre	Il me sembla qu'il faisait froid... elles passaient l'une derrière l'autre, ces voitures, rouges d'un rouge de feu, blanches d'un blanc d'argent, vertes d'un vert émeraude... Je n'avais jamais vu Paris aussi mort, aussi désert.
Leurre	Devant le Vaudeville, un chiffonnier fouillait le ruisseau... « J'ai pas de montre. »
Formulation	Quelle heure était-il donc ?
Position	Quel mystère !
Équivoque	Je marchais, me semblait-il, depuis un temps infini, car mes jambes fléchissaient sous moi, ma poitrine haletait, et je souffrais de la faim horriblement.
Blocage	Je tirai ma montre... elle ne battait plus... plus rien !
Formulation	La Seine coulait-elle encore ?
Équivoque	Elle coulait... presque gelée... presque tarie... presque morte.
Réponse suspendue	Et je sentais bien que je n'aurais plus jamais la force de remonter... et que j'allais mourir là... moi aussi, de faim – de fatigue – et de froid.

34. Pour certains, comme Marie-Claire Bancquart, l'issue du récit ne fait pas de doute. Selon elle, le conte s'achève avec la mort du héros : « Une chaîne cohérente d'images de l'inconnaissable est donc englobée par l'image de cette liquidité trompeuse qui recèle la mort [...]. La Seine froide et à demi figée traverse dans "La nuit" Paris mort, et va présider à la mort du héros. » (Bancquart, *Maupassant conteur fantastique, op. cit.*, p. 67.)

On remarque tout d'abord l'absence d'un des termes importants du code énigmatique de Barthes : le *dévoilement* ou *déchiffrement* de l'énigme[35]. Dans *Sarrasine*, le code énigmatique s'organise principalement autour du mystère de la Zambinella. Le jeu prend fin avec la révélation finale : « Zambinella est un castrat », ce qui permet d'expliquer rétrospectivement toutes les ambiguïtés du récit. Le lecteur trouve donc en fin de parcours les réponses aux questions qu'il s'est posées tout au long de sa lecture. Ici, rien de tel : le code énigmatique présente une lacune importante, les deux énigmes restent non dévoilées, irrésolues. Les nombreux blocages[36] après l'exposition de la première énigme ont eu pour effet de stimuler la lecture du récit, de mettre en place un suspense, qui laisse le lecteur sur... des points de suspension. Quelque chose ne s'est pas passé comme il aurait fallu : les deux énigmes auraient dû s'emboîter l'une dans l'autre à un moment donné, l'explication de la seconde provoquer une réaction en chaîne, les fils de l'intrigue se dénouer. C'est l'inverse qui s'est produit : le lecteur s'est laissé prendre au piège de sa propre lecture, il s'est empêtré dans les mailles du filet que le code énigmatique lui a tendu[37].

Notons que le récit fantastique, récit énigmatique s'il en est, est quelquefois mis en relation avec le récit à énigmes par excellence, le récit policier[38]. Si les deux genres littéraires sont générateurs de suspense, l'un promet une énigme suivie de sa résolution, tandis que l'autre promet des situations abracadabrantes jumelées à l'absence d'explications ou à des explications insuffisantes, voire

---

35. Cette absence de dévoilement dans les récits fantastiques de Maupassant est remarquée par Éliane Lecarme-Tabone, dans son étude du code énigmatique de certaines nouvelles de Maupassant mettant en scène des prostituées ; ces nouvelles présentent tous les éléments du code énigmatique, ou « herméneutèmes » définis par Barthes, ce qui n'est pas le cas de ses nouvelles fantastiques : « Quant aux récits fantastiques, l'incertitude s'y maintenant jusqu'au bout, on n'y trouve pas le dévoilement ultime de la vérité, "herméneutème" final. » (« Énigme et prostitution », dans Jacques Lecarme et Bruno Vercier [dir.], *Maupassant miroir de la nouvelle* [actes du colloque de Cerisy 1986], Paris, Presses universitaires de Vincennes, coll. « L'Imaginaire du texte », 1988, p. 117.)

36. Ceux-ci sont au nombre de trois, et interviennent après 1) la position de l'énigme, 2) la promesse de réponse, 3) l'équivoque.

37. Dans une étude des objets, rôles et actions se rapportant au piège dans l'œuvre de Maupassant, Micheline Besnard-Coursodon conclut son analyse de « La nuit » en affirmant que c'est le lecteur qui construit son propre piège (*Étude thématique et structurale de l'œuvre de Maupassant. Le piège*, Paris, A. G. Nizet, 1973). C'est lors d'une seconde lecture que l'on peut identifier les pièges des récits fantastiques de Maupassant, comme le fait remarquer Marie-Claire Bancquart : « En somme, ce n'est ni une progression psychologique, ni un renversement de situation qui forme le nœud de ces contes, mais une image maîtresse, qui, indifférente ou heureuse au départ, s'enrichit d'harmoniques maudits. *L'aspect du conte s'en trouve profondément modifié à la seconde lecture*, parce que, dès le départ, alors, on dénombre les pièges dressés sous les apparences les plus ordinaires. » (Bancquart, *Maupassant conteur fantastique, op. cit.*, p. 88, nous soulignons.)

38. Outre l'article de Jean-Pierre Croquet, intitulé « Fantastique et policier » (*Proxima*, n° 4, 1985, p. 53-62), et les études sur Edgar Allan Poe mettant en évidence le fait qu'il est à l'origine des genres policier et fantastique, il faut citer les réflexions de Jean Fabre sur les rapports entre ces deux genres (« Fantastique et Roman policier », *Le miroir de sorcière. Essai sur la littérature fantastique*, Paris, Corti, 1992, p. 158-167).

contradictoires. On trouve des indices dans le policier comme dans le fantastique mais, comme le souligne Antoine Faivre dans son article « Genèse d'un genre narratif », ceux-ci ne jouent pas le même rôle :

> [S]i le fantastique ne paraît guère jouer sur les indices de type psychologique et policier, l'idée même d'indice ou de trace lui est pourtant essentielle, mais sous une forme différente et dessinée comme en creux : c'est le « signe » que le fantastique fait recevoir à ses héros, voire une série de signes, que ces personnages se révéleront incapables d'interpréter ou qui, même s'ils savent les lire, les laisseront sur une fausse victoire. Alors que la « signature » ouvre l'ésotériste à la compréhension gnostique du mystère et que le lapsus freudien sert de trace pour remonter au traumatisme coupable, dans les récits fantastiques *le signe est surtout paralysant, générateur d'angoisse*[39].

Pour le protagoniste, le déchiffrement ne conduit pas à la connaissance, à l'interprétation, mais à des émotions fortes. Qu'en est-il de cet autre déchiffrement, effectué par le lecteur de fantastique ? À force de brouiller les cartes, le récit met le lecteur dans une situation quelque peu frustrante, puisqu'il n'est jamais possible de savoir exactement ce qui se passe, pourquoi tel événement s'est produit, etc. Le fonctionnement du code énigmatique dans ce type de lecture est en fait assez particulier : dans le récit policier, le punch final réside dans l'explication. Celle-ci est le terme ultime du code énigmatique, le dévoilement auquel l'enquête aboutit, tandis que dans le récit fantastique, l'attente de l'explication est toujours frustrée : l'énigme se présente comme un espace que le lecteur peut habiter le temps d'une lecture. Nous allons maintenant compléter l'analyse du code énigmatique par l'examen approfondi des lacunes du récit du Maupassant, et mettre en évidence par la même occasion le rapport entre l'indétermination et l'énigme.

Les lacunes du récit

Les lacunes de « La nuit » ne sont pas toutes de même nature. On peut distinguer les trois types suivants : la *lacune du code énigmatique*, qui correspond à l'absence de dévoilement – c'est peut-être dans le cas présent la lacune la plus apparente ; la *lacune temporelle* autour de laquelle le récit s'organise, qui empêche l'établissement d'une cohérence entre deux intervalles de temps : celui de l'aventure et celui de la situation d'énonciation ; la *lacune d'information*,

39. Antoine Faivre, « Genèse d'un genre narratif », *La littérature fantastique* (actes du colloque de Cerisy), Paris, Albin Michel, coll. « Cahiers de l'hermétisme », 1991, p. 30-31, nous soulignons. La question du caractère énigmatique de certains textes est également soulevée par Allan Gardner Smith, notamment au sujet du roman gothique. Dans son article intitulé « The Occultism of the Text », il s'interroge sur l'effet produit par la lecture du gothique : « *One of the main features of the gothic mode is its indeterminacy.* [...] *Gothicism derived much its hypnotic effect upon the reader from the setting up of an oscillation between two poles, one of extreme rationality, the other of impenetrable mystery, superstition, and the past.* » (*Poetics Today*, vol. 3, n° 4, 1982, p. 11-12.)

comme absence de précisions sur une situation pourtant essentielle : on verra que la ballade dans le bois de Boulogne cache un mystère, dont la présence n'est pas même soupçonnée initialement. Les deux premières lacunes sont de véritables absences, responsables de « l'effet de vertige » qui caractérise une première traversée du texte, tandis que la troisième n'apparaît comme telle que lorsque le texte devient le « terrain de jeu » d'une relecture, qui prendra ici la forme d'une analyse.

Le terme de « dévoilement » dans le code énigmatique correspond à la résolution de l'indétermination. Dans le schéma habituel, proposé par Barthes, une énigme est tout d'abord formulée, son dévoilement sans cesse retardé, puis finalement exposé. Le récit de Maupassant n'obéit pas à ce schéma : au lieu de nous mener vers un éclaircissement, il nous conduit dans un dédale d'énigmes de plus en plus tortueux[40]. L'absence de résolution empêche le rétablissement de l'équilibre. Une tension se crée au cours de la lecture du texte, le suspense grandit au fur et à mesure que le noctambule avance, mais au bout du compte l'attente de l'explication est frustrée : le récit n'apporte pas la révélation tant attendue et, pris soudainement de vertige à cause de cette lacune, on perd l'équilibre[41]. L'enchaînement des deux énigmes est le suivant : l'incapacité du narrateur à expliquer l'énigme de la nuit (« Que m'est-il arrivé ? ») l'amène à raconter la série d'événements l'ayant conduit à sa situation présente. C'est à partir de ce moment que le récit embraye véritablement, amenant progressivement la formulation de l'énigme du temps (« Quelle heure est-il ? »). Il est bien évident que la seconde énigme est liée à la première, et que le lecteur s'attend à ce qu'un lien soit fait entre les deux à un moment donné du récit. Autrement dit, le dévoilement de l'énigme du temps devrait rendre possible le dévoilement

40. Sorin Alexandrescu considère quant à lui qu'il n'y a pas de formulation de l'énigme : « Si le “quelque chose” qui assaille l'homme à tort ou à raison est diversement expliqué en d'autres textes de Maupassant (motif idéologique pour douter de l'omniscience de la raison et de la science positive), il n'est pas du tout expliqué dans *La nuit*, où il reste tel quel [...], un tel quel, d'ailleurs, qui n'est même pas posé comme une “énigme ouverte”, irrésolue, parce que, en fin de compte, on ne peut jamais dire *quelle* est l'énigme et, encore moins, la définir ; on reste, justement, *en deçà* d'une énigme non formulée (l'explication se trouve au-delà), *parce que* non traduite dans un récit bien ordonné. » (Alexandrescu, « Le discours étrange », *loc. cit.*, p. 91, l'auteur souligne.)

41. Certaines interprétations ont pour effet de rétablir l'équilibre. Morris et Pasco considèrent que le récit relate l'expérience de la solitude (« Variations on a Theme », *loc. cit. ;* Allan H. Pasco, « The Evolution of Maupassant's Supernatural Stories », *Symposium*, vol. 23, n° 2, 1969, p. 150-159) ; pour Castella, le thème principal est la déshumanisation (« Une divination sociologique », *loc. cit.*). Dans la présentation du volume « Histoires de monstres » de *La grande anthologie du fantastique* éditée par Roland Goimard et Roland Stragliati (Paris, Presses Pockett, 1977), il est précisé que dans « La nuit », la chose monstrueuse est une ville qui engloutit un homme. Quant à Schasch, qui étudie l'œuvre de Maupassant en fonction de sa biographie et de la psychanalyse, elle y voit un témoignage de la folie de l'auteur. Son étude de « La nuit » est d'ailleurs située dans la dernière section, intitulée « Les chemins de la démence » (Nafissa Schasch, *Guy de Maupassant et le fantastique ténébreux*, Paris, Nizet, 1983).

de l'énigme de la nuit. Il n'en est rien. Ce n'est qu'à partir du moment où il se mettra en position d'analyse que le lecteur sera à même de combler les lacunes du récit. Une inférence est dès lors possible : si l'on pose un rapport métonymique entre la montre – instrument à mesurer le temps –, ou encore la Seine – symbole du temps qui s'écoule –, et le temps, on peut faire l'hypothèse que le temps s'est arrêté au cours de « la nuit », et que le néant finira par absorber toute la ville. Le narrateur serait dans un *no man's land* temporel au moment où il raconte son histoire. L'hypothèse selon laquelle le temps s'est arrêté, correspondant à un « dévoilement possible » de l'énigme du temps, oblige du même coup à observer un autre type de lacune : la lacune temporelle.

Le récit s'organise en effet autour d'une lacune temporelle ayant tout l'air de fonctionner comme un trou noir. Si l'on essaie de reconstituer le déroulement des événements, on s'aperçoit que l'intervalle de temps situé entre la situation d'énonciation et le moment où il attend la mort dans le lit de la Seine est tout simplement absent. Il s'agit ni plus ni moins d'une rupture du temps linéaire :

Figure 1.1 – **La lacune temporelle de « La nuit »**

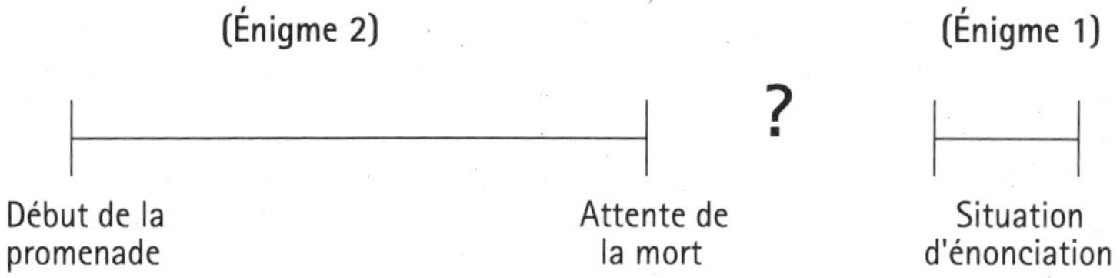

On ne peut pas faire le lien entre les deux intervalles de temps représentés ; cela est problématique car l'implication contenue dans la dernière phrase du récit (« je sentais que j'allais mourir... ») est lourde de conséquences. Comprendre que « le héros sera mort dans quelque temps », c'est poser du même coup l'impossibilité d'une séquence subséquente ayant le même personnage comme héros. Les événements se déroulent en fait selon un temps incohérent. À cause de cette absence, de ce « manque de temps » qui ne peut être comblé, il est impossible de rétablir la cohérence. Le temps s'étale sur les bords d'une lacune temporelle qui semble aspirer au fur et à mesure le temps qui reste. Et si la ville, dont l'aspect désertique étonne, les gens, qui se font de plus en plus rares, le fleuve, dont la mort semble imminente, avaient sombré, à l'instar du temps, dans ce gouffre temporel ? Le temps s'est peut-être arrêté, mais il ne s'est pas figé : il est plutôt en train de disparaître, et avec lui tous les objets de l'espace-temps. On pourrait dire que la lacune temporelle fonctionne comme un trou noir, comme un vide qui absorbe tout, comme un lieu d'indétermination qui fait du temps un temps indéterminé.

Face à cette nouvelle qui met le temps au premier plan[42], les questions du « pourquoi » et du « comment » semblent moins cruciales que celle du « quand ». Se demander « Quand le temps s'est-il arrêté ? » oblige à reprendre la lecture du texte depuis le début, à se mettre à l'affût des signes avant-coureurs de l'arrêt du temps ou de la « crise temporelle ». Ce parcours permettra de montrer que le récit, en plus de présenter des lacunes de l'ordre de l'explication ou de la temporalité, dissimule un fait important, un autre « point d'indétermination ».

Un passage du texte apparaît en effet curieux lors d'une relecture ; il s'agit des propos émis au sujet de la ballade dans le bois. Examinons en particulier la phrase suivante : « Un frisson singulier m'avait saisi, une émotion imprévue et puissante, une exaltation de ma pensée qui touchait à la folie » (p. 601). Quand on ne connaît pas la fin du texte, on peut trouver cette phrase bénigne : l'émotion dont il est question doit faire vraisemblablement partie du registre des émotions bien connues des promeneurs-rêveurs et doit être associée à l'heure (le soir), au lieu (le bois). L'absence de précisions ne gêne pas la traversée du texte. Il en va tout autrement quand on relit le texte afin d'en saisir les subtilités. C'est lors de cette promenade dans le bois que le temps commence à prendre le devant de la scène, à s'étirer en longueur, ce que l'on avait remarqué avec la répétition de « longtemps » ; à son retour vers la ville, le narrateur a l'impression qu'il va lui arriver quelque chose d'étrange ; peu après, il assiste à un défilé fantomatique totalement incohérent. C'est donc à partir du retour vers la ville que les choses commencent à se présenter sous un jour inquiétant. Et si l'émotion du héros n'était pas une banale émotion, si ces lignes cachaient autre chose ? Il faut tout d'abord remarquer que les mots utilisés – « singulier », « imprévue », « puissante », « exaltation », « folie » –, sont de l'ordre du superlatif et suggèrent une rare intensité de l'émotion. En quoi consiste exactement cette émotion ? Qu'est-ce qui l'a provoquée ? Le texte ne dit rien et les inférences ne sont pas faciles à faire. Il faut avant tout constater l'absence de détails, le manque d'information. Cette lacune apparaît cruciale si l'on considère que la situation vécue par le personnage correspond à l'amorce d'un processus pour le moins inhabituel : celui de la désintégration du temps. L'omission des détails donne à la scène un contour vague, imprécis, indéterminé. Faut-il prendre le mot « frisson » au sens propre ? S'agit-il de la répercussion physique d'un « tremblement de temps », qui précéderait de peu la fissure, à l'instar des tremblements de terre ? Le chambardement du temps, de par son intensité, aurait-il provoqué chez le noctambule une « exaltation de la pensée », une fièvre de l'esprit tellement forte qu'elle aurait été proche de la folie ?

---

42. À cet égard, l'absence de « La nuit » dans la liste de nouvelles étudiées par Maurice Cury dans son article sur « La notion du temps dans la nouvelle » (publié dans un numéro d'*Europe* consacré à Maupassant) est plutôt difficile à comprendre (Maurice Cury, « La notion du temps dans la nouvelle », *Europe*, vol. 47, n° 482, 1969, p. 89-92).

Il importe moins de répondre à ces questions que de mentionner leur possibilité. Ce qu'elles suggèrent, c'est que la compréhension du récit varie en fonction de la conception du temps mis en jeu par le lecteur. Lors d'une première saisie du texte, allant du début à la fin du texte, le temps est considéré d'emblée comme un temps linéaire, continu, comme l'axe habituel sur lequel se déroulent les événements, et ce n'est qu'en fin de parcours qu'une rupture du temps peut être envisagée. Lors d'une relecture, qui est nécessairement une rétrospection, c'est le processus de désintégration du temps qui sert de régulateur à la compréhension du récit, elle-même basée sur l'hypothèse d'un temps fracassé, anéanti. Dans le premier cas, ce sont les perceptions du narrateur qui retiennent l'attention, et en particulier sa perception du temps (il montre les signes d'un être perdu dans le temps) ; dans le deuxième cas, les données de la perception du temps par le lecteur sont changées. L'aventure du noctambule obtient du même coup une autre configuration temporelle, comme si le énième parcours de « La nuit » permettait de dessiller les yeux du lecteur. Relire « La nuit » consiste donc avant tout à changer de registre temporel, un peu comme si l'on s'amusait à refaire de jour un trajet que l'on a fait la nuit.

Outre la lacune du code énigmatique et la lacune temporelle, qui sont à considérer comme des éléments d'indétermination, le récit, en ne donnant pas de précisions sur l'émotion singulière du narrateur, présente donc une *lacune d'information*. Ces trois types d'indétermination n'étaient pas prévus dans le modèle barthésien ayant servi de point de départ à l'analyse. En fait, la possibilité d'une énigme sans solution n'y était même pas suggérée. Il faut bien se rendre à l'évidence : l'étude du récit fantastique amène une remise en cause importante de la conception de l'énigme dans la théorie des codes de Barthes. Celle-ci est basée sur un modèle hérité de l'Antiquité, l'énigme du Sphinx ou de la Sphinge, qui articule une question posée par un monstre hybride, tenant à la fois de la femme, du lion et de l'oiseau, et une bonne réponse, fournie par Œdipe. L'énigme est donc considérée chez Barthes comme le premier terme du couple énigme/résolution. Ce qu'il faut bien voir, c'est qu'en postulant que le code herméneutique contient une question, une réponse et une série de retards entre les deux, Barthes se situe dans la tradition herméneutique voulant que la dialectique question/réponse soit au centre des préoccupations.

Face à un code énigmatique incomplet, amputé de son dernier terme, nous sommes obligés de repenser l'énigme. Si l'on observe la façon dont s'articulent les énigmes dans « La nuit », on remarque que la première énigme sert avant tout de prétexte à la mise en place d'un récit : le narrateur ne peut pas *expliquer* ce qui lui arrive, il peut seulement le *raconter*. Entre « raconter » et « expliquer », c'est donc le premier qui prime. Comment se fait-il que le lecteur de fantastique s'attende malgré tout à ce qu'une explication soit donnée ? Sans doute parce qu'il oublie en cours de route l'avertissement du début, parce que son intérêt se déplace : de mystère à résoudre, l'énigme devient l'enjeu d'un parcours dans l'opacité des signes, un espace que le lecteur peut habiter le temps d'une lecture.

Ce qu'il faut mettre également en cause dans la théorie des codes de Barthes, c'est sa conception de la lecture. Dans *S/Z*, il affirme de façon très claire que la seule lecture envisagée est la *relecture*. L'analyse se fait au « pas à pas » et prend les traits d'une « décomposition du travail de lecture », d'un « ralenti[43] ». Elle s'arrête à chaque lexie, présuppose la connaissance de la fin du texte, et ne tient absolument pas compte de ce qui a pu se passer lors de la première lecture du texte. La relecture ne se définit pas en opposition à une première lecture. Selon l'auteur, toute lecture est relecture[44]. Mais, malgré son désir de ne parler que de relecture, il présuppose malgré tout quelque chose qui serait de l'ordre d'une première saisie du texte. En définissant la majorité des éléments du code énigmatique comme des « retards dans le dévoilement de l'énigme » (il s'agit des leurres, équivoques, réponses partielles, etc.) et en parlant de l'attente du dévoilement, Barthes vise une lecture qui va de la première à la dernière page, qui ne connaît pas d'emblée la fin du texte, à l'opposé de la relecture. Chercher à déterminer les termes du code énigmatique ne peut se faire en réalité sans *postuler* l'existence d'une première lecture. L'exemple le plus probant est celui des leurres. Ceux-ci n'apparaissent comme leurres que lors d'un retour sur le texte. Autrement dit, l'analyse du leurre n'a de sens que si l'on fait l'hypothèse d'un lecteur susceptible d'être leurré[45]. Celui-ci est un lecteur « non averti », un lecteur parcourant le texte pour la première fois dans le seul but de prendre connaissance du texte. La contradiction est la suivante : tout en voulant décrire un phénomène de lecture, la saisie de l'énigme par le lecteur et le suspense qu'elle met en branle, le théoricien nie, dans les postulats de l'analyse, les conditions mêmes dans lesquelles ce phénomène se manifeste, celles de la première lecture.

Il faut ajouter enfin que le code énigmatique n'est pas quelque chose de fixe, d'immuable, et qu'il suffit de varier le mode de lecture pour que de nouvelles énigmes se présentent, pour qu'un code énigmatique différent du premier soit construit. On a vu au cours de l'analyse de « La nuit » que la

---

43. Barthes, *S/Z*, *op. cit*, p. 19.
44. Il affirme : « La relecture est ici proposée d'emblée [...] elle conteste la prétention qui voudrait nous faire croire que la première lecture est une lecture première, naïve, phénoménale, qu'on aurait seulement, ensuite, à "expliquer", à intellectualiser. » (*Ibid.*, p. 23.)
45. Pour donner un exemple : à la page 140, Barthes analyse la lexie (292) « après avoir fait un signe d'intelligence à la Zambinella, qui baissa timidement ses voluptueuses paupières comme une femme heureuse d'être enfin comprise », et fait le commentaire suivant : « *il y a leurre*, puisque Zambinella n'est pas une femme ; mais d'où vient et où va le leurre ? de Sarrasine à lui-même (au cas où l'énoncé serait au style indirect, reproduisant la pensée de Sarrasine) ? du discours au lecteur (ce qui est plausible, puisque le *comme* modalise l'espèce féminine imputée à la Zambinella) ? »

lecture pouvait être basée sur des conceptions du temps totalement opposées. Considérer que toute lecture est relecture reviendrait dans ce cas précis à abolir les différences. Il est important de conserver ces variations de lecture, qui peuvent apporter par exemple des conceptions du temps très différentes, et de s'interroger sur la saisie de l'indétermination, ce sur quoi nous allons nous pencher maintenant.

1.3. LES MODES DE SAISIE DE L'INDÉTERMINATION

Lecture ou relecture ?

Les partisans de la relecture sont nombreux, parmi lesquels on peut citer Umberto Eco, dont les promenades inférentielles sont le fait d'une relecture[46], Michael Riffaterre, pour qui une lecture heuristique n'a d'intérêt que si elle donne lieu à une lecture herméneutique[47], ou encore Matei Calinescu qui propose, dans son livre *Rereading*[48], une « poétique de la (re)lecture ludique[49] ». Celle-ci est basée avant tout sur la distinction entre première lecture et relecture, deux constructions théoriques définies de la façon suivante :

> *First-time reading* [is] *a hypothetically linear reading, continuous, fresh, curious, and sensitive to surprising turns or unpredictable developments*[50].
>
> *Rereading* [...] *is the repetition of a previous act of reading, but more importantly it is the rediscovery of an already known text from a different vantage point, for example its reconsideration within intertextual frames whose relevance has become clear only after the completion of a first reading*[51].

La différence entre ces deux types de lecture tient essentiellement dans leur caractère temporel : d'une part, l'une précède l'autre dans le temps, et d'autre part, la première lecture est linéaire tandis que la relecture possède les traits de la répétition. Elles correspondent en fait à deux systèmes temporels opposés : le temps linéaire et le temps cyclique. La circularité de la relecture est particulièrement évidente lorsque l'on observe de près le fonctionnement de l'intertextualité : en obligeant le relecteur à parcourir simultanément plusieurs textes, l'intertextualité provoque non seulement une rupture dans la linéarité de la lecture mais aussi l'abolissement du temps historique puisque des textes

46. Umberto Eco, *Lector in fabula. Le rôle du lecteur ou la coopération interprétative dans les textes narratifs*, Paris, Grasset et Fasquelle, 1985.
47. Michael Riffaterre, *Sémiotique de la poésie*, Paris, Seuil, coll. « Poétique », 1983.
48. Matei Calinescu, *Rereading*, New Haven et Londres, Yale University Press, 1993.
49. « *A poetics of ludic (re)reading* », *Ibid.*, p. 127. Pour Calinescu, la circularité de la lecture est un trait essentiel : la lecture et la relecture forment d'après lui les deux faces d'une même entité, ce qui explique son utilisation du terme *(re)reading*. (*Ibid.*, p. xi.)
50. *Ibid.*, p. 7.
51. *Ibid.*, p. 8.

appartenant à des époques très différentes se trouvent rapprochés dans un même acte de relecture. Cette affirmation selon laquelle l'opposition entre première lecture et relecture relève moins d'une opposition entre temps et espace qu'entre temps linéaire et temps cyclique remet en cause l'opinion largement répandue voulant que la relecture soit décrite en termes d'espace et non de temps. En s'inspirant largement des écrits de Roland Barthes, Calinescu préconise une approche de la relecture axée sur la temporalité et sur la dimension du plaisir de la lecture. Selon lui, la première règle du jeu littéraire est la règle du plaisir : la lecture littéraire se définit comme une lecture faite avant tout pour le plaisir ; quant à la « bonne lecture » d'un texte, c'est bien entendu celle qui procure au lecteur le maximum de plaisir.

Le problème de la première lecture est soulevé principalement en fonction des travaux de Roman Ingarden. Celui-ci est présenté comme l'un des tenants d'un consensus prévalant encore aujourd'hui, qui privilégie la première lecture au détriment de la relecture :

> *The still-prevailing aesthetic consensus, based on the core of reading habits formed in school in contact with the classics of literature, tends to grant primacy to a first linear, ideally uninterrupted reading of a rereadable text*[52].

Or, cette affirmation, qu'aucun argument ne vient étayer, va à l'encontre des observations faites par les historiens de la lecture, comme celles de Catherine Frier : « Les différents prescripteurs de lecture (église, école, bibliothécaires) ont toujours favorisé l'idée qu'il y a de bonnes et de mauvaises lectures, qu'il faut lire lentement, souvent relire, etc.[53]. » Il faut en outre rappeler que la première lecture n'est pas envisagée en tant que telle par Ingarden mais seulement parce qu'elle est un moyen d'accéder à une expérience esthétique. Celle-ci est le lieu d'une émotion qui surprend le lecteur, le détourne de ses préoccupations et lui permet d'accéder à la « contemplation » de l'œuvre d'art[54]. Par ailleurs, Calinescu passe sous silence le deuxième type de « première lecture » signalé par Ingarden, très rapidement il est vrai, qui est la lecture non esthétique. Si ce type de lecture est délibérément rejeté par Ingarden hors du champ d'observation, c'est parce qu'il n'offre aucun intérêt, parce que la jouissance du lecteur à laquelle il donne lieu ne peut être à la base d'une expérience esthétique, qui exige des lecteurs cultivés, ressentant des émotions plus nobles :

> Au lieu d'entrer dans une relation spirituelle (*geistig*) à l'œuvre d'art, [...] le lecteur recourt souvent à l'œuvre d'art littéraire comme à un stimulus extérieur qui déclenche en lui des sentiments et autres états psychiques valorisés par lui,

52. *Ibid.*, p. 32.
53. « Illettrisme : métissage culturel et rumeur sociale », dans R. Bouchard (dir.), *Regards sur la lecture : textes et images*, Grenoble, Ellug, 1989, p. 12 ; cité dans le livre de Bertrand Gervais, *À l'écoute de la lecture*, Montréal, Vlb éditeur, 1994, p. 123.
54. Roman Ingarden, *On the Cognition of the Literary Work of Art*, *op. cit.*, p. 175-223.

> et ne laisse l'œuvre d'art se montrer que pour autant qu'elle est susceptible de lui rendre ce service. [...] Or l'attitude esthétique est caractérisée – à l'opposé de la forte émotion du lecteur peu cultivé – par un certain calme intérieur contemplatif, une disposition à «se plonger» dans les profondeurs de l'œuvre qui nous interdit de nous préoccuper de notre propre vécu[55].

Plutôt que de conclure hâtivement avec Calinescu que la première lecture obtient la faveur d'Ingarden en vertu de sa seule «fraîcheur[56]», il semble que ce soit sur la question de l'attitude esthétique qu'il faille s'interroger, ce que nous ferons dans le troisième chapitre.

L'opposition entre lecture et relecture renvoie à la distinction faite par les historiens de la lecture entre lecture intensive et lecture extensive, distinction qui coïncide notamment avec l'apparition d'un nouveau type de textes: le roman, et d'une nouvelle forme de lecture: la lecture pour le plaisir. Dans la tradition de lecture intensive qui a caractérisé l'histoire de l'Occident, tradition qui compte peu de lecteurs et peu de livres et qui s'étend jusqu'à la fin du XVIIIe siècle selon les historiens, ou seulement jusqu'au XVIe siècle selon Calinescu[57], lecture et relecture sont en continuité. Les deux termes ne s'opposent qu'à partir du moment où apparaît la lecture extensive, qui met à la disposition d'un public hétérogène de nombreux livres. Dans cette nouvelle situation, la première lecture n'entraîne pas automatiquement la relecture, c'est une lecture qui se suffit à elle-même. La lecture extensive permet donc la valorisation de la première lecture, alors que la lecture intensive a pour principe essentiel la relecture.

Calinescu envisage aussi la relecture en fonction du type de jeu qui se met en place. Il décrit la première lecture est décrite comme un jeu de faire-semblant *(game of make-believe)*, permettant l'adhésion *(involvement)* du lecteur: celui-ci s'investit émotionnellement dans sa lecture, s'identifie aux personnages, a l'impression d'être transporté dans un autre monde, etc. La relecture, quant à elle, ressemblerait davantage à un jeu de règles *(game with rules):* elle suppose un resserrement de l'attention, de la concentration *(absorption)*[58] : le lecteur

---

55. Roman Ingarden, *L'œuvre d'art littéraire, op. cit.*, p. 37-38.
56. Voici ce que Calinescu dit à ce sujet: «*We are left to speculate that Ingarden privileges the first reading of a literary work* [...] *in the name of a freshness of impression, of a feeling of surprise or wonderment generated by the original contact with a literary work of art.*» (*Rereading, op. cit.*, p. 37.)
57. Celui-ci considère que la lecture du roman de chevalerie, à une époque où sévit l'Inquisition, possède tous les traits de la lecture extensive: «*They* [chivalric novels] *were designed* [...] *for an early type of fast, involved, or "extensive", reading, rather than for a reflective, insistent, "intensive" (re)reading.*» (*Ibid.*, p. 63.) Cela est montré grâce entre autres à l'analyse de la scène de censure dans *Don Quichotte*.
58. L'auteur reprend ces concepts à Josephine Hilgard, qui les avait définis pour une étude de l'hypnose. Il est difficile de traduire les termes *involvement* et *absorption* parce qu'ils semblent désigner des phénomènes très proches. L'expression «être absorbé par la lecture d'un livre» (*to be absorbed in a book*) renvoie davantage à une première lecture qu'à une relecture; quant au terme *involvement*, il pourrait tout aussi bien caractériser l'attitude

est plus détaché, ne s'implique pas de façon aussi personnelle, notamment en ce qui concerne l'émotion ; il s'agit d'un jeu purement intellectuel, ayant pour but de mettre à jour l'intertextualité, de réfléchir sur l'acte de lecture, ou encore de dévoiler le secret du texte[59].

Cette distinction entre *adhésion* et *concentration* rappelle les propos de Bertrand Abraham dans son article «À propos de la relecture[60]», quand il distingue entre avoir «prise dans» le texte ou avoir «prise sur» le texte. La «prise-dans» enclenche un mécanisme d'identification, un régime de lecture rapide, qui brûle le territoire, un processus de déterritorialisation : «Lire c'est déterritorialiser : faire passer sur le corps les flux, les pulsions, les mots d'ordre qui caractérisent le livre comme agencement[61].» Elle semble donc correspondre à l'adhésion, tandis que la «prise-sur» serait proche de la concentration : elle permet au lecteur de s'approprier le territoire, d'amorcer un processus de conceptualisation, de maîtrise et de compréhension[62].

Mais, comme le signale l'auteur, la distinction première lecture *vs* relecture conduit à une aporie. Elle s'avère à la fois inévitable et insoutenable, particulièrement si l'on pense au phénomène de la «double» lecture :

> *The distinction between reading and rereading, which seems empirically and pragmatically so obvious, is theoretically both untenable and unavoidable.* [...] *the first reading of a work can in fact be a double reading ; that is to say, it can adopt, alongside the prospective logic of reading, a retrospective logic of rereading*[63].

---

purement intellectuelle prise par la relecture. Pour tenter d'éliminer cette ambiguïté, nous avons choisi de traduire *involvement* par «adhésion», dans le sens où le lecteur «colle» au texte, et *absorption* par «concentration», qui désigne une «application de tout l'effort intellectuel sur un seul objet» (*Petit Robert*).

59. D'autres y voient au contraire une implication importante du sujet, qui s'approprie le texte, qui est tour à tour complètement découragé ou passablement étonné, etc. Selon François Roustang, par exemple, l'un des moments importants dans la relecture d'un texte, c'est celui où le texte apparaît totalement incompréhensible : «Je voudrais insister ici sur ce moment décisif de la lecture que le plus souvent nous laissons inaperçu, ou du moins dont nous ne parlons pas souvent : le moment où le texte nous a envahis de sa complexité infinie. Il est en miettes dans notre mémoire et nous avons la conviction que nous ne pourrons rien en tirer, qu'il nous a submergé et que là va s'arrêter notre travail de critique. [...] Or, c'est par le passage dans ce moment de découragement et d'impuissance que la lumière vient à se faire. [...] on ne peut pas simuler ce passage dans la nuit, ce passage par l'incompréhension ; il faut qu'il soit réel et que le texte nous ait véritablement fait perdre pied, fait perdre notre maîtrise.» (François Roustang, «De la relecture», *Modern Language Notes*, vol. 101, n° 4, 1986, p. 797-798.)

60. Bertrand Abraham, «À propos de la relecture», dans Groupe de recherches en linguistique et en sémiotique (dir.), *Semen 1 : Lecture et lecteur*, Paris, Les Belles-Lettres, 1983, p. 83-104.

61. *Ibid.*, p. 94.

62. *Ibid.*, p. 95-97.

63. *Ibid.*, p. 18.

Effectivement, ce n'est pas parce qu'on lit un texte pour la première fois que l'on va nécessairement le lire vite, sans s'arrêter, sans consulter d'autres livres, etc. On peut choisir de se concentrer sur le texte, plutôt que de s'investir émotionnellement, de prendre le temps de bien comprendre chacune des phrases plutôt que de se contenter d'un à-peu-près ; dans ce cas, la première lecture du texte possède indubitablement les traits de la relecture. Comme autre exemple de double lecture, on peut citer ce que Richard Saint-Gelais appelle la « fausse première lecture du roman policier », qui est « à la fois un premier parcours du texte, et une relecture, dans la mesure où certains éléments majeurs de l'intrigue sont déjà connus – nommément l'identité du coupable[64] ». Connaître à l'avance le nom du coupable – parce que quelqu'un nous a dévoilé la fin du texte, parce qu'il s'agit d'un livre très connu – peut amener le lecteur à identifier de nouvelles énigmes, à diriger son attention par exemple sur la façon dont le texte brouille les pistes.

Cette aporie, à laquelle conduit inévitablement la distinction entre première lecture et relecture, pourrait être évacuée si, au lieu de poser la dimension temporelle de la lecture comme premier critère de différenciation, on observait la lecture en fonction du mandat que le lecteur cherche à atteindre et de la tension de lecture qui en découle. C'est ce que propose Bertrand Gervais dans son ouvrage *À l'écoute de la lecture* :

> Ce mandat dépend de la tension établie entre les deux économies fondamentales de tout acte de lecture, la progression à travers le texte et la compréhension du texte [...]. Les différences de lecture (ou des mandats de lecture) sont donc fonction de la prépondérance de l'une ou l'autre de ces économies : comprendre mieux ou progresser plus avant. Ces régimes peuvent être poussés à l'extrême, et alors s'opposer : un régime de la compréhension poussé à l'extrême implique une progression réduite à sa plus petite expression, une certaine immobilité ; et vice-versa, un régime de la progression trop accéléré implique une très maigre compréhension[65].

Ces deux économies sont présentes, ne serait-ce que minimalement, dans toute lecture : même si l'on va très lentement, on se déplace quand même le long des pages ; si l'on ne comprend absolument rien, on arrête tout bonnement de lire. Deux régies de lecture sont distinguées selon que l'accent est mis sur telle ou telle économie : la *lecture-en-progression*, qui assure une compréhension fonctionnelle du texte, et la *lecture-en-compréhension*, qui suppose de la part du lecteur un investissement plus important dans sa compréhension du texte.

La lecture axée sur la progression à travers le texte est gouvernée par le désir d'aller de l'avant, de suivre l'intrigue, de se laisser emporter par le flux du récit. Elle se caractérise par une production d'inférences relativement faible,

64. Richard Saint-Gelais, « "Je le quittai sans qu'il eût achevé de la lire..." Lecture, relecture et fausse lecture du roman policier », *Tangence*, n° 36, 1992, p. 71.
65. Bertrand Gervais, *À l'écoute de la lecture, op. cit.*, p. 29 et p. 43.

étant donné que seules les inférences nécessaires à la compréhension immédiate du texte sont faites. En autant que cela ne gêne pas la poursuite de la lecture, on se contente d'un « à peu près » en ce qui concerne la compréhension de certaines situations, de certains mots, autrement dit d'une saisie approximative du texte. Il s'agit également d'une lecture marquée par la formation d'illusions cognitives. Pour progresser vite, il faut comprendre minimalement ce qui est raconté, mais on ne peut s'attarder aux détails, on n'a pas le temps de voir les incohérences, les difficultés du texte. Il y a formation d'une illusion cognitive lorsque le lecteur passe par-dessus la difficulté plutôt que de s'y heurter.

En régime de compréhension, par contre, la lecture se fait au ralenti. Les éléments de l'intrigue sont connus, soit parce que le texte a déjà été lu, soit parce que le lecteur est suffisamment rodé à ce type de texte pour deviner à l'avance quel sera le déroulement de l'intrigue, bref ils n'« intriguent » pas. La progression est lente, ponctuée par des arrêts fréquents, tel mot ou tel paragraphe servant de prétexte à l'analyse, à la méditation, faisant soudainement écho à un paragraphe précédent du même texte, ou encore faisant ressurgir le souvenir de lectures précédentes, etc. C'est une lecture qui se déploie au gré du désir de comprendre de mieux en mieux le texte.

La tension qui s'établit entre progresser et comprendre permet de distinguer les différents modes de lecture avec plus d'efficacité qu'une distinction axée sur le caractère temporel de la lecture. Si, de façon générale, on peut associer première lecture et lecture-en-progression, relecture et lecture-en-compréhension, il faut bien voir que les situations de lecture peuvent présenter des cas beaucoup plus complexes. Le phénomène de la « double lecture », remarqué par Calinescu, est un bon exemple puisqu'il s'agit d'une première lecture axée sur la compréhension plutôt que sur la progression, autrement dit d'une lecture-en-compréhension. Qu'une première lecture puisse être une lecture-en-compréhension, voilà qui est tout à fait possible, et même très courant dans le cas des lectures faites par des professionnels de la lecture, les professeurs de littérature par exemple.

Dans les premier et deuxième chapitres, nous utilisons la lecture-en-compréhension comme moyen d'accès à la lecture-en-progression, posture d'analyse que Calinescu évoque en ces termes :

> *The involvement that typically sustains games of make-believe may itself become the focus of a game of absorption in which the rereader tries to understand and specify the conditions of involvement the first-time around, and perhaps the general rules of composition that insures simple, linear readability*[66].

66. Matei Calinescu, *Rereading, op. cit.*, p. 192.

Dans le troisième chapitre, ce sera plus précisément la lecture-en-compréhension qui sera soumise à l'examen puisque nous nous y interrogerons sur l'interprétation du récit fantastique. L'exemple suivant permettra d'illustrer les différentes notions présentées plus haut. Il s'agit du conte de Marie José Thériault intitulé «Le livre de Mafteh Haller», qui retrace l'aventure de deux lecteurs.

Le lecteur absorbé dans «Le livre de Mafteh Haller»

Mafteh Haller et sir Thomas ont en commun une passion : la lecture. C'est cela qui leur a permis de se rencontrer, lors d'un dîner chez la comtesse de ***, qui a elle-même nourri pour les livres une passion temporaire. Après avoir reçu la visite de Haller, sir Thomas décide de mettre par écrit l'histoire que cet homme lui a confiée :

> Je la consigne ici, car elle vaut qu'on la note, mais surtout parce que je ne sais quand elle se terminera ni même si elle aura une fin, et que tout me porte à croire que bientôt, oui, bientôt hélas, il me faudra à mon tour... mais oh ! il n'y a pas de temps à perdre en considérations de cet ordre. (p. 98)

Passage assez obscur, qui laisse entendre que l'aventure n'est pas finie au moment où le narrateur décide de la coucher sur le papier, et où la narration prend un caractère urgent. C'est donc un dialogue qui est relaté, entrecoupé par la description minutieuse du livre que possède Haller, un livre dont l'aspect extérieur (reliure, fermail), et intérieur (calligraphie, texture des feuilles, etc.) retient l'attention des deux bibliophiles.

Haller, libraire de son état, a reçu ce livre alors qu'il ne l'avait pas commandé. Au lieu d'écrire tout simplement au marchand qu'il s'agissait d'une erreur, il lui propose de l'acquérir au double de son prix, car il s'est entre-temps entiché de ce livre au point de ne plus vouloir s'en séparer. Le marchand nie le lui avoir envoyé, et ajoute que le titre de cet ancien manuscrit persan, «Le Livre des Sciences Noires et des Secrets», n'apparaît sur aucun catalogue. Désireux de connaître le contenu de l'ouvrage, Haller fait faire une clé pour pouvoir l'ouvrir, apprend le persan, parvient à déchiffrer tant bien que mal la première partie, qui s'avère être un grimoire de magie. Il s'aperçoit alors que la seconde partie est tout à fait différente, à la fois du point de vue du contenu et du point de vue matériel : elle a vraisemblablement été écrite par un autre scribe, à une époque beaucoup plus ancienne, puis accolée à la première partie. Il consacre désormais tout son temps au décryptage de ce manuscrit ; il a d'abord fermé boutique, puis rogné ses heures de sommeil et ses repas, entièrement dévoué à sa passion :

> J'ai scruté ce deuxième texte, sir Thomas, avec une passion qui, je vous le jure, ne venait pas de moi mais du livre. C'est lui, vous dis-je, qui m'a poussé de page en page, de jour, de nuit, sans arrêt. [...] Ce livre est vivant, sir Thomas. (p. 106-107)

Obligé de suivre les instructions du livre, il se met à fabriquer un miroir de mercure, qu'il sort d'ailleurs de sa poche pour le montrer à sir Thomas. Avant de quitter ce dernier, il signale qu'un changement est apparu dans le livre : au bas de la dernière page, après une liste de noms aux résonances tantôt persanes ou arabes, tantôt occidentales, son nom s'est soudainement ajouté.

Le lendemain, sir Thomas, inquiet pour son compagnon, se rend chez lui. Il défonce la porte fermée à clé, ne trouve personne, seulement un peu de cendres sur le miroir, posé à côté des vêtements que portait Mafteh Haller la veille et du fameux livre ouvert à la dernière page. La suite a des allures de déjà-vu : sir Thomas prend le manuscrit avec la petite clé et refait exactement les mêmes gestes que son compagnon, du début jusqu'à la fin. Avant de graver « ce qui doit être gravé » sur le miroir et de prononcer les paroles « qui doivent être prononcées », il doit envoyer le livre à une personne dont le nom lui a été dicté : « Et le cycle, l'abominable cycle recommencera... » (p. 115)

Cette aventure qui se répète indéfiniment est en fait l'aventure d'une lecture, une lecture passionnée, magique, et oh ! combien dangereuse ! Voici quels sont les traits que possède cette lecture du *Livre des Sciences noires et des Secrets* : il s'agit d'un ouvrage dont la relecture est absolument impossible, la fin de la première lecture correspondant à la disparition du lecteur. C'est une lecture qui se fait très lentement – elle demande des mois d'efforts –, puisque le lecteur doit d'abord apprendre la langue de l'ouvrage. Le temps de la lecture semble plutôt cyclique que linéaire : en effet, la liste de noms de la dernière page laisse supposer un cycle de lectures ayant toutes connu le même sort, toute une cohorte de lecteurs ayant vécu la même histoire ; il faudrait d'ailleurs parler d'« interlecture » à la place d'intertextualité, d'« interlecteurs » au lieu d'intertextes. La lecture consiste en un jeu possédant des règles bien précises (apprendre le persan, fabriquer un miroir, etc.), un jeu auquel on perd toujours, car l'adversaire est redoutable. Pour reprendre les termes de Calinescu, le lecteur devient littéralement « absorbé » par sa lecture, au sens propre cette fois-ci !

Il s'agit donc d'une première lecture lente au lieu d'être rapide, cyclique plutôt que linéaire, postulant un jeu de règles et non un jeu de faire-semblant, où le lecteur est absorbé plutôt qu'impliqué émotionnellement, bref une première lecture qui correspond à une « double lecture ». C'est une lecture-en-compréhension, à ceci près que le mandat de cette lecture n'est pas fixé par le lecteur lui-même mais par le livre, cas assez particulier qui ne se rencontre guère qu'en littérature fantastique, refuge des morts-vivants, des livres « vivants », etc.

Ce texte peut donc être considéré comme une allégorie de la lecture, mais uniquement lorsque le lecteur de la nouvelle se place dans une posture d'analyse, lorsqu'il opte pour une lecture-en-compréhension. La première observation est que les personnages lecteurs, en plus d'être absorbés par le livre, ont leur nom inscrit littéralement à la fin de leur lecture : l'ajout inexplicable du nom du lecteur à la dernière page du livre apparaît comme une « trace » de la lecture. Comment ne pas faire un lien entre les lecteurs *inscrits* dans le livre de magie et le type de lecteur postulé par Iser, le lecteur *inscrit* dans le texte ? Est-on en présence d'une situation fictive permettant de réaliser le sens propre d'une expression figurée, comme cela se rencontre souvent dans les récits fantastiques[67] ? Si le fonctionnement semble être le même, il faut bien voir qu'il s'agit d'un cas un peu particulier, étant donné que l'expression figurée « lecteur inscrit » appartient au vocabulaire des théories de la lecture et n'est pas encore passée dans le langage courant.

Le *Livre des Sciences Noires et des Secrets* se nourrit des lectures et des lecteurs qui le traversent, et à cause de cette faim insatiable, de ce cycle infernal qui ne paraît pas comporter de limites, il illustre à sa façon l'infini de la lecture. La deuxième observation consisterait à dire que ce texte traite de la lecture comme une obsession, puisque le phénomène si souvent noté du lecteur qui ne peut se décider à refermer son livre est poussé à son point extrême avec l'attitude de Mafteh. On pourrait y voir également une allégorie de la lecture comme projection de soi, étant donné que dans le livre magique, on se projette soi-même comme dans un miroir.

Dans un tout autre ordre d'idées, on observe dans ce texte toute une série de gestes, de manipulations propres à la lecture. Avant même de se mettre à lire, les experts lecteurs examinent l'objet, qui est en fait un véritable objet d'art. Ils ne font pas que tourner les pages du bout des doigts, mais exercent leur sens du toucher afin de déterminer de quelle matière sont faites les feuilles ; ce n'est qu'après un long moment que leurs yeux commencent à déchiffrer les mots, ils sont d'abord à l'affût des particularités de la calligraphie, de l'ornementation, etc. Bref, les sens du toucher et de la vue sont particulièrement exacerbés lors du contact avec le livre. La représentation du processus neurophysiologique, mis habituellement en jeu dans toute lecture[68], suscite donc un développement important dans ce texte.

67. Cela est étudié par Tzvetan Todorov dans son *Introduction à la littérature fantastique* (Paris, Seuil, 1970, p. 83-86).

68. Ce processus a fait l'objet de nombreux travaux en psychologie cognitive. Gilles Thérien l'examine dans une perspective sémiotique dans son article « Pour une sémiotique de la lecture », *Protée*, vol. 18, n° 2, 1990, p. 67-80. Nous y reviendrons plus loin.

Et le lecteur qui progresse à travers la nouvelle ? Que fait-il ? Il se trouve face à un récit fantastique articulant une énigme, celle du livre persan. Il a même droit aux premiers mots du livre magique, privilège d'autant plus grand qu'il n'a pas besoin de se mettre à l'étude du persan, car la traduction est donnée tout de suite après. Ce qu'il est obligé de faire, par contre, s'il ne connaît pas l'alphabet arabe/persan, c'est de passer par-dessus ces lignes qui apparaissent comme des dessins. Il ne déchiffre pas et se contente de survoler les arabesques. De la même façon, la date indiquée plus loin : « dans le mois de Rajab 962 » (p. 102) peut prêter à confusion étant donné que le lecteur peut ne pas savoir que l'année 962 du calendrier islamique correspond à l'année 1541 du calendrier chrétien. Ou bien il attribuera au livre un âge d'environ mille ans, ou bien la date inscrite au début du livre restera pour lui dans le flou le plus complet. Cette nouvelle présente donc des lacunes pour un lecteur ne possédant pas un savoir sur la culture persane. On peut supposer que l'impression d'étrangeté qui découle du fait de ne pas tout comprendre et l'impossibilité de savoir ce qu'il est advenu des deux personnages contribuent à créer un effet fantastique important.

L'analyse du conte de Thériault permet donc de questionner deux aspects de la théorie de la relecture de Calinescu. D'une part, la distinction principale du livre, entre première lecture et relecture, ne peut pas s'appliquer à l'étude de la représentation de la lecture car le récit met en scène une « double lecture », une première lecture possédant les traits de la relecture. D'autre part, les notions que Calinescu utilise pour qualifier la première lecture, telles que le jeu de faire-semblant, l'adhésion, l'identification, ne suffisent pas pour rendre compte de la première saisie du « Livre de Mafteh Haller », où l'on note la présence de certains phénomènes, comme la saisie de l'énigme entourant le livre, l'impression d'étrangeté due au non-partage d'un savoir culturel, la création d'un effet fantastique, etc. La lecture axée sur la progression du récit de Thériault apparaît d'une complexité aussi grande que la relecture, qui peut amener à identifier la présence d'une allégorie de la lecture.

Il nous semble donc préférable d'utiliser les notions de « lecture-en-progression » et de « lecture-en-compréhension » plutôt que celles de « première lecture » et de « relecture » qui, comme nous l'avons vu, peuvent prêter à confusion. Plutôt que d'envisager des lectures en fonction de leur succession dans le temps, nous observerons la lecture en fonction des mandats qu'un lecteur peut se fixer (progresser ou comprendre), en fonction de deux régimes de lecture opposés.

On voit bien que selon le mode de lecture, « Le livre de Mafteh Haller » peut être considéré soit comme un récit fantastique, soit comme une allégorie de la lecture. Dans quelle catégorie aurait-il été placé s'il avait été retenu par les théoriciens du fantastique ? Comme les conceptions du récit fantastique sont très différentes d'un auteur à un autre, il y a fort à parier que certains le placeraient à la limite du fantastique tandis que d'autres l'incluraient sans se poser de questions dans le corpus fantastique. Plutôt que de passer en revue toutes les définitions du récit fantastique, nous nous interrogerons sur le mode de lecture privilégié par certaines approches. Il est important en effet de montrer que la thèse de Todorov, basée sur l'hésitation du lecteur, prend pour cadre d'analyse la lecture-en-compréhension du récit fantastique, alors que les études portant sur le sentiment de l'étrange se placent dans la perspective de la progression de la lecture.

L'hésitation

Liées de près aux lacunes du récit, comment les indéterminations du récit fantastique sont-elles gérées au cours de la lecture? La question obtient différentes réponses selon les théories sur le fantastique, des réponses qui ne sont jamais directes, car la question de la gestion de l'indétermination au cours de la lecture n'est jamais explicitement posée, mais qui peuvent être décelées lors de l'examen des hypothèses théoriques et des lectures de textes fantastiques faites inévitablement par les théoriciens.

Regardons tout d'abord comment Todorov envisage le problème dans sa théorie sur la littérature fantastique[69] – théorie considérée par l'ensemble des chercheurs comme la plus importante sur le sujet et devenue théorie de référence sur le fantastique. Il faut tout d'abord spécifier que, s'il est question de lecture, le problème de l'indétermination n'est quant à lui jamais soulevé. Le lecteur occupe pourtant le premier plan de la réflexion puisque le premier principe du fantastique concerne son attitude:

> [Le fantastique] exige que trois conditions soient remplies: d'abord, il faut que le texte oblige le lecteur à considérer le monde des personnages comme un monde de personnes vivantes et à hésiter entre une explication naturelle et une explication surnaturelle des événements[70].

Dans le cas de «La nuit» par exemple, le lecteur se trouverait devant une explication rationnelle: «Il s'agit d'un cauchemar», et une explication surnaturelle: «C'est un mort-vivant qui raconte son histoire». Le deuxième principe, facultatif quant à lui, est que l'hésitation soit représentée dans le texte et vécue par le personnage. Enfin, le lecteur doit adopter une certaine attitude à l'égard du texte, attitude dominée par le refus de pencher pour une interprétation poétique ou allégorique.

69. Tzvetan Todorov, *Introduction à la littérature fantastique, op. cit.*
70. *Ibid.*, p. 38.

Le lecteur dont parle Todorov est un lecteur implicite, comme chez Iser :

> Le fantastique implique une intégration du lecteur au monde des personnages ; il se définit par la perception ambiguë qu'a le lecteur des événements rapportés. Il faut préciser aussitôt que, parlant ainsi, nous avons en vue non tel ou tel lecteur particulier, réel, mais une « fonction » de lecteur, implicite au texte (de même qu'y est implicite la fonction du narrateur). La perception de ce lecteur implicite est inscrite dans le texte, avec la même précision que le sont les mouvements des personnages[71].

Le lecteur occupe certes une position importante dans cette définition du fantastique, mais ce qu'il faut bien voir, c'est que la réflexion sur la lecture est en fait subordonnée à une réflexion sur le genre, à un besoin urgent d'établir une typologie des récits et de définir le plus insaisissable d'entre eux, le genre fantastique. Celui-ci est défini par opposition à deux autres genres : le merveilleux et l'étrange, le premier étant caractérisé par l'acceptation de l'explication surnaturelle et le second par l'explication rationnelle de phénomènes insolites. Cette subdivision des récits en trois genres : merveilleux, fantastique, étrange, se double d'une autre subdivision, permettant de créer des catégories telles que « étrange pur », caractérisé par la présence de faits insolites et non surnaturels face auxquels les personnages réagissent fortement ; le « fantastique-étrange », où les faits en apparence surnaturels reçoivent une explication naturelle ; le « fantastique pur », qui provoque comme on l'a vu une hésitation entre explication naturelle et explication surnaturelle ; le « fantastique-merveilleux », où les faits surnaturels reçoivent une explication surnaturelle ; et enfin le « merveilleux pur », caractérisé par l'existence des faits surnaturels et l'absence de réaction des personnages à ces faits[72]. Voici le schéma présenté à la page 49 du livre de Todorov :

Figure 1.2 – **La délimitation des genres selon Todorov**

Étrange pur	Fantastique-étrange	Fantastique-merveilleux	Merveilleux pur

71. *Ibid.*, p. 35-36.
72. La science-fiction constitue selon Todorov un cas particulier de « merveilleux pur » : le « merveilleux scientifique ». À ce sujet, il faut noter que les rapports entre le fantastique et la science-fiction ont souvent fait l'objet d'études. On peut citer par exemple le collectif dirigé par Aurélien Boivin, Maurice Émond et Michel Lord, *Les ailleurs imaginaires. Les rapports entre le fantastique et la science-fiction* (Québec, Nuit blanche, coll. « Les cahiers du CRELIQ », 1993), dans lequel on trouve, entre autres, des articles de Michel Lord, « Problématiques du fantastique et de la science-fiction : où sont les rapports ? » (p. 96-107), de Jean Fabre, « Pour une sociocritique du fantastique et de la science-fiction » (p. 109-120) et de Christian Vandendorpe, « Pouvoirs du héros et rationalité dans le fantastique et la science-fiction », (p. 243-263).

L'auteur précise que

> le fantastique pur serait représenté, dans le dessin, par la ligne médiane, celle qui sépare le fantastique-étrange du fantastique-merveilleux ; cette ligne correspond bien à la nature du fantastique, frontière entre deux domaines voisins[73].

Les deux genres permettant de circonscrire le fantastique, le merveilleux et l'étrange, ont ceci de particulier qu'ils résolvent l'indétermination. Dans l'un, une explication surnaturelle des événements permet au lecteur d'effectuer une synthèse, de dépasser l'indétermination. Dans l'autre, c'est une explication de type rationnel qui permet l'élimination de l'indétermination. Ce qui est curieux dans cette typologie, c'est que Todorov crée d'emblée un nouveau genre : l'étrange, moins semble-t-il à cause d'un problème précis lié à un groupe de textes (il est le premier à utiliser ce terme) qu'à cause d'une exigence d'ordre théorique : en montrant que le merveilleux faisait la part belle à l'explication surnaturelle, et en posant que le fantastique reposait sur une hésitation entre une explication surnaturelle et une explication rationnelle, il manquait véritablement un genre, celui qui allait mettre l'accent sur l'explication rationnelle de l'insolite[74].

Ce qu'il faut remarquer également, c'est que dans les sous-genres fantastique-étrange et fantastique-merveilleux, l'indétermination est résolue. Ne peut-on pas déceler ici une tendance, de la part du théoricien, à vouloir réduire le plus possible l'indétermination des récits ? Les seuls textes qui maintiennent selon lui l'ambiguïté sont ceux qui appartiennent au fantastique pur. Or, comme l'illustre à sa manière le schéma reproduit plus haut où le fantastique pur est représenté par une simple ligne, ce sous-genre ne contient que peu de récits. De fait, les seuls cités comme fantastiques sont *The Turn of the Screw* d'Henry James et « La Vénus d'Ille » de Prosper Mérimée. Cette réduction considérable du nombre de récits fantastiques mérite d'être examinée de plus près.

Tout d'abord, pourquoi rejeter hors du genre fantastique de nombreux textes considérés jusque-là comme fantastiques ? L'exemple servant à illustrer le genre « étrange » est « La chute de la maison Usher » d'Egar Allan Poe. Les deux faits qui peuvent paraître surnaturels, d'après Todorov, sont la résurrection de Madeline et la chute de la maison après la mort de ses habitants. Deux faits

73. *Ibid.*, p. 49.

74. Quelques années plus tard, Sorin Alexandrescu s'est chargé de définir le discours étrange. Sa définition est basée sur une analyse greimassienne de « La nuit » de Maupassant, analyse dont nous avons relevé plus tôt quelques aspects. Il faudrait considérer que ce texte fait partie du genre étrange et non du genre fantastique. Selon Alexandrescu, dans le discours fantastique, les isotopies, maintenues et disjointes, obligent le lecteur à hésiter entre la signification naturelle et la signification surnaturelle du récit, tandis que le discours étrange détruit « l'(les) isotopie(s) posée(s) par l'avènement du Neutre sur tous les axes sémantiques investis ». Il s'oppose à l'Absurde, qui « détruit les isotopies posées par le dérèglement systématique du plan syntagmatique. » (Alexandrescu, « Le discours étrange », *loc. cit.*, p. 93.)

qui reçoivent des explications rationnelles, reliées à la catalepsie pour l'un et au caractère très ancien de la maison pour l'autre. Pour mettre en évidence la présence de ces explications, Todorov nous fait part de son expérience de lecture du récit de Poe. Un lecteur réel s'il en est – et non pas implicite – à qui le texte ne donne pas la chance d'hésiter entre deux explications.

En effet, on peut se demander pourquoi il ne mentionne pas ce passage si important dans «La chute de la maison Usher» où une singulière correspondance s'établit entre ce que le narrateur lit et ce qu'il perçoit. C'est vers la fin du récit que le narrateur décide de lire à son ami Roderick Usher un roman d'aventures afin de le distraire de sa mélancolie. Un paragraphe du livre en question est cité dans le texte et voici ce qui est dit juste après:

> À la fin de cette phrase, je tressaillis et je fis une pause; car il m'avait semblé, mais je conclus bien vite à une illusion de mon imagination, il m'avait semblé que d'une partie très reculée du manoir était venu confusément à mon oreille un bruit, qu'on eût dit, à cause de son exacte analogie, l'écho étouffé, amorti, de ce bruit de craquement et d'arrachement si précieusement décrit par sir Launcelot[75].

Le même phénomène va se produire trois fois, c'est-à-dire que par trois fois, le narrateur s'arrêtera de lire car il lui aura semblé percevoir véritablement ce qui se trouvait décrit dans le livre. Le suspense prend fin avec l'arrivée de Lady Madeline dans la pièce: on comprend que le fameux bruit venait de sa déambulation à travers la maison, depuis le caveau où elle avait été ensevelie jusqu'à la pièce où se trouvent son frère et le narrateur. La coïncidence entre ce qui est lu à haute voix par le narrateur et ce qu'il perçoit n'est en fait que la première d'une série de coïncidences: les retrouvailles du frère et de la sœur coïncident avec leur mort, dans les bras l'un de l'autre, ces deux morts précédant de quelques instants la chute spectaculaire de la maison Usher. Si l'on ajoute à cette série de coïncidences l'ambiguïté liée au titre même de la nouvelle, la maison pouvant être à la fois l'édifice et la lignée généalogique des Usher puisque Roderick et Madeline sont les derniers descendants des Usher, on ne peut que s'étonner des conclusions tirées par Todorov. Rappelons que selon lui, le texte ne présente aucune ambiguïté: il s'agirait tout simplement de faits insolites qui sont expliqués rationnellement. La question de l'ambiguïté est bel et bien évacuée de l'analyse et il est assez surprenant de voir comment, en l'espace d'un paragraphe, sans même prendre la peine d'étayer son discours d'arguments ou d'analyses, le théoricien rejette l'œuvre de Poe hors du domaine fantastique:

> [...] le fantastique se trouve en définitive exclu de *la Maison Usher*. D'une manière générale, on ne trouve pas dans l'œuvre de Poe de contes fantastiques, au sens strict, à l'exception peut-être des *Souvenirs de M. Bedloe* et du *Chat*

75. Edgar Allan Poe, «La chute de la maison Usher», *Poe. Contes, essais, poèmes*, Paris, Laffont, coll. «Bouquins», 1989, p. 418.

> *noir.* Ses nouvelles relèvent presque toutes de l'étrange, et quelques-unes, du merveilleux. Cependant, et par les thèmes, et par les techniques qu'il a élaborées, Poe reste très proche des auteurs du fantastique[76].

Si le cas des textes de Poe est clair, il est d'autres textes au sujet desquels on peut noter certaines contradictions. Par exemple, après une interprétation qui réduit à néant l'indétermination présente à la fin de la nouvelle, «Véra» de Villiers de L'Isle-Adam est d'abord considéré comme un texte appartenant au fantastique-merveilleux[77]. Mais dans un deuxième temps, cette même nouvelle sert à illustrer l'interprétation allégorique:

> La nouvelle commence par une formule abstraite [...]: «L'amour est plus fort que la Mort, a dit Salomon: oui, son mystérieux pouvoir est illimité». Tout le récit apparaît ainsi comme l'illustration d'une idée; et le fantastique en reçoit un coup fatal[78].

Pourtant, les textes de Villiers et de Poe contiennent à n'en pas douter des indéterminations importantes. Une seule hypothèse est dès lors possible, selon laquelle Todorov, lors de sa lecture des textes fantastiques, aurait tendance à résoudre les indéterminations. Et l'on constate que les textes qui résistent à cette réduction de l'indétermination effectuée par le théoricien sont très peu nombreux.

En va-t-il ainsi pour chaque lecteur? Comment situer la lecture de l'analyste par rapport à la lecture qu'il présente comme typique du fantastique, celle où le lecteur implicite hésite entre une explication rationnelle et une explication surnaturelle? N'y a-t-il pas une confusion entre la lecture que fait Todorov des récits fantastiques, une lecture faite par un lecteur réel, qui se veut approfondie et qui prend la forme d'une analyse, et la lecture où se produit une hésitation, une lecture-en-progression puisque le lecteur implicite doit pouvoir s'identifier aux personnages, une lecture qui, semble-t-il, ne parvient pas à combler l'indétermination?

---

76. Tzvetan Todorov, *Introduction à la littérature fantastique, op. cit.*, p. 54.
77. Voici ce qui est dit à la page 59: «Un exemple semblable [de fantastique-merveilleux] se trouve dans *Véra* de Villiers de L'Isle-Adam. Ici encore, tout au long de la nouvelle, on peut hésiter entre: croire à la vie après la mort; ou penser que le comte qui y croit est fou. Mais à la fin, le comte découvre dans sa chambre la clé du tombeau de Véra; or cette clé, il l'avait jetée lui-même à l'intérieur du tombeau; il faut donc que ce soit Véra, la morte, qui l'ait apportée.» Nous verrons, dans le troisième chapitre, que le problème est loin d'être aussi simple.
78. *Ibid.*, p. 74.

Les processus de lecture

Ainsi qu'on l'a vu au cours des analyses précédentes, les indéterminations ne sont pas gérées de la même façon selon qu'il s'agit d'une lecture-en-progression ou d'une lecture-en-compréhension. De manière générale, on pourrait dire que la lecture-en-progression du fantastique donne une part plus importante aux processus affectif et argumentatif de la lecture, tandis que la lecture-en-compréhension fait primer le processus symbolique. Différents processus peuvent en effet être distingués au sein de l'acte de lecture, comme l'affirme Gilles Thérien dans son article «Pour une sémiotique de la lecture»: «Pour bien comprendre l'acte de lecture, il faut tenter de comprendre ensemble tous ces processus qui sont inter-reliés et qui œuvrent de façon concomitante et parallèle[79].» Cinq processus sont identifiés; il s'agit des processus neurophysiologique, cognitif, affectif, argumentatif et symbolique[80].

Le processus neurophysiologique met en jeu la perception visuelle, ou encore la perception auditive dans le cas de la lecture à haute voix, sur lesquelles se base la reconnaissance matérielle des signes. Une place importante est donnée à ce processus dans la représentation de la lecture dans «Le livre de Mafteh Haller». On a vu en effet que la lecture du *Livre des Sciences Noires et des Secrets* met fortement à contribution les sens de la vue et du toucher, tous deux de l'ordre du physiologique. Il ne suffit pas de percevoir les signes, encore

79. Gilles Thérien, «Pour une sémiotique de la lecture», *loc. cit.*, p. 73.

80. Les théories de la lecture donnent une plus ou moins grande importance à chacun de ces processus. Les processus neurophysiologique et cognitif font l'objet de travaux en psychologie cognitive, où la perception des mots, la lisibilité, les scripts, les schémas, l'apprentissage de la lecture sont examinés de près. C'est ce type de travaux qui est présenté par exemple dans l'ouvrage collectif édité par Guy Denhière (*Il était une fois..., op. cit.*). En ce qui concerne le processus affectif, il est étudié soit dans une perspective psychanalytique par des auteurs comme Norman Holland (*5 Readers Reading*, New Haven, Yale University Press, 1975) et Michel Picard (*La lecture comme jeu. Essai sur la littérature*, Paris, Minuit, 1986), soit dans une perspective pédagogique comme chez David Bleich (*Subjective Criticism*, Baltimore, The Johns Hopkins University Press, 1978). Le processus argumentatif fait plus particulièrement l'objet des recherches en rhétorique de la lecture, comme celles de Michel Charles (*Rhétorique de la lecture*, Paris, Seuil, 1977) et de Wayne Booth (*The Rhetoric of Fiction*, Chicago, University of Chicago Press, 1961). Quant au processus symbolique, on le trouve à l'étude par exemple dans la théorie de Stanley Fish mettant de l'avant la question des communautés interprétatives (*Is There a Text in this Class? The Authority of Interpretive Communities*, Cambridge, Harvard University Press, 1980). De manière générale, on peut dire que ce sont ces trois processus qui sont étudiés dans le «Reader-Response Criticism», comme on peut le voir dans les anthologies de Susan Suleiman (*The Reader in the Text. Essays on Audience and Interpretation*, Princeton, Princeton University Press, 1980) et de Jane Tompkins (*Reader-Response Criticism. From Formalism to Post-Structuralism*, Baltimore, The Johns Hopkins University Press, 1980). D'autres auteurs s'intéressent à la lecture de façon plus générale, en posant la question de la littérature par exemple (Michel Picard et Didier Anzieu [dir.], *La lecture littéraire*, Paris, Clancier-Guénaud, 1987; Lucien Dallenbach et Jean Ricardou [dir.], *Problèmes actuels de la lecture*, Paris, Clancier-Guénaud, 1982), ou encore en s'interrogeant sur l'histoire de la lecture (Roger Chartier [dir.], *Pratiques de la lecture*, Marseille, Rivages, 1985.)

faut-il que la perception soit organisée, qu'elle donne lieu à la saisie d'une signification, à l'identification des actions et des séquences dans lesquelles elles s'emboîtent. C'est le processus cognitif qui se charge de la saisie de la signification des mots, des phrases. S'il nous arrive au cours de notre étude du fantastique d'évoquer les processus neurophysiologique et cognitif, ceux-ci ne formeront pas toutefois l'objet de notre étude, tournée davantage vers les processus argumentatif, symbolique et affectif. Le défilement de l'information, pris en charge par le processus argumentatif, nous intéressera de près car il est responsable entre autres de l'articulation de l'énigme. Le processus argumentatif est le lieu de la construction de la cohérence du discours, qu'elle soit narrative ou autre, une construction qui s'avère problématique à bien des égards dans le cas du récit fantastique. Le processus symbolique, quant à lui, pose le problème de l'intégration de la lecture du texte à des systèmes beaucoup plus vastes, qu'il s'agisse de l'imaginaire, de savoirs, de rituels, etc. Il permet au lecteur d'intégrer sa lecture du texte à l'ensemble des lectures qu'il a déjà faites, à une somme de connaissances de tout ordre, et connaît un déploiement particulièrement important lors de l'interprétation d'un texte, qui peut être vue comme le résultat de multiples relectures. Quand nous examinerons, dans le troisième chapitre, de quelle façon sont utilisés les cadres de référence dans l'interprétation du récit fantastique, c'est un aspect du processus symbolique que nous tenterons de mettre en évidence. Mais il ne faut pas perdre de vue le fait que la lecture n'est pas seulement une construction intellectuelle, visant l'élaboration d'une signification. Le plaisir ou la déception que l'on ressent au cours de la traversée du texte, le rappel de certains souvenirs, de certaines émotions, font de la lecture un acte intime, un lieu où se construit un véritable complexe émotionnel. Le processus affectif revêt une importance toute particulière dans la lecture du récit fantastique, un type de récit réputé pour les effets émotifs qu'il suscite chez ses lecteurs. Sentiment de l'étrange, inquiétante étrangeté, impression d'étrangeté irréductible… les mots ne manquent pas pour traduire ce phénomène d'ordre affectif. C'est sur cet aspect de la lecture du fantastique que nous allons nous interroger maintenant.

1.4. LE PLAISIR DE L'INDÉTERMINATION

Le récit fantastique suppose chez ses lecteurs un certain abandon du désir de tout comprendre. Quand on observe à nouveau la théorie d'Iser, on remarque que le plaisir de l'indétermination n'est pas même évoqué puisque le seul véritable plaisir de lecture selon lui réside dans la construction de la signification. Ce n'est certainement pas lié au type de corpus choisi dans notre étude, le discours fantastique étant loin d'être le seul à pouvoir susciter ce plaisir de lecture particulier qu'est le plaisir de l'indétermination. Pourquoi n'envisager dans une théorie sur la lecture que les cas où les blancs disparaissent, comme cela se produit dans les conversations ? Est-ce pour entretenir l'illusion d'une communication entre le texte et le lecteur ? Ce qui paraît évident, c'est que chez Iser comme chez Todorov la lecture, tout en conduisant à l'établissement des significations ou à l'hésitation entre plusieurs significations, se trouve privée de sa dimension affective, dimension qui est toujours présente, ne serait-ce que de façon minimale, dans tout acte de lecture. Seul un lecteur doué de raison mais privé d'émotion peut terminer la lecture-en-progression d'un récit fantastique en hochant gravement la tête, en se demandant très sérieusement s'il faut choisir entre une explication rationnelle ou une explication surnaturelle. Mais chercher à trop rationaliser, n'est-ce pas nier du même coup la principale raison d'être de la littérature : le plaisir de lire ?

Peu d'auteurs se sont jusqu'à présent interrogés sur la dimension du plaisir dans l'acte de lecture. Parmi les écrits sur le sujet, on trouve principalement : *Le plaisir du texte* de Roland Barthes[81] et « La jouissance esthétique » de Hans Robert Jauss[82]. Ces deux textes offrent des avenues très différentes pour penser le plaisir de lire : l'un est sur le mode du discontinu, du fragment, du passage incessant entre la réflexion théorique et la confession personnelle, tandis que l'autre, de type académique, s'intéresse à l'historique de la notion de jouissance esthétique, depuis l'Antiquité jusqu'à nos jours. Néanmoins, ils posent tous deux la réflexion sur le plaisir en fonction des rapports du sujet à sa culture ou à sa société. La jouissance y est valorisée car elle entraîne un ébranlement des assises culturelles, ou encore un renouvellement de la perception du monde. Ce sont donc les résultats du processus de lecture qui priment, au détriment des émotions ressenties au cours du processus lui-même. Étant donné que ce n'est pas l'impact que peut avoir le plaisir sur les rapports à la culture et à la société qui nous intéresse, mais bien ce qui est ressenti au cours de la traversée du texte, nous serons amenée à prendre une autre direction pour penser le plaisir de lire. Le plaisir de l'indétermination constitue selon nous une modalité de l'acte de lecture, et c'est dans le pas-à-pas de la linéarité du texte, à l'intérieur du processus de lecture qu'il peut être observé. L'étude critique des textes de Barthes et de Jauss nous servira donc à montrer que ces deux auteurs se situent à un niveau de réflexion somme toute très différent du nôtre. Ensuite, nous examinerons les réflexions sur l'*unheimliche* et sur le sentiment de l'étrange élaborées au sujet du récit fantastique, pour mieux comprendre en quoi consiste le plaisir de l'indétermination, comment il s'inscrit dans l'acte de lecture.

81. Roland Barthes, *Le plaisir du texte*, Paris, Seuil, 1973.
82. Hans Robert Jauss, « La jouissance esthétique. Les expériences fondamentales de la poiesis, de l'aisthesis et de la catharsis », *Poétique*, vol. 10, n° 39, 1979, p. 261-274.

Plaisir *vs* jouissance

Il serait vain de vouloir rendre compte de tous les aspects du *Plaisir du texte* de Barthes, qui, parce qu'il comporte une série de fragments, des ruptures, de multiples interstices laissés vides sur la page, des passages brusques du mode théorique à celui de la confession, pose au lecteur désireux de comprendre la réflexion sur le plaisir des difficultés par moments insurmontables[83]. Dès le départ, l'impossibilité de tenir un discours sur un objet tel que le plaisir est posée, ce qui explique pourquoi l'auteur a choisi de le mettre en scène plutôt que d'offrir une exploration approfondie, de type académique, de cette notion. Autrement dit, la forme même du texte en dit aussi long que les réflexions qui y sont consignées.

Si, dès le début du livre, l'auteur affirme l'impossibilité de définir un objet tel que le plaisir, il n'en demeure pas moins qu'un certain nombre d'éléments de définition peuvent être relevés, notamment en ce qui a trait à la distinction entre plaisir et jouissance. Mentionnons tout d'abord que le terme «plaisir» tantôt renvoie à un plaisir général, dont la jouissance fait partie, et tantôt s'oppose à la jouissance. C'est la première nuance à apporter[84]. La seconde est le fait que le discours de Barthes reste toujours teinté d'incertitude en ce qui concerne cette distinction, qui «ne sera pas source de classements sûrs[85]». Ces différentes mises en garde effectuées, il n'en reste pas moins que la distinction renvoie à deux régimes de lecture, à deux types de textes, à deux catégories d'émotions.

La lecture qui permet le plaisir «va droit aux articulations de l'anecdote, elle considère l'étendue du texte, ignore les jeux de langage[86]» ; c'est une lecture rapide, une pratique à laquelle sont associés toute une série de gestes, un environnement particulier, axé sur le confort, en bref une pratique bourgeoise. Le texte de plaisir «contente, emplit, donne de l'euphorie ; [...] [il] vient de la culture, ne rompt pas avec elle, est lié à une pratique *confortable* de la

83. Dans son livre *Lire le fragment. Transfert et théorie de la lecture chez Roland Barthes*, Ginette Michaud montre comment la question du fragment permet de problématiser l'acte de lecture. Elle compare la tâche du lecteur à celle de l'analyste : «Malgré le désir de clôture, la tentation de saturation du texte fragmentaire, le lecteur devrait donc plutôt, devant la béance et le désordre des fragments, assumer une certaine perte de sa lecture, de façon analytique, c'est-à-dire en interrogeant, en se mettant à l'écoute de ce qui se produit dans sa propre lecture au contact de ces textes, même si les "trous" du texte fragmentaire cherchent à l'amener jusqu'au point de folie» (Montréal, Hurtubise HMH, coll. «Brèches», 1989, p. 53).

84. Mentionnons également que selon Stephen Heath, cette distinction, en plus de servir de paradigme et de relation d'inclusion, servirait aussi d'embrayeur de discours (*Vertige du déplacement. Lecture de Barthes*, Paris, Fayard, 1974, p. 153).

85. Barthes, *Le plaisir du texte*, *op. cit.*, p. 10.

86. *Ibid.*, p. 22.

lecture[87] ». Il peut s'agir d'un livre provenant d'une époque passée, comme ceux de Proust, de Zola, de Verne, qui sont les exemples donnés par Barthes. Le texte de plaisir peut également appartenir à la paralittérature, répéter les schèmes, jouer sur les stéréotypes et susciter le plaisir de la répétition. Il peut s'agir encore d'un texte dramatique, dont l'intérêt réside dans le plaisir de suivre une intrigue, de se laisser surprendre par la fin. Qu'il s'agisse du plaisir de l'intrigue, du plaisir de la répétition, du plaisir bourgeois, confortable, de se laisser bercer par le récit, le sujet jouit dans tous les cas de la consistance de son *moi* et c'est sur le mode du *contentement* que se déroule la lecture.

À l'opposé, la lecture donnant de la jouissance « ne passe rien ; elle pèse, colle au texte, elle lit, si l'on peut dire, avec application et emportement, saisit en chaque point du texte l'asyndète qui coupe les langages – et non pas l'anecdote[88] ». Le texte de jouissance est nécessairement un texte moderne, comme ceux de Bataille ou de Sollers, seuls exemples donnés par Barthes[89], car la nouveauté constitue la condition de la jouissance[90]. Il s'agit de « ne pas dévorer, ne pas avaler, mais brouter, tondre avec minutie, retrouver, pour lire ces auteurs d'aujourd'hui, le loisir des anciennes lectures : être des lecteurs *aristocratiques*[91] ». Le texte de jouissance est

> celui qui met en état de perte, celui qui déconforte (peut-être jusqu'à un certain ennui), fait vaciller les assises historiques, culturelles, psychologiques, du lecteur, la consistance de ses goûts, de ses valeurs et de ses souvenirs, met en crise son rapport au langage[92].

Seules exceptions faites à la condition de modernité, certains textes tragiques, comme *Œdipe-roi*, sont considérés comme des textes de jouissance, dans la mesure où leur lecture n'est pas exempte d'une certaine perversité : le parcours du texte n'est pas tributaire du désir de connaître la fin, car celle-ci est déjà connue. La lecture se déroule dans ce cas sur le mode du « je sais bien mais quand même ». Placée du côté de la perversité, la jouissance équivaut à un *évanouissement*, qui se produit lorsque le sujet recherche la perte de son *moi*.

Il faut souligner que le texte de plaisir appartient à la catégorie du dicible, catégorie déjà étudiée dans *S/Z*[93]. C'est le plaisir, et non pas la jouissance, qui est à la base de la critique, activité prépondérante dans le milieu littéraire,

87. *Ibid.*, p. 25.
88. *Ibid.*, p. 23-24.
89. À ces deux exemples, il faudrait ajouter l'exemple implicite, créé par Barthes lui-même, et qui est le texte intitulé *Le plaisir du texte*.
90. Barthes s'appuie ici sur une citation de Freud, « Chez l'adulte, la nouveauté constitue toujours une condition de la jouissance » (*ibid.*, p. 66). Mais il omet de dire que cette phrase est issue d'un contexte très précis, qui compare le plaisir de l'enfant à entendre la même histoire répétée plusieurs fois au besoin de nouveauté de l'adulte.
91. *Ibid.*, p. 23-24 ; l'auteur souligne.
92. *Ibid.*, p. 25-26.
93. Roland Barthes, *S/Z*, *op. cit.*

parce qu'il peut être montré, parce qu'il renvoie aux classiques, au réalisme. Par contre, on ne peut parler de la jouissance qu'en écrivant un autre texte de jouissance. Celle-ci ne peut pas se dire et le seul moyen d'en parler est de passer par un travail de réécriture du texte.

Voici quelle est la série d'oppositions qui découlent de la distinction entre plaisir et jouissance :

Tableau 1.3 – **La distinction plaisir/jouissance**

	Plaisir	Jouissance
La lecture	va droit à l'anecdote	ne passe rien
	rapide	lente
	ignore les jeux de langage	s'arrête aux jeux de langage
	bourgeoise	aristocratique
L'émotion	le contentement	le contentement
	la jouissance de la consistance du moi	l'évanouissement
	le confort	la jouissance de la perte du moi
	l'euphorie	l'inconfort
		vacillement des assises culturelles
Le texte	ne rompt pas avec la culture	rompt avec la culture
	ancien	moderne
	paralittérature	littérature
	drame	tragédie
	dicible	scriptible

Une autre façon de parcourir le texte de Barthes est d'examiner les éléments ayant un rapport étroit avec la psychanalyse. L'un des rares emprunts faits de façon explicite à cette discipline se trouve dans les propositions pour une étude du plaisir. La typologie des plaisirs de lecture/des lecteurs de plaisir que l'auteur suggère serait en effet « psychanalytique, engageant le rapport de la névrose lectrice à la forme hallucinée du texte[94] ». Quatre types de lecteurs sont ainsi définis : le fétichiste, l'obsessionnel, le paranoïaque et l'hystérique[95]. Mais, au-delà de cette référence explicite, d'autres points communs avec la psychanalyse peuvent être soulignés. Il faut rappeler en effet que Freud fait

94. *Ibid.*, p. 99.

95. *Ibid.*, p. 99-100. Ailleurs, dans l'article « Sur la lecture », il proposait trois types de plaisir de lire : dans le premier, « le lecteur a, avec le texte lu, un rapport fétichiste » ; dans le second, « le lecteur est en quelque sorte tiré en avant le long du livre par une force qui est plus ou moins déguisée, de l'ordre du suspense » ; dans le troisième, « la lecture est conductrice du Désir d'écrire » (*Essais critiques IV. Le bruissement de la langue*, Paris, Seuil, 1984, p. 44-45).

lui aussi une distinction entre le plaisir et la jouissance, distinction qui ne recoupe pas tout à fait celle envisagée par Barthes, mais qui donne malgré tout au second terme une plus grande valeur. Dans son article sur «Le créateur littéraire et la fantaisie», il affirme que les fantasmes servent de matériau principal au créateur de l'œuvre, qui les modifie, les voile. Le lecteur, de son côté, peut ressentir un plaisir purement formel, esthétique, lors de son contact avec l'œuvre, un plaisir pouvant déclencher à son tour la jouissance, qui est un plaisir plus intense, issu des profondeurs de l'inconscient:

> Un tel gain de plaisir, qui nous est offert pour rendre possible par son biais la libération d'un plaisir plus grand, émanant de sources psychiques plus profondes, c'est ce qu'on appelle une *prime de séduction* ou un *plaisir préliminaire*. Je pense que tout le plaisir esthétique que le créateur littéraire nous procure, porte le caractère d'un tel plaisir préliminaire, et que la jouissance propre de l'œuvre littéraire est issue d'un relâchement de tensions siégeant dans notre âme[96].

C'est bien ce «relâchement de tensions» qui est évoqué dans le développement sur le principe de plaisir[97]. Si le principe postulé par Freud, axé sur le passage de l'inconscient au conscient (du fantasme à l'œuvre) et vice-versa (du plaisir esthétique à la jouissance), est relativement simple, il n'en va pas de même chez Barthes, dont les formulations, selon Stephen Heath, «recoupent *et déplacent* le discours psychanalytique[98]». Le problème se trouve en effet complexifié du fait que le plaisir est situé délibérément du côté du contentement, de la jouissance de la consistance de soi, tandis que la jouissance est placée du côté de la perte de soi, de la pulsion de mort. Mais il n'en reste pas moins que la jouissance possède un degré d'intensité beaucoup plus fort que le plaisir: elle ébranle les assises culturelles du lecteur, les fait vaciller, elle a donc un impact important, qui ne saurait être comparé à l'euphorie, au plaisir de rester à la surface des choses.

Ce qui frappe également dans cette citation de Freud, ce sont les métaphores employées pour parler du plaisir. Le «plaisir préliminaire», la «prime de séduction» proviennent du registre érotique et il peut être intéressant de remarquer que Barthes a lui aussi très souvent recours à l'érotisme comme langage métaphorique. Est-ce pour pallier à la difficulté venant de ce que le plaisir du texte ne peut se dire? On remarque en effet que, grâce à la métaphore, qui apparaît comme un moyen de penser le plaisir, la lecture et l'érotisme se trouvent mises en parallèle.

---

96. Sigmund Freud, «Le créateur littéraire et la fantaisie», *L'inquiétante étrangeté et autres essais*, Paris, Gallimard, coll. «Folio-essais», 1985, p. 46.
97. Voir l'essai de Freud intitulé «Au-delà du principe de plaisir» dans *Essais de psychanalyse*, Paris, Payot, Petite bibliothèque Payot, 1971, p. 7-81.
98. Stephen Heath, *Vertige et déplacement, op. cit.*, p. 168, l'auteur souligne.

Par exemple, dans le couple lecteur/texte, c'est ce dernier qui occupe le premier plan de la scène, n'étant pas objet du désir mais objet qui désire son lecteur[99]. Un peu plus loin, on trouve une comparaison du texte avec le corps érotique[100], le corps de jouissance qui n'a rien à voir avec le corps des anatomistes, qui correspondrait quant à lui davantage au texte des critiques, commentateurs, grammairiens, de tous ceux qui parlent des textes. Par ailleurs, celui qui trouve du plaisir à lire la critique est comparé au voyeur, étant donné que dans une critique la personne montre son propre plaisir à la lecture d'un texte[101]. Le fragment portant sur les «bords» est également un bon exemple du parallèle entre la lecture et l'érotisme. Il commence avec le nom d'un auteur libertin, Sade, et se termine avec une comparaison entre le plaisir textuel et la recherche de la jouissance extrême, caractéristique du libertin. Ce qui semble rejoindre ces deux types de jouissance, celle du texte et celle du libertin, c'est le caractère extrême de la perversion.

Par ailleurs, la distinction entre plaisir et jouissance renvoie à une distinction entre deux types de séduction, celle entre l'apparition-disparition d'une partie du corps et le strip-tease. D'un côté, la jouissance, qui se loge dans les failles, les ruptures du texte, est comparée au plaisir érotique du corps tour à tour montré et dissimulé. De l'autre, le plaisir du suspense, dont la paralittérature fait grand usage (il suffit de penser au policier et au fantastique par exemple), est comparé au strip-tease. Il consiste en un dévoilement qui ne procède pas par ruptures, mais qui suit une certaine progression ; l'excitation qu'il suscite n'est pas liée à l'instant, à la partie du corps entrevue, mais à l'espoir de voir le sexe, ou encore de connaître la fin de l'histoire dans le cas du plaisir textuel.

Il est important de souligner l'importance que Barthes donne à l'érotisme dans son livre sur *Le plaisir du texte*[102] car le parallèle entre lecture et érotisme ne va pas de soi. Il semble bien qu'au lieu de permettre de cerner plus précisément le plaisir de la lecture, la comparaison ait pour effet d'occulter ce qui fait la spécificité du plaisir de lire. Le second problème sur lequel il faut insister concerne la distinction entre plaisir et jouissance. Si l'on tentait d'expliquer le plaisir ressenti à la lecture du fantastique à l'aide des propositions de Barthes, il faudrait en conclure que le fantastique suscite un plaisir et non une jouissance, étant donné qu'il est lié à un régime de lecture rapide, qui survole le

---

99. Barthes écrit par exemple : «Le texte que vous écrivez doit me donner la preuve qu'il me désire» (*Le plaisir du texte, op. cit.*, p. 13).

100. *Ibid.*, p. 29. Notons que cette référence constante au corps est étudiée par Jonathan Culler dans le chapitre intitulé «Hedonist» de son livre *Roland Barthes*, New York, Oxford University Press, 1983, p. 91-100.

101. Roland Barthes, *Le plaisir du texte, op. cit.*, p. 31.

102. On pourrait d'ailleurs considérer le titre que Betty McGraw donne à son compte rendu du livre, «Barthes's *The pleasure of the text:* An Erotics of Reading», comme symptomatique à cet égard (*Boundary 2*, vol. 5, nº 3, 1977, p. 943-952).

texte plutôt qu'il ne s'y colle, qui crée un certain suspense, à un type de texte conventionnel, appartenant à la paralittérature et n'étant pas en rupture avec la culture, etc. Et pourtant ce qui est éprouvé est de l'ordre du vertige, de l'effet d'étrangeté, de la déstabilisation des repères habituels, même si cela ne va pas jusqu'à faire vaciller les assises culturelles du lecteur, ou entraîner la perte de soi. Faudrait-il situer le plaisir suscité par le fantastique à mi-chemin entre le plaisir et la jouissance, considérer le texte fantastique comme mi-dicible mi-scriptible ? Plutôt que d'ajouter un troisième terme à la distinction établie par Barthes, il faut se demander si le plaisir ne peut pas être pensé autrement, sur un autre plan. Le plaisir peut en effet être considéré comme une modalité de l'acte de lecture, ce qui amène à privilégier le parcours du texte au lieu des résultats auxquels il peut donner lieu, à mettre l'accent sur les conditions de son apparition plutôt que sur les rapports symboliques du sujet avec sa culture.

On pourrait se demander également dans quelle mesure la ligne de partage tracée entre les textes lisibles et les textes scriptibles ne recoupe pas celle de l'esthétique de la négativité, prônée par Adorno et reprise notamment par Iser avec la question des négations. Il s'agit de la principale critique que Jauss adresse à Barthes :

> La tentative de Barthes est entrée à son tour dans le cercle vicieux de la négativité et de l'affirmation : le moment mythifié de la *rupture* divise la littérature de façon non dialectique en deux groupes, range les chefs-d'œuvre du passé sous la rubrique du *plaisir* s'affirmant lui-même et omet en même temps de dire ce qui aurait en revanche constitué le groupe subversif de la *jouissance* (de ce côté on ne voit guère figurer que le nom de Georges Bataille)[103].

En dépit du fait qu'elle réduit la catégorie des textes dicibles à celle des chefs-d'œuvre du passé – ce que ne fait pas Barthes –, cette critique est intéressante car elle met en évidence la valorisation implicite d'un certain type de textes chez Barthes. Si l'on peut partager jusqu'à un certain point cette critique de Jauss, on verra qu'il n'en va pas de même en ce qui concerne sa propre conception de la jouissance esthétique ou plus précisément de ses fonctions.

Les fonctions de la jouissance esthétique

Dans son article intitulé « La jouissance esthétique. Les expériences fondamentales de la *poiesis*, de l'*aisthesis* et de la *catharsis*[104] », Jauss établit dès le départ une référence à Aristote. C'est le premier auteur qu'il étudie, dans son historique de la réflexion sur la jouissance esthétique, et il revient à la toute fin

103. Hans Robert Jauss, « La jouissance esthétique », *loc. cit.*, p. 268.
104. Il s'agit d'une version remaniée de la conférence donnée en 1972 sous le titre « Petite apologie de l'expérience esthétique » et publiée en français dans *Pour une esthétique de la réception* (1978). La plus grande différence entre ces deux textes est l'ajout de la critique du *Plaisir du texte* de Barthes, paru entre-temps (1973).

pour proposer ses propres vues sur le sujet. Entre ces deux moments, il parcourt différents domaines : l'herméneutique avec saint Augustin, la rhétorique avec Gorgias, l'esthétique avec Adorno et Giesz, la psychanalyse avec Freud. Nous verrons comment l'attention se déplace, au cours de l'article, de la jouissance ressentie lors du contact avec l'objet d'art aux effets qu'elle peut avoir sur le plan idéologique. Autrement dit, de l'expérience esthétique à ce qui se passe après. D'autre part, il est intéressant de noter que, s'il est parfois question de lecture, celle-ci est toujours subordonnée à la question de l'expérience esthétique en général, l'œuvre littéraire faisant partie d'un ensemble beaucoup plus grand, englobant tous les objets d'art.

Selon Aristote, la satisfaction prise dans la représentation d'objets a différentes sources : d'une part, il y a une jouissance esthétique des sens, dans le fait d'admirer dans l'objet une certaine technique (*aiesthesis*), et de l'intellect, dans le fait de reconnaître le modèle dans l'objet qui l'imite (*anamnesis*) ; d'autre part, il peut y avoir un plaisir cathartique, issu de l'identification avec les personnages et du soulagement des passions :

> Celui qui voit peut être affecté par l'objet représenté lui-même, s'identifier avec les personnages qui agissent, laisser libre cours à ses propres passions ainsi excitées et se sentir allégé en s'en déchargeant de façon agréable, comme s'il bénéficiait d'une guérison *(catharsis)*[105].

Ces catégories sont reformulées – grâce entre autres à l'ajout du sens premier de « jouissance » qui, en allemand (*genuss*), signifie à la fois plaisir, participation et appropriation[106] –, et replacées sous l'angle de la communication, avec d'un côté le pôle créateur (*poiesis*) et de l'autre le pôle récepteur. L'*aisthesis* et l'*anamnesis* initiales sont fondues en une seule catégorie (*aiesthesis*) et la *catharsis* n'est plus vue dans sa dimension affective mais dans sa dimension sociale et idéologique. Les fonctions de la jouissance esthétique sont définies comme suit :

> L'attitude de jouissance esthétique, qui libère de quelque chose et qui libère pour quelque chose, peut se réaliser en trois fonctions : pour la conscience productive, en faisant naître un monde comme étant son œuvre propre *(poiesis)*, pour la conscience réceptive, dans la possibilité de renouveler sa perception de la réalité tant intérieure qu'extérieure *(aiesthesis)*, et enfin – et par là l'expérience subjective s'ouvre sur l'expérience intersubjective – dans l'approbation d'un jugement exigé par l'œuvre ou dans l'identification à des normes de l'action esquissées et qui doivent être concrétisées par ceux qui les assument[107].

105. Hans Robert Jauss, « La jouissance esthétique », *loc. cit.*, p. 262.
106. Comme le rappelle l'auteur à la page 261, ce sens se retrouve notamment chez Herder et Goethe.
107. *Ibid.*, p. 273 ; nous soulignons.

En utilisant le modèle de la communication et en donnant une plus grande importance à la participation et à l'appropriation, Jauss élimine pratiquement la dimension du plaisir dans la notion de jouissance. Le plaisir né du contact avec l'œuvre est en effet associé aux effets d'ordre idéologique. Ce n'est pas le fait de ressentir un plaisir qui retient l'attention, mais celui de pouvoir, grâce à l'expérience esthétique, renouveler sa perception, approuver un jugement, s'identifier aux normes de l'action, autrement dit changer son appréhension de la réalité. C'est donc l'impact qu'a l'expérience esthétique sur le sujet, les effets subséquents à l'expérience qui priment. Le modèle de la communication – modèle que l'on peut critiquer quand il est appliqué à une situation qui n'est pas une communication, comme on l'a vu avec Iser – place sur un même plan le créateur et le lecteur, ayant tous deux l'occasion de modifier leur rapport au monde, n'étant plus avant tout quelqu'un qui écrit, qui lit, qui regarde un spectacle, mais bien quelqu'un qui se trouve dans un milieu socioculturel et qui a quelque chose à retirer de son expérience esthétique pour sa propre vie. En ce qui concerne la lecture, qui n'est jamais envisagée comme une expérience singulière, il faut bien voir que ce n'est pas le processus de lecture dans son déroulement qui intéresse Jauss, mais bien plutôt la situation dans laquelle se trouve le lecteur.

En effet, l'expérience de la lecture n'est jamais envisagée comme quelque chose de spécifique. Le fait que, chez les auteurs étudiés, il peut être question de la tragédie (Aristote), de l'audition des chants d'église, de la contemplation de la création divine (saint Augustin), du discours des rhéteurs (Gorgias), de lecture (Barthes), de l'objet esthétique de manière générale (Geiger), etc., n'est pas même discuté. Et c'est la même indifférenciation des pratiques que l'on retrouve dans les propositions finales de Jauss, étant donné qu'il parle quelquefois d'auditeur, de spectateur, de contemplateur, de lecteur, comme si les termes étaient interchangeables, comme si la jouissance esthétique pouvait avoir les mêmes traits dans tous les cas. Voici ce qui est dit, par exemple, à la page 273 :

> [La catharsis] peut amener l'*auditeur* ou le *spectateur* aussi bien à changer de conviction qu'à libérer son âme [...]. L'artiste créateur peut assumer le rôle du *contemplateur* ou du *lecteur* face à son œuvre propre [...]. Le *spectateur* peut considérer un objet esthétique comme inachevé. Il peut quitter son attitude contemplative et participer lui-même à la création de l'œuvre en achevant la concrétisation de sa forme et de son sens. L'expérience esthétique peut enfin s'intégrer au processus d'une formation esthétique de l'identité quand le *lecteur* accompagne son activité esthétique d'une réflexion sur son propre devenir[108].

108. *Ibid.*, nous soulignons.

Comme le signale Deborah Cook dans son article « Reading for Pleasure[109] », qui compare les positions de Jauss et de Barthes, la plus grande différence entre eux se trouve dans la fonction idéologique de la jouissance. Barthes refuse de relier plaisir et idéologie, tandis que Jauss en fait un critère de la jouissance esthétique. On pourrait ajouter que chez ces deux théoriciens, mais pour des raisons différentes, la spécificité du plaisir de la lecture se trouve occultée : chez l'un, c'est à cause des références implicites à la psychanalyse et du parallèle entre la lecture et l'érotisme ; chez l'autre, c'est parce que la jouissance est subordonnée aux effets idéologiques et la lecture considérée comme un cas d'expérience esthétique parmi d'autres. Cela a pour conséquence de déplacer la question du plaisir de lire vers d'autres lieux, de détourner la question, d'occulter le caractère spécifique de la lecture.

Qu'en est-il maintenant des études portant exclusivement sur le fantastique ? Que disent-elles du plaisir de lire ? Qu'y a-t-il véritablement en jeu dans les discours portant sur l'impression d'étrangeté, sur l'inquiétante étrangeté ou encore sur le sentiment de l'étrange ?

Le sentiment de l'étrange

Le plaisir qui se dégage de la lecture du fantastique n'a jamais fait l'objet d'une véritable étude, mais il a retenu l'attention de certains théoriciens, notamment de ceux qui s'interrogent sur l'effet que le texte produit sur le lecteur. Les phénomènes tels que le sentiment de l'étrange, les frissons de peur, l'angoisse, le suspense, l'effet de surprise, l'étonnement ou la perplexité, sont fréquemment évoqués dans les études sur la littérature fantastique – Todorov excepté – ainsi que par certains auteurs de fantastique. H.P. Lovecraft soutient en effet, dans *Épouvante et surnaturel en littérature*, que c'est le sentiment de peur ressenti par le lecteur qui permet d'affirmer l'appartenance du récit au genre fantastique[110]. Pour Roger Caillois, « fantastique signifie d'abord inquiétude et rupture[111] ». Selon lui, le plaisir de lire le fantastique vient de l'« impression d'étrangeté irréductible[112] » qui s'en dégage, de ce que « [t]out le fantastique est rupture de l'ordre reconnu, irruption de l'inadmissible au sein de l'inaltérable légalité quotidienne[113] ».

---

109. Deborah Cook, « Reading for Pleasure », *Poetics Today*, vol. 8, n°s 3-4, 1987, p. 557-563.
110. H.P. Lovecraft, *Épouvante et surnaturel en littérature*, Paris, Christian Bourgeois, 1969, p. 16.
111. Roger Caillois, « Au cœur du fantastique », *Cohérences aventureuses*, Paris, Gallimard, 1965, p. 74.
112. *Ibid.*, p. 86.
113. *Ibid.*, p. 174.

L'existence d'un plaisir du texte basé sur l'angoisse a bien entendu retenu l'attention des psychanalystes, et de Sigmund Freud en particulier dans son célèbre essai sur l'*unheimliche* ou «inquiétante étrangeté[114]». On peut toutefois remettre en cause, comme le fait Hélène Cixous[115], la comparaison qu'il fait entre l'émotion provoquée par le récit fantastique et celle du personnage représenté, ou encore celle que l'on peut ressentir dans la vie courante. D'une part, le principe de l'identification fait en sorte de placer sur le même plan le lecteur et le héros du récit, notamment dans l'analyse de «L'homme au sable» d'Hoffmann. La thèse est la suivante: le lecteur ressent l'*unheimliche* car il s'identifie au héros, Nathanaël, qui souffre de l'angoisse du complexe de castration. D'autre part, il semble bien qu'au lieu de s'interroger sur l'effet fantastique, l'intérêt se déplace, délaisse le texte au profit du seul sujet percevant. La situation de lecture finit par n'être que l'une des nombreuses situations de la vie quotidienne dans lesquelles une telle émotion est ressentie. Selon Freud, «[l]'étrangement inquiétant vécu [...] se laisse chaque fois ramener à un refoulé autrefois familier[116]». Et ce n'est qu'à la fin de son essai qu'il remarque qu'une distinction doit être faite entre l'*unheimliche* vécu et celui ressenti lors de la lecture:

> Presque tous les exemples qui contredisent nos attentes sont empruntés au domaine de la fiction, de la création littéraire. Nous sommes ainsi invité à faire une différence entre l'étrangement inquiétant vécu et l'étrangement inquiétant purement représenté ou connu par le lecteur[117].

Le problème est que cette proposition intervient après que l'analyse de «L'homme au sable» eut été faite, après que le parallèle entre l'*unheimliche* vécu et l'*unheimliche* ressenti au cours de la lecture eut servi de support à l'analyse. Il n'est jamais expliqué pourquoi l'étrangement inquiétant, dans la vie courante, est un sentiment désagréable, alors qu'il procure du plaisir dans le cas de la lecture du fantastique. Ce qu'il faut bien voir, c'est qu'en affirmant que l'*unheimliche* n'est pas propre à la lecture, en l'associant au retour du refoulé, phénomène dépassant de beaucoup le cadre de la lecture, l'auteur n'étudie jamais le plaisir de lire le fantastique en lui-même.

Ce n'est pas le cas de Louis Vax qui, dans son livre *La séduction de l'étrange*, insiste sur le fait que l'émotion est créée par la lecture du récit: «Le sentiment de l'étrange, ce n'est pas la victime qui le connaît, c'est le lecteur[118].»

---

114. Sigmund Freud, «L'inquiétante étrangeté», *L'inquiétante étrangeté et autres essais*, Paris, Folio, coll. «Essais», 1985, p. 209-263.
115. Hélène Cixous, «La fiction et ses fantômes. Une lecture de l'"*Unheimliche*" de Freud», *Poétique*, n° 10, 1972, p. 199-216.
116. Sigmund Freud, «L'inquiétante étrangeté», *loc. cit.*, p. 255.
117. *Ibid.*, p. 255.
118. Louis Vax, *La séduction de l'étrange, Étude sur la littérature fantastique*, Paris, Presses universitaires de France, coll. «Quadrige», 1965, p. 117.

Et il ajoute plus loin: «Ce qui importe donc, c'est moins la durée de l'aventure supposée du héros et le lieu où elle se passe que le temps de la lecture et le cadre imaginé par le lecteur[119].»

La philosophie du fantastique de Vax, placée dans la perspective phénoménologique, s'interroge sur le phénomène affectif qui se produit chez les lecteurs de littérature fantastique. Elle vise à mettre à jour les mouvements de la conscience aux prises avec des impossibilités: «Le fantastique apparaît quand, en présence d'une donnée – sensorielle, logique, axiologique – qui serait absurde, impossible, monstrueuse, le mécanisme rectificatif ne peut pas jouer[120].» La présence dans le récit fantastique d'une énigme qui n'est pas suivie de sa résolution contribue à créer un déséquilibre, une instabilité. Le lecteur est dès lors placé dans une situation critique:

> L'élucidation phénoménologique essaie de capter cette crise dans l'instant paradoxal où elle tend à se résoudre et refuse de le faire. Elle considère ce refus de la tendance normale vers la résolution comme une possibilité humaine singulière qu'il faut comprendre en elle-même[121].

Il est important d'insister sur ce refus de la résolution des indéterminations du récit, car il est à la base du plaisir ressenti à la lecture du fantastique. Dire que les indéterminations du récit ne sont pas réduites au cours de la lecture revient à affirmer que la compréhension, sur le plan strictement textuel, comporte des lacunes. Une sensation d'incompréhension – incompréhension partielle et non totale – se dégage lors de la lecture du fantastique, et l'on doit la considérer comme l'un des éléments à l'origine du plaisir de lecture de ce genre de récits. Au jeu de construction de signification se mêle un autre jeu, basé quant à lui sur le plaisir de ne pas tout comprendre[122]. C'est d'ailleurs l'une des conditions pour qu'un effet fantastique puisse se créer. On peut supposer que la lecture du récit ne s'appuie pas sur une compréhension textuelle satisfaisante, puisque aucune cohérence ne peut être établie, mais bien sur le plaisir de l'indétermination. Lié au type de texte, le fantastique, où l'indétermination est thématisée, créée par toutes sortes de procédés, le plaisir se base sur une lacune sur le plan cognitif. C'est parce qu'il y a absence dans la construction de la signification, parce qu'il y a des lacunes, des vides, que le plaisir peut se loger. L'hypothèse que nous soutiendrons tout au long de ce livre est que l'effet fantastique ne se produit que dans un contexte bien précis: celui de la lecture-en-progression d'un récit fantastique. Il faut en effet supposer que le refus de réduire l'indétermination suscite un plaisir particulier si l'on veut comprendre un phénomène tel que l'effet fantastique.

---

119. *Ibid.*, p. 200.
120. *Ibid.*, p. 171.
121. *Ibid.*, p. 131.
122. Le fait que l'on parle plus volontiers dans le langage courant de «sensation d'incompréhension» que de «sensation de compréhension» est d'ailleurs significatif à cet égard.

Le plaisir de l'indétermination, c'est de se laisser happer par le vide, de ne rien offrir en compensation, de se laisser glisser au bord de l'abîme, juste pour avoir la sensation d'être à la dérive, d'avoir perdu pour un temps les repères familiers et rassurants du monde quotidien. Cela peut être angoissant, au point que certains voudront dépasser ce stade à tout prix, mettre un terme à cette sensation, ce qui les amènera à élaborer une configuration sémantique. Pour d'autres, le sentiment de l'étrange engendrera un plaisir, et dans bien des cas c'est la recherche de ce plaisir qui motivera la lecture d'autres textes fantastiques. S'agit-il dès lors du plaisir de la répétition ? Répondre par l'affirmative reviendrait à dire que tous les textes fantastiques se ressemblent, à dénier le caractère singulier de chacune des lectures. Or, on sait que l'élément de surprise est très important dans la création du plaisir de lire le fantastique. À chaque nouveau récit, ce sont de nouvelles indéterminations qui sont thématisées, ce sont de nouveaux pièges de lecture qui se mettent en place. Il s'agit plus d'un plaisir de la variation que de la répétition, car il prend une coloration singulière à chaque nouvelle lecture.

Le fait de ressentir l'étrange peut donc susciter un plaisir de lecture. Bien entendu, il ne saurait être question de limiter la dimension affective à cela. Le plaisir de l'indétermination peut être combiné à toutes sortes d'émotions qui seront quant à elles fonction de chaque lecteur. Certains sortiront de leur lecture en frissonnant tandis que d'autres auront tout juste goûté la sensation du vertige. Mais dans tous les cas, ce n'est que lorsque la lecture, lors des confrontations avec les indéterminations, aura procuré un certain plaisir, que l'on pourra parler d'effet fantastique. Par ailleurs, on peut supposer que le plaisir de l'indétermination peut être ressenti lors de la lecture de textes qui ne sont pas fantastiques. Mais là n'est pas notre objet. Nous ne cherchons pas à répertorier tous les textes pouvant susciter le plaisir de l'indétermination, mais bien plutôt à mettre en évidence un aspect important de la lecture du fantastique, sans lequel l'intérêt même de la lecture disparaîtrait.

Examinons maintenant comment s'effectue dans le détail la lecture du fantastique axée sur la progression à travers le texte. Après avoir posé que l'effet fantastique se rapporte avant tout au plaisir de lire, il nous faut nous interroger sur la composante argumentative de la lecture, où les procédés du fantastique jouent un rôle important. Quelles sont les conditions dans lesquelles un effet fantastique peut se produire ? Dans le chapitre suivant, consacré à l'étude des procédés de l'effet fantastique, nous tenterons de répondre à cette question.

Chapitre 2

LES PROCÉDÉS DE L'EFFET FANTASTIQUE

C'est le manque de sens qui effraie,
et cette frayeur est tout ce que l'œuvre a à nous proposer.

IRÈNE BESSIÈRE

Le plaisir de l'indétermination constitue la pierre angulaire de l'effet fantastique, ou effet produit par le texte fantastique sur le lecteur, que nous tenterons de définir au cours de ce chapitre. Nous réfléchirons tout d'abord sur la notion d'effet, en fonction notamment des modèles d'Iser et de Riffaterre. Comme le souligne Raymond Trousson dans son étude sur « Jean Ray et le discours fantastique » :

> On peut se demander [...] si tenter de définir le fantastique en tant que genre littéraire ne revient pas à s'engager dans une perspective erronée, tout simplement parce que le fantastique n'est pas une *forme*, mais un *effet*[1].

À cela, nous ajouterons que l'effet en question est un effet de lecture. Il va de soi que l'effet fantastique tel que nous l'envisageons est très éloigné des « effets de fantastique » définis par Jean Bellemin-Noël comme

> un ensemble de procédés, [...] des effets par lesquels le fantastique se rend sensible comme « caractère » (étymologiquement : signe de reconnaissance imprimé au fer rouge sur la peau), comme marque du genre[2].

Après avoir défini les conditions dans lesquelles l'effet fantastique peut se créer, nous observerons certains traits généraux de la progression à travers le texte. L'effet fantastique ne réapparaît pas à chaque lecture du récit ; quand on revient sur le texte, soit pour en relire certains passages, soit pour l'analyser, cet effet n'est plus que de l'ordre du souvenir. S'interroger sur l'effet fantastique implique donc de donner la priorité à l'étude de la lecture-en-progression. Nous étudierons ensuite certains procédés du fantastique, tels que le suspense, l'ambiguïté, l'enchâssement des cadres de référence, les dédales et les jeux de l'espace, que l'analyse de certaines nouvelles fantastiques permettra d'illustrer. Enfin, nous montrerons comment l'effet fantastique peut revêtir un aspect heuristique, ne plus être uniquement objet d'étude, mais prétexte à de nouvelles lectures, à la saisie de nouvelles indéterminations.

2.1. L'EFFET FANTASTIQUE

Définition

Maupassant et Poe sont fréquemment considérés comme des « maîtres » du fantastique. Ils ont tous les deux consacré quelques pages à la question de l'effet qu'ils entendaient produire chez leurs futurs lecteurs. Voici comment Maupassant décrit les débuts de la littérature fantastique :

> [Q]uand le doute eut enfin pénétré dans les esprits, l'art est devenu plus subtil. L'écrivain a cherché les nuances, a rôdé autour du surnaturel plutôt que d'y pénétrer. *Il a trouvé des effets terribles en demeurant sur la limite du possible, en jetant les âmes dans l'hésitation, dans l'effarement.* Le lecteur indécis ne savait plus, perdait pied comme en une eau dont le fond manque à

---

1. Raymond Trousson, « Jean Ray et le "discours fantastique" : *Malpertuis* », dans Michel Otten *et al.*, *Études de littérature française de Belgique* (offertes à Joseph Hanse pour son 75e anniversaire), Bruxelles, Jacques Antoine, 1978, p. 208.
2. Jean Bellemin-Noël, « Notes sur le fantastique », *Littérature*, n° 8, 1972, p. 19. Cette définition s'inspire principalement des propositions de Roland Barthes dans son article « L'effet de réel » (*Communications*, n° 11, 1968, p. 84-89).

> tout instant, se raccrochait brusquement au réel pour s'enfoncer tout aussitôt, et se débattre de nouveau dans une confusion pénible et enfiévrante comme un cauchemar[3].

Cette dernière phrase décrit mieux que ne saurait le faire un exposé théorique les sensations qu'un lecteur de fantastique peut éprouver. Une précision s'impose : si Maupassant parle ici d'hésitation, il ne faudrait pas s'empresser de mettre ses propos en relation avec les principes établis par Todorov. En effet, le « cauchemar » dont il parle est assez éloigné de l'ambivalence de l'esprit raisonneur face à deux explications contradictoires.

Quant à Edgar Allan Poe, son point de vue sur l'effet à produire fait autorité en ce qui concerne la forme brève qu'est la nouvelle. Il insiste sur la longueur du texte, stipulant que pour que l'effet puisse se produire, la lecture ne doit pas être interrompue[4] ni durer plus d'une heure. Tous les efforts de l'artiste doivent être subordonnés au désir de créer chez son lecteur un certain effet :

> Un artiste habile construit un conte. Il ne façonne point ses idées pour qu'elles s'accordent avec ses épisodes, mais après avoir soigneusement conçu le type d'*effet unique* à produire, il inventera alors des épisodes, combinera des événements, les commentera sur un certain ton, subordonnant tout à la volonté de parvenir à l'effet préconçu. Si sa toute première phrase ne tend pas à amener cet effet, c'est qu'alors, dès le tout premier pas, il a fait un faux pas. Dans toute l'œuvre, il ne devrait pas y avoir de mot dont la tendance, de façon directe ou indirecte, soit étrangère au dessein préétabli[5].

Lorsqu'il décrit comment il a créé le poème « Le corbeau », il réaffirme l'importance qu'il donne à l'effet à produire : « Pour moi, la première de toutes les considérations, c'est celle d'un *effet* à produire[6]. »

---

3. Guy de Maupassant, « Le fantastique », *Le Gaulois*, 7 octobre 1883, nous soulignons. Remarquons en passant comment cette citation s'applique particulièrement à la lecture de « La nuit », où le narrateur finit par s'engluer dans la vase de la Seine. À l'image du narrateur, le lecteur perd pied lui aussi, « comme en une eau dont le fond manque à tout instant ».
4. Certaines stratégies pédagogiques peuvent sembler à cet égard un peu curieuses. L'ouvrage de Marie-Thérèse Bouton et Bertrand Villain, *Une œuvre : La Vénus d'Ille. Un thème : l'objet magique* (Paris, Hatier, coll. « Œuvres et thèmes », 1990), destiné aux collégiens, met l'accent sur l'art de la nouvelle. Celle-ci doit « être dense et savamment construite, afin de susciter, par sa brièveté même, une émotion forte » (p. 6), propos qui sont attribués à Prosper Mérimée en l'absence de toute référence. Plutôt que de donner la nouvelle à lire d'un trait, ce qui aurait semblé logique vu les déclarations précédentes, les auteurs l'ont découpée en six chapitres, ce qui leur a permis d'intercaler des commentaires entre chaque chapitre, mais qui empêche du même coup les apprentis lecteurs de connaître cette « émotion forte ».
5. « L'art du conte », dans Poe, *Contes, essais, poèmes*, *op. cit.*, p. 1003, l'auteur souligne.
6. « La genèse d'un poème », dans Poe, *Contes, essais, poèmes*, *op. cit.*, p. 1008, l'auteur souligne.

Dans le domaine des théories de la lecture, quelques auteurs ont utilisé la notion d'effet, en particulier Iser et Riffaterre. Le sous-titre du livre d'Iser sur l'acte de lecture, «théorie de l'effet esthétique», laisse entendre qu'il y accordera une place importante. Or, il faut bien se rendre à l'évidence et admettre que la réflexion sur l'effet esthétique n'y est guère développée.

L'emploi du terme «effet» sert principalement à souligner l'écart existant entre le modèle théorique proposé et les études de réception. Si ces dernières ont pour objet les jugements historiques des lecteurs, la théorie de l'effet se centre uniquement sur le texte: «Une théorie de l'effet est ancrée dans le texte, une théorie de la réception dans les jugements historiques du lecteur[7].» Le terme «esthétique» est emprunté, quant à lui, à Ingarden. Ce dernier fait une distinction entre le pôle artistique, qui renvoie au texte produit par l'auteur, et le pôle esthétique, qui renvoie à la concrétisation du texte réalisée par le lecteur[8]. Seul le deuxième pôle retient l'attention du philosophe, qui établit sa définition de l'œuvre sur le concept d'expérience esthétique. C'est bien la conception de l'œuvre selon Ingarden qui est sous-jacente lorsque Iser affirme: «L'œuvre est ainsi la constitution du texte dans la conscience du lecteur[9].» Étant donné que le lecteur isérien est implicite, l'effet produit par le texte ne peut avoir, à l'instar du lecteur, «aucune existence réelle[10]». Lors de l'examen du texte littéraire, certaines stratégies textuelles sont identifiées, qui sont à la base des effets textuels. Une véritable correspondance est établie entre la cause (la stratégie) et l'effet. En fait, il ne pourrait en être autrement car, dans cette théorie, on ne sort jamais du cercle: si le lecteur est dans le texte, l'effet doit s'y trouver lui aussi.

Si la conception de l'effet chez Riffaterre semble *a priori* assez proche de celle d'Iser, puisqu'elle présuppose la dichotomie cause/effet, la perspective d'analyse présente néanmoins des différences notables. Dans son livre *Essais de stylistique structurale*[11], Riffaterre tente d'identifier les procédés à la base des effets stylistiques. La démarche adoptée consiste à observer un phénomène d'ordre lectural: les réactions des lecteurs face à un texte littéraire (critiques, commentaires, jugements de valeur), et à examiner de près les éléments du texte ayant été fortement appréciés ou détestés. Placer côte à côte toutes les impressions que le texte a suscitées permet d'obtenir une «somme de lectures», un «outil à révéler les stimuli d'un texte», bref un «archilecteur[12]». Les jugements portés sur les textes ne sont pas discutés par l'auteur mais considérés comme

7. Wolfgang Iser, *L'acte de lecture*, *op. cit.*, p. 15.
8. Cela est présenté à la page 48 du livre d'Iser.
9. *Ibid.*, p. 49.
10. *Ibid.*, p. 70.
11. Michael Riffaterre, *Essais de stylistique structurale*, Paris, Flammarion, coll. «Nouvelle bibliothèque scientifique», 1971.
12. *Ibid.*, p. 46.

révélateurs de la présence de certains procédés (clichés, métaphores, etc.). Une fois que les passages du texte ayant retenu l'attention des lecteurs ont été identifiés, le stylisticien met de côté les critiques et se consacre à l'analyse objective des procédés stylistiques du texte en question. Le style est défini comme la

> mise en relief qui impose certains éléments de la séquence verbale à l'attention du lecteur, de telle manière que celui-ci ne peut les omettre sans mutiler le texte et ne peut les déchiffrer sans les trouver significatifs et caractéristiques[13].

C'est donc l'effet que le style produit sur le lecteur qui sert de base à sa définition. La plus grande similitude entre l'étude de l'effet stylistique et celle de l'effet fantastique que nous nous proposons de mener est dans la démarche adoptée, étant donné que dans les deux cas le point de départ de l'analyse est un effet de lecture. Dans les études stylistiques, les jugements de valeur des lecteurs professionnels révèlent l'existence d'effets stylistiques ; dans les études sur le fantastique, les professionnels aussi bien que les amateurs attestent la présence de réactions affectives très fortes, allant de la peur à l'angoisse.

La première différence entre notre démarche et celle de Riffaterre tient en ceci que nous ne nous servirons pas d'un archilecteur constitué d'un ensemble de vrais lecteurs pour étudier l'effet fantastique. Ce n'est que dans le troisième chapitre que nous étudierons pour elles-mêmes les réactions de lecteurs/interprètes face à un texte fantastique. Il ne s'agit donc pas de greffer l'étude de l'effet fantastique sur une expérimentation objective du texte.

D'autres différences méritent d'être soulignées. Riffaterre part du principe que des effets de style existent, l'expression étant même passée dans le langage courant, et il se propose de modifier le contenu de cette notion. En ce qui concerne l'effet fantastique, le problème est différent puisque, d'une part, la notion d'effet fantastique n'a pas fait l'objet d'études et que, d'autre part, c'est sur elle que nous nous proposons de travailler.

La troisième différence est que dans notre étude nous ne détacherons *jamais* le texte de sa lecture. Dans la perspective structurale de Riffaterre, le lecteur est pris en considération au début de l'analyse, mais très vite, le texte prend le devant. En effet, l'analyse des procédés se veut *objective* et relègue le lecteur au second plan.

L'objet de notre étude diffère bien entendu de celui de Riffaterre. En choisissant de travailler sur des poèmes, il est amené à observer des procédés à l'intérieur de segments de l'ordre du syntagme, du vers ou de la strophe. Les effets de style, tels que les métaphores, les clichés, sont des effets ponctuels, que l'on peut repérer à des endroits précis du texte. L'effet fantastique est quant à lui souvent relié à une autre forme que le poème, la « forme brève »,

13. *Ibid.*, p. 31.

appellation sous laquelle on regroupe habituellement la nouvelle, le conte, le *novella* et le court roman. Le récit fantastique met en scène un défilé d'événements, d'impressions, d'actions, un ou plusieurs personnages, un espace-temps particulier, etc. Si des procédés sont observables à certains points du texte (ruptures, incohérences, ambiguïtés, etc.), leur portée joue sur l'ensemble de la lecture du récit. Il s'agit donc d'un effet global et non ponctuel. On n'a donc pas l'équivalence établie par Riffaterre selon laquelle *un* procédé entraîne *un* effet, mais un autre type de relations faisant en sorte qu'un ensemble de procédés permettent de créer un effet.

Enfin, plutôt que de définir l'effet comme conséquence, et le procédé comme cause, à la façon de Riffaterre, nous le prendrons dans le sens étroit d'« effet », comme un *phénomène particulier apparaissant dans certaines conditions*, et non comme « ce qui est produit par une cause », ou comme une « impression esthétique recherchée par l'emploi de certaines techniques » (*Petit Robert*).

L'effet fantastique est un effet de lecture mettant en jeu deux processus de lecture : le processus argumentatif et le processus affectif. Les paramètres qui nous permettront d'étudier ce phénomène sont les suivants :

1. *un ensemble de procédés de l'effet fantastique*, qui sont à mettre en rapport avec le processus argumentatif, comme nous le verrons un peu plus loin dans ce chapitre ;
2. *le plaisir de l'indétermination*, qui dépend de l'aptitude du lecteur à saisir l'indétermination d'un texte et à en tirer un certain plaisir de lecture ;
3. *une progression rapide à travers le texte*, une lecture dont le but premier est de parcourir le texte de la première à la dernière page.

L'effet fantastique est un phénomène se produisant lors de l'interaction entre un lecteur et un texte ; il ne dépend pas uniquement des procédés textuels, ni de la lecture en soi. Autrement dit, le procédé n'est pas vu ici comme une cause ni l'effet comme une conséquence. L'effet fantastique ne peut se produire que lorsque les trois éléments cités plus haut (les procédés, le plaisir de l'indétermination et la progression rapide à travers le texte) sont présents. Bien entendu, un lecteur peut ne pas saisir l'indétermination ou encore ne pas ressentir de plaisir ; dans ce cas, la lecture ne crée pas d'effet fantastique. De la même façon, rien n'empêche un lecteur de parcourir un récit fantastique le plus lentement possible, afin de comprendre au mieux toutes les subtilités du texte. Seulement, à trop vouloir comprendre, on risque de ne pas pouvoir ressentir le sentiment de l'étrange. Arrêtons-nous un instant sur ce dernier paramètre : la lecture-en-progression.

La progression à travers le texte

La lecture du fantastique est apparemment paradoxale : si l'on constate la présence massive d'indéterminations dans les récits fantastiques, indéterminations qui pourraient à première vue être considérées comme des obstacles à la compréhension du récit, on note néanmoins qu'il s'agit d'un type de textes reconnus pour leur facilité de lecture.

Pour le démontrer, observons un aspect des récits fantastiques ayant suscité peu d'études : la présence du suspense. Ce qui est commun à tous les récits présentant du suspense, parmi lesquels on trouve romans policiers, d'espionnage, *thrillers* et un certain nombre de récits fantastiques, c'est que le suspense provoque une accélération du rythme de lecture. Nous verrons plus tard que le suspense peut être considéré comme un procédé de l'effet fantastique. Si le récit comportait des difficultés de compréhension majeures, il va de soi que ce rythme se trouverait brisé et que l'attention du lecteur ne pourrait pas être aussi soutenue. Il suffit d'observer par ailleurs que le genre fantastique est fréquemment rangé dans ce qu'on appelle la littérature populaire, qui se caractérise par l'étonnante rapidité des lectures. On trouve des marques de cette classification dans divers secteurs du domaine littéraire. Par exemple, c'est la collection populaire « Marabout fantastique » qui a présenté au public le plus grand nombre de récits fantastiques ; de nombreux auteurs de fantastique ont longtemps été soit totalement déconsidérés, comme E.A. Poe aux États-Unis, soit considérés comme des auteurs populaires, non reconnus par l'institution littéraire, comme H.P. Lovecraft et Jean Ray.

Textes ne comportant pas à priori de difficultés majeures, se lisant d'un trait, ce sont aussi généralement des textes très brefs : des contes, des nouvelles, ou encore des *novella*, ou courts romans. Cela favorise le caractère continu de la lecture, qui se fait habituellement sans interruption, d'un seul mouvement, et à une allure rapide car on est pressé de connaître la fin.

Selon Poe, la forme brève est essentielle pour créer un effet fantastique. Les faits semblent d'ailleurs parler d'eux-mêmes puisque la plupart des récits fantastiques sont des textes très courts. Il y a malgré tout certaines exceptions, dont l'exemple bien connu est *The Turn of the Screw*, d'Henry James[14], appelé *novella* par les critiques anglophones, terme qui ne possède pas d'équivalent en français. Un autre exemple pourrait être celui du roman de Jean Ray intitulé *Malpertuis*[15]. Les textes qui composent notre corpus reflètent cette réalité,

14. Henry James, *The Turn of the Screw*, dans Leon Edel (dir.), *The Complete Tales of Henry James*, vol. 10, Londres, Rupert Hart-Davis, 1964.
15. Jean Ray, *Malpertuis*, Verviers, Gérard, 1962.

étant donné qu'il s'agit pour la majorité de nouvelles ou de contes, allant de 6 pages («La nuit») à 46 pages («La ruelle ténébreuse»), et d'un roman assez court (116 pages de texte): *Héloïse*, d'Anne Hébert.

Faut-il placer ce dernier dans la catégorie des nouvelles, sous prétexte qu'il s'agit d'un texte relativement court[16]? Où doit-on tracer la limite entre «relativement court» et «pas très long», qui permettrait de départager la nouvelle du roman? Plutôt que de chercher à faire avec *Héloïse* une adéquation entre le nombre de pages, ou le temps de lecture que le récit demande, et la création d'un effet fantastique, nous tenterons de mettre en évidence certains aspects du processus de lecture de ce roman. L'analyse de ce texte fantastique, qui ne fait pas partie des «classiques» du XIXe siècle, montre que la brièveté est présente sur un autre plan: en effet, ce n'est pas le texte qui est bref, mais les chapitres qui le composent; il y a 6 chapitres d'une page, 15 chapitres de 2 pages, 7 chapitres de 3 pages, 5 chapitres de 4 pages, 4 chapitres de 5 pages, 2 chapitres de 6 pages et 1 chapitre de 7 pages[17].

Il s'agit d'un texte qui oblige le lecteur à interrompre continuellement le flux de sa lecture, qui contrarie l'idée même de vitesse, qui met à l'épreuve l'a priori voulant que la lecture d'un récit fantastique soit une lecture qui ne s'arrête pas, un voyage en train à grande vitesse plutôt qu'un voyage en métro qui s'arrête à chaque station. La lecture de ce récit, au lieu de se dérouler de façon continue et de ne durer qu'un temps très court, comme c'est généralement le cas pour les nouvelles, se situe totalement à l'opposé: en effet, la durée de lecture est plus longue que la moyenne et son déroulement est axé sur le

16. Les critiques en parlent en effet comme d'une longue nouvelle: «Ce court roman qu'il serait peut-être plus exact de nommer nouvelle ou récit» (Jacqueline Ferry, «Héloïse dans le métro», *Lettres québécoises*, n° 21, 1981, p. 24); «Un roman, à peine: une nouvelle un peu longuette, cent vingt petites pages» (Gilles Marcotte, «Anne Hébert et la sirène du métro», *L'actualité*, vol. 5, n° 6, juin 1980, p. 82). Ajoutons que les commentaires sur ce roman d'Anne Hébert sont eux aussi généralement sous le signe de la brièveté. Voici par exemple comment Maurice Émond présente le livre dans son article «Le fantastique au Québec: le XXe siècle»: «C'est l'histoire classique de vampires qui se cachent, le jour, dans les gares désaffectées du métro parisien et sortent, la nuit, dans le monde des vivants en quête de victimes pour étancher leur soif de sang» (*Québec français*, n° 50, 1983, p. 31). Le caractère «classique» de l'histoire, qui est d'ailleurs loin d'être évident, semble être la raison pour laquelle le roman suscite peu d'intérêt. Il faut en effet spécifier que ces quelques lignes surviennent après un long exposé du roman précédent d'Anne Hébert, *Les enfants du sabbat*, présenté d'emblée comme un récit fantastique alors que cela ne fait pas l'unanimité. En fait, l'attitude d'Émond est assez révélatrice de la critique en général. On s'explique mal pourquoi, sur le nombre impressionnant d'études portant sur les romans d'Anne Hébert, aussi peu de critiques s'intéressent à *Héloïse*.

17. Ces chapitres présentent en fait un ensemble des plus curieux: mis à part les chapitres d'une page, qui n'obéissent pas à la règle, la gradation du nombre de chapitres en fonction du nombre de pages va en ordre décroissant; ou encore: plus le nombre de pages augmente et plus le nombre de chapitres correspondant diminue. La régularité s'arrête là car ils sont disposés en désordre dans le texte. Comme on peut s'y attendre, les chapitres d'une page jouent un rôle très particulier dans le déroulement de la lecture et nous y reviendrons en temps voulu.

discontinu. Si la forme brève combinée au régime de la progression semble être la norme en ce qui concerne le récit fantastique, dans ce récit, la forme brève est comme décuplée. L'effet de lecture le plus important n'est pas celui de la forme brève, mais celui de la forme brève répétée plusieurs fois à travers une seule lecture. On peut supposer que l'effet fantastique est plus diffus que dans les autres récits étant donné que la progression de la lecture est moins rapide. D'ailleurs ce récit présente moins de suspense que les autres. Nous y reviendrons au cours de ce chapitre, lorsque nous analyserons en détail les jeux de l'espace dans *Héloïse*.

Tournons-nous maintenant vers les procédés de l'effet fantastique. Cette étude sera l'occasion de retrouver certaines questions bien connues des théories du fantastique, telles que l'ambiguïté, l'aberration de l'espace, tandis que d'autres, comme le suspense et l'enchâssement des cadres de référence, sont beaucoup moins étudiées. Les textes qui nous serviront d'exemple viennent de diverses époques (XIXe et XXe siècles) et de divers pays (Belgique, États-Unis, France, Québec).

La liste des procédés que nous avons choisi d'examiner n'est pas exhaustive, notre but n'étant pas d'établir une typologie des procédés de l'effet fantastique qui permettrait de compartimenter la littérature fantastique, mais bien plutôt de montrer le rôle que jouent certains d'entre eux dans la création d'un effet fantastique. Le choix des récits s'explique de la même façon par le fait qu'ils constituent des exemples permettant d'illustrer de façon efficace la présence de certains procédés. Nous n'avons pas inclus dans cette liste un procédé bien connu : l'aberration temporelle, pour la simple raison qu'il était sous-jacent lors de l'analyse de « La nuit » dans le chapitre précédent. Ce récit se présente d'ailleurs comme l'un des meilleurs exemples d'aberration temporelle. Observons à présent un procédé dont l'un des effets est de rythmer en quelque sorte la progression à travers le texte : le suspense, sans lequel on ne peut comprendre le plaisir ressenti à la lecture de « Ligeia » d'Egar Allan Poe.

2.2. LE SUSPENSE DANS « LIGEIA »

Une réflexion sur l'effet fantastique ne peut guère se faire sans qu'une place soit réservée à la question du suspense. Il en a été brièvement question un peu plus tôt, lors de l'étude du code énigmatique de « La nuit ». On a vu que les éléments situés entre la question et la réponse (leurres, équivoques, réponses partielles, suspendues...) constituent une série de retards dans le dévoilement de l'énigme, et qu'ils sont pour cette raison responsables de la création du suspense. Quel est le rôle joué par un procédé tel que le suspense dans la création de l'effet fantastique ? C'est en examinant certaines caractéristiques du suspense et en étudiant «Ligeia» de Poe, qui est une référence en matière de suspense[18], que nous tenterons de répondre à cette question. L'analyse de ce texte sera complétée plus loin, dans le troisième chapitre, où différentes interprétations seront comparées, ce qui devrait permettre de mieux comprendre comment la lecture approfondie d'un texte fantastique gère les indéterminations.

Le suspense

Soulignons tout d'abord le rapport étroit qui existe entre le problème de l'effet et celui du suspense. Quand on observe la définition du suspense: «dans un film, et *par extension* un spectacle, un récit, moment ou passage de nature à faire naître un sentiment d'attente angoissée» (*Petit Robert*), on remarque qu'il est défini avant tout par l'effet qu'il produit sur le spectateur ou sur le lecteur. Si la définition met sur le même plan le film, le spectacle et le récit, il n'en demeure pas moins que les attitudes en jeu sont fort différentes. Le spectateur n'a aucun moyen de contrôler le défilement des images, tandis que le lecteur a tendance à progresser de plus en plus vite dans sa lecture pour se défaire le plus tôt possible de son angoisse. Étant donné que nous nous intéressons ici à l'effet de lecture, nous laisserons de côté tout ce qui est relatif au cinéma, même si ce média semble être celui qui excelle dans l'art du suspense. Il suffit, pour se convaincre de ce privilège, de jeter un coup d'œil sur l'*Encyclopedia Universalis*, qui ne mentionne même pas le récit policier, où le suspense joue pourtant un rôle majeur[19]. En ce qui concerne les essais s'intéressant à cette problématique, relativement peu nombreux, ils portent presque exclusivement sur le cinéma ou le récit policier. Quant aux théories du fantastique, aucune n'aborde de front la question du suspense. Et pourtant, est-il possible que le récit produise un effet fantastique sur le lecteur s'il n'y a pas de suspense?

Quand on étudie l'effet de suspense en tant qu'effet de lecture, on remarque un phénomène très particulier: l'accélération du rythme de lecture. Ce qui est commun à tous les types de récits présentant du suspense, c'est que plus le lecteur avance dans son parcours du texte, plus il va vite. C'est lors du premier parcours du texte que le suspense joue un rôle important, comme le fait remarquer Albert Guerard:

18. Le titre du livre *Nineteenth-Century Suspense. From Poe to Conan Doyle* (Londres, Macmillan Press, 1988) est révélateur à cet égard. Le premier article de cet ouvrage collectif dirigé par Clive Bloom est intitulé: «Edgar Allan Poe: Tales of Dark Heat» (p. 1-13). Son auteur, David Punter, présente une analyse de certains contes mais ne traite pas directement de la question du suspense.

19. L'article consacré au suspense est tiré d'un livre de Jean Douchet portant sur Hitchcock.

> *Talk of suspense, of exciting plots, of dizzying ambiguity, of the pleasures of incessant surprise refers to a hypothetical first reading. But talk of unity and satisfying relation of the parts to the whole, of subtle reflexive reference, of foreshadowings, refers either to a subsequent reading or implies an exceptionnally competent retrospective spatial contemplation of a first reading*[20].

Si l'effet de suspense est lié à une indétermination concernant la suite des événements, il peut parfois être également tributaire de l'absence d'explication des événements représentés. Deux types d'indétermination seront donc distingués en ce qui concerne le suspense : l'une relative à la progression de l'intrigue, l'autre à l'identification des situations. Dans le premier cas, l'attente angoissée du lecteur commence au moment où le récit présente l'amorce d'un déroulement d'actions, le début d'une séquence. Le lecteur se pose alors la question « que va-t-il se passer ? » (le héros va-t-il réussir à s'en sortir ? le complot qui se prépare sera-t-il déjoué ? etc.). Cela rejoint un peu ce qu'affirme Dennis Porter dans son article « Backward Construction and the Art of Suspense » : « *The experience of suspension occurs whenever a perceived sequence is begun but remains unfinished*[21]. » On pourrait également faire un rapprochement avec les « signaux de suspense » d'Umberto Eco. Selon ce dernier, le lecteur doit parfois affronter des disjonctions de probabilités :

> Un texte narratif introduit des signaux textuels de différents types pour souligner que la disjonction qui va être occurrente est importante. Appelons-les *signaux de suspense*. Ils peuvent, par exemple, consister à différer la réponse à la question implicite du lecteur. [...] Les signaux de suspense sont parfois aussi donnés par la division en chapitre, la fin du chapitre coïncidant avec la situation de disjonction. Parfois encore, la narration procède par épisodes et introduit un laps de temps imposé entre la question (pas toujours implicite)

---

20. Albert J. Guerard, *The Triumph of the Novel : Dickens, Dostoïevsky, Faulkner*, Chicago, University of Chicago Press, 1976, p. 20 ; cité par Matei Calinescu, *Rereading*, *op. cit.*, p. 21. Si l'on en croit Kendall Walton, l'effet de suspense pourrait se produire lors de lectures ultérieures, pourvu que le lecteur soit engagé dans un jeu de faire-semblant. Dans son article « Fearing Fictions », qui étudie les réactions psychologiques des spectateurs de films d'horreur, il fait quelques remarques au sujet du suspense : « *One might have supposed that, once we have experienced a work often enough to learn thoroughly the relevant features of the plot, it would lose its capacity to create suspense, and that future readings or viewings of it would lack the excitement of the first one. But this frequently is not what happens.* [...] *A child listening to* Jack and the Beanstalk *for the umpteenth time, long after she has memorized it word for word, may feel much the same excitement when the giant discovers Jack and goes after him, the same gripping suspense, that she felt when she first heard the story* [...]. *She is engaged in her own game of make-believe during the reading, a game in which make-believedly she learns for the first time about Jack and the giant as she hears about them. It is her make-believe uncertainty (the fact that make-believedly she is uncertain), not any actual uncertainty, that is responsible for the excitement and suspense she feels* » (Kendall Walton, « Fearing Fictions », *The Journal of Philosophy*, vol. 75, n° 1, 1978, p. 26).
21. Dennis Porter, « Backward Construction and the Art of Suspense », dans Glen W. Most et William W. Stowe (dir.), *The Poetics of Murder*, New York, Harcourt, 1983, p. 328 ; cité par George Dove, *Suspense in the Formula Story*, Bowling Green, Bowling Green State University Popular Press, 1989, p. 5.

> et la réponse. Nous disons alors que l'intrigue, au niveau des structures discursives, travaille à préparer les attentes du Lecteur Modèle au niveau de la fabula et que, souvent, les attentes du lecteur sont suggérées par la description des situations explicites d'attente, souvent angoissée, du personnage[22].

Si la description des signaux de suspense semble effectivement s'appliquer au texte narratif, il est plus difficile de suivre Eco dans sa façon de comprendre le processus de lecture. Stipuler que « entrer en état d'attente signifie faire des prévisions[23] », c'est conférer au Lecteur Modèle une attitude qui ne ressemble guère à celle d'un lecteur en chair et en os capable de ressentir du suspense. Peut-on à la fois être dans un état d'attente angoissée et faire des prévisions avec beaucoup de sang-froid, à l'image d'un joueur d'échecs qui s'apprête à déplacer un pion (comparaison faite par Eco) ? Force est de constater que la dimension affective de l'effet de suspense (sentiment d'attente *angoissée*) se trouve totalement gommée dans cette conception de la lecture.

Le deuxième type d'indétermination qui peut être conjuguée à la première dans la création d'un effet de suspense a trait quant à elle à l'impossibilité d'identifier la nature des événements représentés. Face à certaines situations, il arrive que le lecteur ne soit pas en mesure de comprendre ce qui est en train de se passer exactement. Placé dans l'impossibilité de reconnaître ce à quoi il a affaire, il ne peut qu'attendre que le texte lui fournisse une explication. L'indétermination ne concerne pas cette fois-ci le futur (« que va-t-il se passer ? ») mais bien le moment présent (« que se passe-t-il ? »). Le fait de ne pas pouvoir inférer un élément important, de ne pas savoir par exemple ce que signifient les changements d'aspect d'un cadavre – comme on le verra dans la nouvelle de Poe –, implique que la compréhension des événements est déficiente. Le texte présente une lacune d'information, lacune que le lecteur compte bien pouvoir combler plus tard au cours de sa lecture. Ce procédé crée une tension qui met le lecteur en attente d'une explication.

Ces deux types d'indétermination jouent un rôle dans la création de l'effet fantastique. Le récit fantastique met la compréhension du lecteur à rude épreuve. S'il y a du suspense, c'est que quelque chose nous échappe, que notre désir de savoir nous pousse en avant. Il est à noter que l'on ne se trouve jamais de but en blanc face à un événement étrange : on l'attend avec impatience. Les indices de l'étrange glanés tout au long du récit ne font qu'exacerber l'attente du lecteur. Selon Jacques Finné, dans son ouvrage *La littérature fantastique. Essai sur l'organisation surnaturelle*, la « crispation » du lecteur doit être étudiée en fonction de l'explication du mystère :

22. Umberto Eco, *Lector in fabula, op. cit.*, p. 144-145, l'auteur souligne.
23. *Ibid.*, p. 145.

> Le récit fantastique est un récit de mystères logiques qui se dissolvent par une explication. [...] Somme toute, le récit se subdivise en deux vecteurs : un vecteur de *tension*, qui se centre sur les mystères et qui a pour effet de crisper le lecteur ; un vecteur de *détente*, qui annihile la tension. La charnière entre les deux est donnée par l'explication[24].

Cette théorie du fantastique, qui examine le processus de lecture à l'aide du couple tension/détente, met la notion d'explication au premier plan[25]. Deux problèmes méritent d'être évoqués. D'une part, ce qui est sous-jacent à cette conception du récit fantastique, c'est que l'indétermination est toujours résolue, que l'explication vient toujours à point pour annihiler la tension. D'autre part, le fait de mettre l'accent sur l'explication fait passer sous silence l'effet de surprise qui succède généralement à l'effet de suspense. Pourtant, on peut supposer que plus l'attente est angoissée, plus la surprise sera forte. N'est-on pas bouleversé lorsque l'on apprend en fin de parcours ce à quoi l'on s'attendait le moins ?

Plutôt que de concevoir d'emblée la lecture comme un équilibre entre tension et détente, nous étudierons le suspense dans « Ligeia » comme un procédé de l'effet fantastique. Si l'indétermination due au suspense se résout peu à peu au fur et à mesure que la lecture avance, il n'en reste pas moins que sa saisie lors de la lecture s'accompagne de deux effets : un effet de suspense et un effet de surprise.

La confusion du lecteur

Ligeia a des yeux étranges, son érudition est immense, sa passion pour la vie démesurée. Elle et son mari, qui est le narrateur du récit, passent leur temps à lire des ouvrages de métaphysique. À la mort de Ligeia, le deuil mélancolique du narrateur cède rapidement la place à un début de folie. Il s'exile en Angleterre, achète une abbaye qu'il décore de façon absolument « fantastique », s'adonne à l'opium et se remarie. Quand Rowena, sa deuxième femme, meurt à son tour, dans des circonstances suspectes, des phénomènes inexplicables se produisent. Occupé à veiller la défunte et plongé dans les rêveries que lui procure son

24. Jacques Finné, *La littérature fantastique. Essai sur l'organisation surnaturelle*, Bruxelles, Éditions de l'Université de Bruxelles, 1980, p. 36, l'auteur souligne.
25. Cela se remarque dans l'organisation générale de l'ouvrage. À part le premier chapitre (« Notre héritage »), qui présente un survol des théories du fantastique, et le sixième (« L'imposition surnaturelle »), les chapitres sont tous consacrés à la question de l'explication : 2. Souffle fantastique et notion d'explication ; 3. L'explication rationnelle ; 4. L'explication surnaturelle ; 5. L'explication ambiguë ; 7. Localisation de l'explication. Finné ne mentionne pas les cas où l'explication est tout bonnement absente, comme dans « La nuit » de Maupassant, que nous avons étudiée dans le premier chapitre. Selon lui, quand le récit ne donne pas d'explication de façon explicite, celle-ci est présente sous une forme implicite, auquel cas la participation du lecteur est beaucoup plus intense.

amour pour Ligeia, le narrateur assiste à un «drame de ressuscitation», où un semblant de vie alterne à plusieurs reprises avec la rigidité du cadavre, puis il voit la prétendue morte se lever, ouvrir les yeux : ce sont les yeux de Ligeia.

L'agonie de Rowena et le drame de résurrection sont deux moments dans le récit où le suspense va grandissant jusqu'à atteindre son paroxysme. Plus on avance dans le récit et moins on comprend ce qui se passe. La venue d'une explication devient d'autant plus urgente que notre confusion s'accroît de ligne en ligne.

Quand Rowena tombe malade, sa nervosité ne cesse de s'accentuer car elle entend de légers bruits, des soupirs et remarque des mouvements dans les rideaux. Juste avant qu'elle meure, le narrateur a à son tour de curieuses impressions, visuelles et auditives : un frôlement, une ombre, des gouttes rouges qui tombent dans le verre de vin de Rowena, un bruit de pas. Celles-ci sont mises sur le compte de l'hallucination, qui serait causée par la maladie chez Rowena, et par l'opium et l'état nerveux chez son mari. On nous dit que les deux personnages subissent une déformation de la perception, ce qui expliquerait l'étrangeté de leurs sensations.

Ce qui est représenté rejoint ce que l'on peut connaître au sujet du délire d'un opiomane ou d'un malade. Comme il ne s'agit pas, somme toute, d'une situation inexplicable, la présence de ces faits insolites pourrait ne pas poser, à première vue, de problèmes de compréhension à un lecteur. Ce sont des faits insolites, soit, mais on peut les comprendre ; cela ne veut pas dire pour autant qu'on adhère complètement à cette explication. En effet, il est impossible de lire ce passage sans tenir compte de ce qui a précédé dans le parcours du texte. On ne se trouve pas en présence d'un essai sur les délires des malades ou des opiomanes, où un exemple d'hallucination servirait d'illustration aux propos. Au cours de la lecture des pages précédentes, les indices de l'étrange ont été suffisamment nombreux, notamment lors de la description de Ligeia, pour que l'on soit à l'affût du moindre phénomène insolite, pour que l'on s'attende à ce que l'étrange apparaisse. Dès lors, quand une impression visuelle présente, de façon explicite, les caractères de l'hallucination, cela permet-il d'affirmer que la situation ne pose pas de problèmes de compréhension ? Admet-on d'emblée qu'il ne s'agit que d'une simple hallucination, c'est-à-dire d'une hallucination qui ne masque rien ? Malgré les apparences, il y a un véritable problème de compréhension ; celle-ci n'est pas parfaite, elle demeure en suspens.

On peut supposer que ces «leurres», reconnus comme tels, ne font qu'aiguiser la curiosité du lecteur. Ne sommes-nous pas amenés à faire semblant d'adhérer à cette explication pour pouvoir continuer notre lecture, quand, dans le fond, nous savons très bien qu'il y a autre chose derrière tout cela ? Le seul moyen de combler cette lacune de la compréhension, c'est de continuer de lire, de se rendre à la fin le plus vite possible pour savoir ce qui se passe. Car ce n'est pas uniquement le besoin de savoir ce qui va se passer qui explique le suspense, mais aussi le besoin de savoir *ce qui est en train de se passer.*

Le récit de la veillée mortuaire est encore plus déroutant : seul au chevet de Rowena, le narrateur, voyant le corps changer peu à peu d'aspect, croit tout d'abord que sa femme est tombée dans un sommeil cataleptique. Comme la même scène se répète toute la nuit, on a droit à plusieurs reprises à une description du cadavre, dont voici un exemple :

> Le son se fit entendre de nouveau, c'était un soupir. Je me précipitais vers le corps, je vis – je vis distinctement un tremblement sur les lèvres. Une minute après, elles se relâchaient, découvrant une ligne brillante de dents de nacre. [...] Il y avait maintenant une carnation imparfaite sur le front, la joue et la gorge ; une chaleur sensible pénétrait tout le corps ; et même une légère pulsation remuait imperceptiblement la région du cœur[26]. (p. 373)

Le passage de la vie à la mort, donne lieu, lui aussi, à des détails troublants :

> Soudainement, la couleur disparut, la pulsation cessa, l'expression de mort revint aux lèvres, et, un instant après, tout le corps reprenait sa froideur de glace, son ton livide, sa rigidité complète, son contour amorti, et toute la hideuse caractéristique de ce qui a habité la tombe pendant plusieurs jours[27]. (p. 373)

Si peu d'actions sont représentées dans ce passage, les impressions auditives, visuelles et tactiles sont, quant à elles, fort nombreuses et vraisemblablement éloignées de notre vie quotidienne. Le héros entend un soupir ? Voilà qui semble facile à expliquer. Mais, généralement, la perception d'un soupir ne se fait pas dans l'absolu. Elle suppose que quelqu'un a soupiré et que ce soupir a ses raisons d'être : fatigue, tristesse, etc. Ici, la situation est ambiguë puisque le narrateur est seul avec un cadavre, qui par définition ne peut pas soupirer. Contrairement à ce que l'on observe d'habitude, la perception du narrateur ne peut pas ici être considérée comme le point de vue par lequel l'événement est décrit, puisque cette impression auditive constitue à elle seule un événement et se trouve complètement isolée de ce qui pourrait nous permettre de la comprendre. Personne n'a soupiré : *un* soupir s'est seulement fait entendre...

---

26. « *The sound came again – it was a sigh. Rushing to the corpse, I saw – distinctly saw – a tremor upon the lips. In a minute afterward they relaxed, disclosing a bright line of the pearly teeth.* [...] *There was now a partial glow upon the forehead and upon the cheek and throat ; a perceptible warmth pervaded the whole frame ; there was even a slight pulsation at the heart* » (Poe, *Poetry and Tales, op. cit.*, p. 275).
27. « *Suddenly, the color fled, the pulsation ceased, the lips resumed the expression of the dead, and, in an instant afterward, the whole body took upon itself the icy chilliness, the livid hue, the intense rigidity, the sunken outline, and all the loathsome peculiarities of that which has been, for many days, a tenant of the tomb* » (*ibid.*, p. 276).

Tout au long de la description du corps, qui est faite de façon fragmentée, on retrouve le même problème de compréhension. Tremblement des lèvres, changement de couleur, chaleur, pulsations du cœur : ce sont là des signes de vie, mais il y a toujours une rupture entre ce qui est perçu et ce que devraient supposer ces perceptions. On n'a guère le choix : la situation échappe à une compréhension directe et c'est sur le soupir lui-même, en tant que son, sur le tremblement, bref sur la nature de ce qui est perçu, que se focalise l'attention. Les questions concernant le pourquoi ou le comment de ces événements se trouvent en fait reléguées au second plan. Passer d'une phrase à une autre, c'est passer d'une impression auditive à une impression visuelle, tactile, et ainsi de suite, impressions que l'on ne peut prévoir et qui nous obligent à rester à un niveau de compréhension relativement faible. On peut émettre l'hypothèse que cela a pour effet d'accroître encore plus la confusion du lecteur.

Il faut aussi ajouter que la description du corps mort-vivant et des impressions sensibles alterne avec les rêveries du narrateur ayant Ligeia pour sujet. On a donc le cycle suivant : rêverie/signe de vie/signe de mort/rêverie, etc. ; autrement dit un cycle qui nous oblige à faire des retours en arrière. Parce que les rêveries du narrateur lors de l'agonie de Rowena font ressurgir l'image de Ligeia, parce que cette scène ayant pour thème l'agonie d'une femme a des allures de « déjà lu », on peut supposer que la lecture de ce passage se fait sur fond d'entremêlement de deux énigmes : l'énigme de Ligeia et l'énigme de la maladie de Rowena. On peut penser que cela joue un rôle important lors de la lecture et a pour conséquence d'amplifier notre confusion.

L'effet de surprise

C'est surtout à la toute fin du parcours, lorsque la lecture du texte produit un effet de surprise, que l'on peut véritablement parler d'entrecroisement des deux énigmes. Si nous inférons, dans le dernier paragraphe, qu'il s'agissait bel et bien d'une résurrection et que Ligeia en était l'actrice principale, l'effet n'est plus un effet de suspense, mais son corollaire : un effet de surprise. Le suspense ayant pris fin, la lecture a-t-elle fini de nous troubler pour autant ? Il est difficile d'imaginer un lecteur qui, rendu au dernier mot, refermerait tranquillement son livre pour s'en aller vaquer à ses occupations.

Connaître la fin du récit peut nous amener à dégager certaines données implicites du texte et à faire un retour en arrière. Tout d'abord, il est possible de comprendre que les deux énigmes se fusionnent. Les changements d'aspect du corps de Rowena seraient les signes extérieurs d'une métamorphose du corps, ce qui permettrait de considérer après coup la scène énigmatique comme une scène de résurrection. Le texte aurait passé sous silence toute une série d'actions permettant de relier la première et la seconde énigme. Ce que l'on peut comprendre, c'est que Ligeia, au moment de mourir, se serait donné un but, celui de vivre, et qu'elle aurait pris les moyens de le réaliser. Il s'agirait d'une morte peu ordinaire, capable de tout plutôt que d'accepter une mort définitive. Elle aurait tué Rowena en versant du poison dans son verre, puis activé un curieux processus, celui du transfert, de la substitution d'un corps par un autre. Mais pour mieux saisir cet enchaînement possible d'événements, il est indispensable de rappeler certains éléments du début du récit.

Toute la première partie du texte (p. 362-368) est consacrée à lady Ligeia. Voici de quelle façon le narrateur commence son récit :

> Je ne puis me rappeler, sur mon âme, comment, quand, ni même où je fis pour la première fois connaissance avec lady Ligeia[28]. (p. 362)

Ceci n'est que le début d'une série de questions sans réponses. Après les « comment ? », « quand ? », « où ? » concernant la première rencontre, le narrateur s'aperçoit qu'il n'a jamais su le nom de famille de sa première femme et qu'il ignore tout de son origine. Ce début de récit, mettant en évidence le caractère inconnu du passé de Ligeia, est donc saturé d'indéterminations. Quant à sa description physique, qui occupe beaucoup de place, elle paraît à première vue faite avec précision, étant donné l'abondance de détails. Mais, si les souvenirs du narrateur sont fournis, on bute à nouveau sur une question sans réponse, une question qui se présente comme une véritable énigme. En effet, les yeux de Ligeia cachent un mystère que le narrateur n'a jamais pu découvrir :

> L'expression des yeux de Ligeia ! Combien de longues heures ai-je médité dessus ! Combien de fois, durant toute une nuit d'été, me suis-je efforcé de les sonder ! Qu'était-ce donc ce je ne sais quoi, ce quelque chose de plus profond que le puits de Démocrite, qui gisait au fond des pupilles de ma bien-aimée ? Qu'était cela ? J'étais possédé de la passion de le découvrir[29]. (p. 364)

Personnage énigmatique jusqu'au bout des ongles, Ligeia détient un savoir prodigieux dans tous les domaines et semble passionnée uniquement par l'étude. Le couple passe son temps à lire des ouvrages de métaphysique, que le narrateur parvient à comprendre grâce aux explications de sa femme. Celle-ci est également, comme le révèle la maladie, une amoureuse passionnée qui s'accroche à la vie de toutes ses forces. Deux faits étranges ponctuent son agonie : la récitation d'un poème qu'elle a elle-même composé, poème plutôt obscur[30], et la répétition d'une citation de Joseph Glanvill. Il importe

---

28. « *I cannot, for my soul, remember how, when, or even precisely where, I first became acquainted with the lady Ligeia* » (*ibid.*, p. 262).
29. « *The expression of the eyes of Ligeia ! How for long hours have I pondered upon it ! How have I, through the whole of a midsummer night, struggled to fathom it ! What was it – that something more profound than the well of Democritus – which lay far within the pupils of my beloved ? What was it ? I was possessed with a passion to discover* » (*ibid.*, p. 264).
30. Comme le signale Claude Richard, ce poème a été publié séparément à partir de 1845, sous le titre « Le ver vainqueur » (Poe, *Contes, essais, poèmes*, *op. cit.*, p. 1339).

de souligner l'importance de cette citation, que l'on rencontre pas moins de quatre fois dans cette première partie du texte. Placée tout d'abord en exergue, elle se lit ainsi :

> Et il y a là-dedans la volonté, qui ne meurt pas. Qui donc connaît les mystères de la volonté, ainsi que sa vigueur? Car Dieu n'est qu'une grande volonté pénétrant toutes choses par l'intensité qui lui est propre. L'homme ne cède aux anges et ne se rend entièrement à la mort que par l'infirmité de sa pauvre volonté[31]. (p. 362)

Ces mots sont émis par le narrateur lors de sa réflexion sur l'expression des yeux de Ligeia (p. 365), puis répétés deux fois de suite par Ligeia juste avant de mourir (p. 368)[32], ce qui ne résout en rien l'ambiguïté du personnage, qui apparaît comme décidément insaisissable. Après sa mort, événement ayant pour conséquence de bloquer la résolution de l'énigme, l'attention se focalise sur les déboires du narrateur. Étant donné que le récit n'est pas terminé, ce blocage de l'énigme n'est pas nécessairement perçu comme un blocage permanent. Si la seconde partie du texte ne fait pas mention de la première énigme, si celle-ci semble oubliée, elle n'en reste pas moins en suspens. On peut supposer que la lecture des pages suivant la mort de Ligeia demeure hantée par ce mystérieux personnage et que c'est parce que l'attention se focalise sur une seconde énigme au cours de la lecture qu'un effet de surprise peut avoir lieu.

Si nous pouvons faire des inférences une fois la lecture du texte achevée, il ne s'agit finalement que d'hypothèses non confirmées de façon explicite par le texte. Les présupposés auparavant impossibles à identifier ne deviennent accessibles que sous l'effet de la surprise et n'entraînent pas pour autant une résolution de l'indétermination. En effet, si l'on peut tenter de retracer lors d'une analyse les actions que Ligeia a pu effectuer après sa mort, ce travail de reconstitution ne se fait pas lors d'une lecture-en-progression sans une certaine confusion. Il ne faut pas oublier non plus que si les dernières lignes du texte peuvent permettre de comprendre en partie l'enchaînement des événements, elles nous remettent également en présence de l'étrange. Curieusement, les gestes de la personne ressuscitée qui permettent le dévoilement de son identité sont les suivants : « se débarrasser du suaire » et « ouvrir les yeux », deux gestes qui, précisément, se rapportent à un voile. Si l'abandon du suaire permet, par une inférence, d'identifier la chevelure comme celle de Ligeia, le mouvement des paupières arrache un cri au narrateur, puisqu'il retrouve les « yeux étranges

---

31. « *And the will therein lieth, which dieth not. Who knoweth the mysteries of the will, with its vigor? For God is but a great will pervading all things by nature of its intentness. Man doth not yield himself to the angels, nor unto death utterly, save only through the weakness of his feeble will* » (Poe, *Poetry and Tales*, *op. cit.*, p. 262).
32. Dans les cas précédents, la citation était complète et son auteur bien identifié. Quand Ligeia la prononce la première fois, la première phrase est absente et il n'y pas de guillemets, ni d'auteur signalé. La deuxième fois, elle prononce seulement la conclusion du passage, que le narrateur reconnaît comme une phrase de Glanvill.

de [son] amour perdu[33] » (p. 374). Or, l'élément principal de la description de Ligeia, celui dans lequel toute sa personne semblait se cristalliser, c'était l'étrangeté de ses yeux. La résurrection, manifestation de l'étrange, recoupe donc les indications données précédemment dans le texte. Peut-on dès lors parler de détente, qui viendrait annihiler la tension des pages précédentes ? Face à la coïncidence de deux étrangetés, est-il possible de ne pas ressentir un nouveau trouble, puisque là encore quelque chose nous échappe ?

En fait, si le geste du dévoilement peut entraîner par ricochet le dévoilement des deux énigmes, qui s'avèrent être les deux aspects d'une même énigme, celle de la résurrection de Ligeia, il nous ramène également au point de départ puisque nous sommes de nouveau en présence de ces yeux « étranges ». Il faut dire, de plus, que le dernier mot du texte est le même que le premier, formant le titre : « Ligeia ». C'est un peu comme si la lecture se déroulait le long d'un cercle, un cercle dont on ne pourrait pas sortir. La résurrection et l'expression des yeux de Ligeia sont deux manifestations d'une volonté surhumaine, la première de l'ordre de l'action et la seconde de l'ordre du reflet. Si la volonté se reflète dans les yeux, doit-on expliquer la fascination du narrateur par le fait qu'il a un aperçu de ce qui va se produire plus tard ? Les yeux sont-ils étranges parce qu'ils permettent d'augurer de l'avenir, de refléter à l'avance une action impossible, le retour d'entre les morts ? Miroirs de l'âme, ils seraient aussi miroirs de l'avenir, donnant ainsi au lecteur un avant-goût de ce que contient la fin du récit. Quand, dans la dernière page, les paupières se lèvent, c'est pour nous ramener en arrière, vers le souvenir des premières pages de la nouvelle. Mais la lecture est en train de prendre fin et le reflet est cette fois un reflet du passé. Dès lors, on peut supposer que c'est le caractère circulaire du récit qui empêche la résolution de l'énigme de se fixer une fois pour toutes. L'indétermination subsiste dans cette coïncidence de deux étrangetés (résurrection et expression des yeux), dans ce « dévoilement » qui donne une nouvelle dimension au code énigmatique au lieu de le clore, qui propulse le lecteur dans de nouvelles obscurités.

Clin d'œil et trompe-l'œil

Comme la dimension du regard prend d'étranges proportions dans ce conte de Poe, deux éléments se rapportant aux yeux ont de quoi nous faire réfléchir : la technique du trompe-l'œil et la mise en scène de la lecture.

Le procédé du trompe-l'œil joue un rôle à différents niveaux du récit. Tout d'abord, on remarque que les explications du narrateur voulant que les phénomènes étranges soient dus à la maladie nerveuse et à l'opium fonctionnent

33. « *the wild eyes – of my lost love* » (*ibid.*, p. 277).

comme des trompe-l'œil : en voulant se convaincre lui-même que tout ce qu'il perçoit n'est qu'une illusion des sens, en ne voulant pas se fier aux apparences, le narrateur se laisse tromper par la réalité. En fait, il se prend à son propre piège. N'oublions pas que ses extravagances en matière de décoration ont fait de lui un « professionnel de l'illusion ». Le décor de la chambre nuptiale[34], décor qui aurait de quoi faire frémir n'importe qui, montre à quel point l'apparence des choses peut être éloignée de la réalité. Voici quelques détails intéressants concernant cette chambre : il s'agit d'une pièce *pentagonale*[35] ; une grande fenêtre en glace de Venise occupe l'un des côtés, ne laissant passer qu'une lumière « *sinistre* » ; le plafond est de style « *semi-gothique, semi-druidique* » ; une lampe en forme d'« *encensoir* » y est suspendue ; le baldaquin du lit « a l'air d'un *drap mortuaire* » ; un « *sarcophage* » égyptien orne chacun des coins de la chambre (p. 369, nous soulignons) ; la tenture des murs, qui produit un *effet fantasmagorique*, est faite avec une matière très particulière :

> Cette matière était un tissu d'or des plus riches, tacheté, par intervalles réguliers, de figures arabesques, d'un pied de diamètre environ, qui enlevaient sur le fond leurs dessins d'un noir de jais. Mais ces figures ne participaient du caractère arabesque que quand on les examinait à un seul point de vue. Par un procédé aujourd'hui fort commun, et dont on retrouve la trace dans la plus lointaine antiquité, elles étaient faites de manière à changer d'aspect. [...] L'effet fantasmagorique était grandement accru par l'introduction artificielle d'un fort courant d'air continu derrière la tenture, – qui donnait au tout une hideuse et inquiétante animation[36]. (p. 370)

Il n'est guère besoin de souligner qu'il s'agit davantage d'une chambre funèbre que d'une chambre nuptiale. Certains objets décoratifs servent à envelopper les morts (drap mortuaire, sarcophages), d'autres sont relatifs au culte des morts (encensoir, sculptures datant de l'époque pharaonique égyptienne), d'autres encore à la magie (pentagone ; druides). On peut relever dans le décor de la chambre trois aspects ayant un rapport étroit avec la question de *l'apparence* : premièrement, la chambre nuptiale est maquillée en chambre funèbre, ce qui donne à l'espace réservé à l'amour les apparences de la mort ; deuxièmement, les allusions à la magie font intervenir le domaine de l'illusoire

34. La description de la chambre occupe plus d'une page (p. 369-370).
35. Claude Richard rappelle que « les actes de sorcellerie se déroulent souvent dans des pièces pentagonales, figure supposée posséder des vertus magiques. Le narrateur prépare-t-il une séance de sorcellerie ou de spiritisme ? » (Poe, *Contes, essais, poèmes*, *op. cit.*, p. 1339).
36. « *The material was the richest cloth of gold. It was spotted all over, at irregular intervals, with arabesque figures, about a foot in diameter, and wrought upon the cloth in patterns of the most jetty black. But these figures partook of the true character of the arabesque only when regarded from a single point of view. By a contrivance now common, and indeed traceable to a very remote period of antiquity, they were made changeable in aspect.* [...] *The phantasmagoric effect was vastly heightened by the artificial introduction of a strong continual current of wind behind the draperies – giving a hideous and uneasy animation to the whole* » (Poe, *Poetry and Tales*, *op. cit.*, p. 271).

par excellence ; troisièmement, la technique du trompe-l'œil, utilisée pour les tentures, est en matière d'ameublement un moyen très efficace de susciter l'illusion, de tromper par les apparences.

Mentionnons également, pour clore ces remarques sur le procédé du trompe-l'œil, que si Rowena est dans un premier temps effrayée par les figures de la tapisserie, c'est son propre corps qui est dans un deuxième temps sujet à des changements d'aspect. On a vu comment le corps de la morte donne alternativement des signes de vie et des signes de mort tout au long de la veillée mortuaire ; il s'agit en fait d'un corps qui, à l'instar de la tenture, provoque l'angoisse. Mais cette fois c'est le narrateur qui en est la victime.

La représentation de la lecture mérite elle aussi que l'on s'y arrête. À ceux qui ne s'en souviendraient pas, ce récit rappelle que la lecture est avant tout un parcours fait avec les yeux, un parcours qui devient d'autant plus mystérieux que les yeux en question sont ceux d'une lectrice peu ordinaire. En effet, Ligeia, avant de tomber malade, ne se contentait pas d'expliquer à son mari les livres qu'il ne comprenait pas ; le simple fait de poser ses yeux étranges sur les mots qu'il lisait faisait en sorte qu'il comprenait :

> Privée du lustre rayonnant de ses yeux, toute cette littérature, ailée et dorée naguère, devenait maussade, saturnienne et lourde comme le plomb. Et, maintenant, ces beaux yeux *éclairaient* de plus en plus rarement les pages que je déchiffrais. (p. 366, nous soulignons)

Le jeu sur le sens d'« éclairer », qui peut vouloir dire ici à la fois « briller avec éclat » et « rendre intelligible » ne doit pas être pris à la légère[37], puisqu'à vrai dire, le narrateur n'est pas le seul à avoir des problèmes de compréhension. Comment oublier ceux qui se présentent au lecteur lors de son parcours du texte ? Une conclusion s'impose : s'il apparaît impossible d'étudier « Ligeia » sans tenir compte du déroulement de la lecture, marquée par le suspense, de même il serait vain de vouloir à tout prix lui donner un sens définitif. À l'instar des tentures recouvrant les murs de la chambre, le récit semble posséder des « significations » changeantes, impossibles à fixer une fois pour toutes. Autrement dit, pour un lecteur, c'est en l'espace d'un clin d'œil que le sens peut devenir obscur...

Mais avant d'étudier plus à fond cette nouvelle de Poe, ce que nous ferons dans le chapitre suivant, revenons à l'examen des procédés de l'effet fantastique. Le procédé que nous allons examiner maintenant, l'ambiguïté, a

37. Cette ambiguïté est propre à la traduction de Baudelaire. En effet, dans la version anglaise, où le verbe « *to shine* » est employé, on ne trouve pas ce jeu sur les deux façons possibles d'« éclairer » un texte : « *Wanting the radiant lustre of her eyes, letters, lambent and golden, grew duller than Saturnian lead. And now those eyes* shone *less and less frequently upon the pages over which I pored* » (*ibid.*, p. 266-267, nous soulignons). Cet effet de traduction contribue à renforcer l'aspect ambigu du conte de Poe.

fait l'objet de nombreux débats dans le domaine des théories du fantastique, de même que la nouvelle qui permettra de l'illustrer, puisqu'il s'agit de «La Vénus d'Ille» de Prosper Mérimée.

2.3. L'AMBIGUÏTÉ DANS «LA VÉNUS D'ILLE»

L'ambiguïté

Parmi les nombreux problèmes soulevés par les théories de l'ambiguïté, nous retiendrons deux éléments : la distinction entre *ambiguïté verbale* et *ambiguïté narrative*, l'une se situant au niveau du mot ou de la phrase, l'autre au niveau du récit en entier, et la distinction entre *polysémie* et *ambiguïté disjonctive*[38], qui rejoint en fait celle établie par le dictionnaire entre le sens habituel et le sens spécialisé en philosophie. Est ambigu ce qui «présente deux ou plusieurs sens possibles, ce dont l'interprétation est incertaine» (*Petit Robert*) ; on parle alors de double sens, d'équivoque, de sens obscur, incertain, de *polysémie*. Dans un sens plus étroit utilisé en philosophie, l'ambiguïté correspond à ce qui est «mal déterminé, qui semble participer à des natures contraires et appeler des jugements contradictoires» (*Petit Robert*) ; ambiguïté va alors de pair avec ambivalence.

C'est ce type particulier d'ambiguïté, appelé par certains «*disjunctive ambiguity*[39]» ou *ambiguïté disjonctive*, qui retient plus particulièrement l'attention de Shlomith Rimmon dans son étude. En se servant des études sur l'ambiguïté faites en logique, elle définit l'ambiguïté verbale comme la coexistence dans une même expression de deux sens qui s'excluent mutuellement. Quant à l'ambiguïté narrative, elle survient lorsque le récit peut revêtir deux significations totalement opposées, mais également possibles. Sa définition est la suivante :

---

38. Les théories sur l'ambiguïté en logique sont étudiées en détail par Shlomith Rimmon dans son ouvrage *The Concept of Ambiguity – The Example of James* (Chicago, The University of Chicago Press, 1974). En linguistique, il faut signaler les travaux de Catherine Fuchs, qui a entre autres dirigé la publication du collectif *Aspects de l'ambiguïté et de la paraphrase dans les langues naturelles* (Lang, Berne, 1985) et publié plusieurs articles sur le sujet («Ambiguïté, vague, polysémie et continu», *Quaderni di semantica*, vol. 8, n° 2, 1987, p. 299-305 ; en collaboration avec Pierre Le Goffic, «Ambiguïté, paraphrase et interprétation», *Modèles linguistiques* [1re partie : vol. 2, 1983, p. 109-136 ; 2e partie : vol. 7, 1985, p. 27-51]).
39. Abraham Kaplan et Ernst Kris, «Esthetic Ambiguity», *Philosophy and Phenomenological Research*, n° 8, 1948, p. 417.

> *When the two hypotheses are mutually exclusive, and yet each is equally coherent, equally consistent, equally plenary and convincing, so that we cannot choose between them, we are confronted with narrative ambiguity*[40].

On voit bien que l'ambiguïté dont il est question ici est très éloignée d'un simple cas de «polysémie», qui ferait en sorte que l'interprétation du récit pourrait varier du tout au tout, osciller entre plusieurs sens possibles. Il faut préciser que ce n'est pas en fonction du fantastique qu'est étudiée l'ambiguïté, mais en fonction de l'œuvre d'un auteur: Henry James. Si certains des textes étudiés font partie du genre fantastique, comme *The Turn of the Screw*, il n'en reste pas moins que ceux-ci ne forment qu'une partie du corpus d'analyse et n'engagent pas une réflexion sur le récit fantastique en tant que tel.

Le phénomène de l'ambiguïté a été fréquemment relevé au sujet du récit fantastique, et il serait aisé de montrer que le type d'ambiguïté visée par les analystes est l'ambiguïté disjonctive. C'est bien ce phénomène que l'on retrouve chez Todorov, où l'attitude du lecteur est caractérisée par son ambivalence face à deux explications s'excluant mutuellement. La thèse d'Irène Bessière, quant à elle, donne au principe de l'ambiguïté une place très importante. Dans son livre *Le récit fantastique. La poétique de l'incertain*, elle met en relation l'ambiguïté constitutive du récit avec l'émotion du lecteur et l'effet produit par le texte:

> Le récit fantastique semble la parfaite machine à raconter et à produire des effets «esthétiques». Son ambiguïté, ses incertitudes calculées, son usage de la peur et de l'inconnu, de données subconscientes et de l'érotisme, en font une organisation ludique[41].

Œuvrant dans une perspective épistémologique, l'auteure examine de près le rapport entre la littérature fantastique et le développement des sciences au XIXe siècle, et s'interroge plus particulièrement sur la question de la rationalité. Elle montre que dans la plupart des définitions du fantastique, on met l'accent sur l'antirationalité du fantastique. En ce qui concerne sa genèse, certains vont même jusqu'à affirmer que le fantastique est le renversement du rationalisme des Lumières. Pourtant, on sait qu'il n'y a pas de fantastique sans rationalité, que celle-ci est à la base du fantastique. Bessière va plus loin en disant qu'il faut considérer le fantastique comme une enquête sur les formes de la rationalité. Selon elle, l'ambiguïté du récit fantastique vient de la «juxtaposition des contraires», et plus précisément de la juxtaposition de deux hypothèses, toutes les deux possibles mais également inacceptables, l'une étant de l'ordre du rationnel, l'autre de l'ordre de l'irrationnel:

---

40. Shlomith Rimmon, *The Concept of Ambiguity, op. cit.*, p. 10.
41. Irène Bessière, *Le récit fantastique. La poétique de l'incertain*, Paris, Larousse, 1974, p. 26.

> La juxtaposition de deux probabilités externes, l'une empirique, l'autre méta-empirique, également inadéquates, doit suggérer l'existence de ce qui, dans l'économie de la nature et d'une surnature, ne peut pas être. Raison et déraison, irréel et réel, ces antinomies produisent la formalisation narrative, *l'ambiguïté*, et refaçonnent les signes culturels que recueille le récit fantastique : l'impossible est en fait le lieu d'une polysémie – celle-là même des cadres socio-cognitifs – et de l'inscription d'un sens autre, qui ne peut être dit, mais qui naît du procès de relativisation suscité par le jeu des ambivalences[42].

La présence dans certains textes d'un personnage incarnant la « fonction de rationalité » a pour effet de rendre les événements beaucoup plus crédibles. Bussière donne l'exemple du savant dans « La Vénus d'Ille » de Prosper Mérimée[43], une nouvelle dont le thème vient du Moyen Âge. L'auteure rappelle en effet que dans *La légende dorée*, « un prêtre soumis à de nombreux désirs charnels, se marie avec la statue de sainte Agnès, et se trouve guéri de ses tentations. La statue prend l'anneau du prêtre[44]. »

Dans l'analyse qui va suivre, nous tâcherons de montrer que le fonctionnement de l'ambiguïté est beaucoup plus complexe que le suggère Bessière. Pour qu'un effet fantastique soit créé, un récit tel que « La Vénus d'Ille » exige de son lecteur qu'il joue avec l'idée d'une possible animation de la statue, qu'il entremêle sans cesse deux codes proaïrétiques, pour reprendre le terme de Barthes, qu'il apprécie les lacunes de ces codes. Nous montrerons dans un premier temps comment s'opère la mise en abyme de l'ambiguïté, puis nous nous interrogerons sur la façon dont l'ambiguïté joue dans le code proaïrétique, dont la dualité et les lacunes seront observées de près. Si l'on peut considérer l'ambiguïté narrative-disjonctive comme un procédé de l'effet fantastique, il faut bien voir que le phénomène de l'ambiguïté ne s'arrête pas là. Lors d'une lecture-en-compréhension, qui se met nécessairement en place lorsqu'une analyse est produite, on peut construire de nouvelles significations et, plutôt que de réduire le caractère ambigu du récit, faire en sorte de l'am-

---

42. *Ibid.*, p. 62, nous soulignons.
43. Rappelons que cette nouvelle est considérée par Todorov comme l'un des rares textes méritant l'appellation de « fantastique pur ».
44. Irène Bessière, *Le récit fantastique, op. cit.*, p. 51. De façon encore plus évidente, ce récit reprend la légende de « Vénus et l'anneau » relatée par Guillaume de Malmesbury dans sa *Chronique des rois d'Angleterre*, ainsi que l'explique Jean Mistler dans sa présentation du texte de Mérimée (*Carmen et autres nouvelles, op. cit.*, p. 75). Les différentes versions de cette légende sont répertoriées par Pierre-Georges Castex dans son ouvrage sur *Le conte fantastique en France de Nodier à Maupassant* (Paris, J. Corti, 1987). Selon Michel Viegnes, cette légende met en scène la puissance démoniaque des anciens dieux païens qui tourmentent les chrétiens, affirmation qui se base sur une étude de l'évolution de la légende de « Vénus et l'anneau » faite par Théodore Ziolkowski (*Disenchanted Images : A Literary Iconology*, Princeton, NJ, Princeton University Press, 1977, p. 18-77). Il faudrait donc voir dans la nouvelle de Mérimée une allégorie de la lutte entre le paganisme et le christianisme (Michel Viegnes, « Le retour des anciens dieux : la rêverie mythologique dans "La Vénus d'Ille" de Mérimée », *Nineteenth-Century French Studies*, vol. 20, n°s 3-4, 1992, p. 283-294).

plifier. En devenant l'axe autour duquel la lecture se déploie, l'ambiguïté se transforme, délaisse son caractère disjonctif pour prendre un caractère polysémique. L'analyse débordera donc un peu le cadre de l'effet fantastique pour s'intéresser à d'autres phénomènes reliés à l'ambiguïté : la coexistence du sens propre et du sens figuré, et le caractère énigmatique du motif récurrent de la main. Cela permettra de faire une distinction très nette entre ce qui ressort de l'ambiguïté comme procédé de l'effet fantastique, et ce qui doit être considéré comme le résultat d'un contact prolongé avec le texte, d'une lecture à l'affût des ambiguïtés du récit.

Voici quels sont en résumé les événements de « La Vénus d'Ille ». Afin d'étudier les ruines de la région des Pyrénées, un archéologue rend visite à M. de Peyrehorade, antiquaire de son état, habitant la petite ville d'Ille. Avant même d'arriver chez lui, il apprend de la bouche de son guide que son hôte vient de découvrir une statue romaine et qu'il va marier son fils le surlendemain. Les villageois éprouvent une peur superstitieuse envers la Vénus, depuis que l'un des hommes ayant participé au déterrement de la statue a eu la jambe cassée. Les seuls personnages qui se rangent du côté de la raison sont l'antiquaire, qui ironise sur ce sujet, et l'archéologue. Lorsque ce dernier regarde de sa fenêtre l'idole romaine, le soir de son arrivée, il voit un jeune homme recevoir un choc à la tête juste après avoir lancé une pierre à la statue, ce qu'il met sur le compte du rebondissement de la pierre sur le bronze. Quelques heures avant son mariage, Alphonse, le fils de Peyrehorade, ne peut s'empêcher de faire une partie de jeu de paume. Comme sa bague le gêne, une grosse bague à diamants destinée à sa future femme, Mlle de Puygarrig, il la passe à l'annulaire de la Vénus. Il bat à plate couture son adversaire, un Espagnol, qui promet de se venger. Le soir venu, après avoir cherché à récupérer la bague, Alphonse demande de l'aide au narrateur. Sa frayeur est extrême car il a vu la statue replier son doigt, mais l'archéologue, se rendant compte qu'il est complètement ivre, ne prend pas la peine de descendre vérifier. Le lendemain matin, on retrouve Alphonse mort près de son lit, assassiné selon toute apparence, et l'enquête ne permet pas de retracer le coupable.

Les inscriptions de la statue

L'énigme est personnifiée par la statue, qui porte d'ailleurs des inscriptions ambiguës. Sur le socle, il est écrit : « CAVE AMANTEM », et au bras droit : « VENERI TVRBVL.../EVTYCHES MYRO/IMPERIO FECIT ». Voici comment l'archéologue traduit la première inscription :

> [...] il y a deux sens. On peut traduire : « Prends garde à celui qui t'aime, défie-toi des "amants". » Mais, dans ce sens, je ne sais si *cave amantem* serait d'une bonne latinité. En voyant l'expression diabolique de la dame, je croirais plutôt que l'artiste a voulu mettre en garde le spectateur contre cette terrible beauté. Je traduirai donc : « Prends garde à toi si elle t'aime. » (p. 90)

L'antiquaire n'est pas du même avis. Selon lui, il est question du premier amant de Vénus, Vulcain, et la phrase a une portée morale :

> N'a-t-on pas voulu dire : « Malgré toute ta beauté, ton air dédaigneux, tu auras un forgeron, un vilain boiteux pour amant ? » Leçon profonde, monsieur, pour les coquettes ! (p. 90-91)

L'interprétation de la seconde inscription oblige à combler une lacune, puisqu'il manque des lettres à « Turbul...[45] ». Selon le narrateur, l'épithète de Vénus serait sans doute « Turbulenta », c'est-à-dire Vénus qui trouble, qui agite, et cela toujours à cause de son air méchant. Myron aurait été un amant malheureux qui aurait offert un bracelet en guise d'offrande à Vénus (il y a un petit trou sur le bras), afin que la déesse de l'amour s'apaise. D'après M. de Peyrehorade, il s'agit de bien autre chose. Grâce à une explication tirée par les cheveux, il affirme que la statue est celle de « Venus Turbulnerae », ou Vénus de Boulternère, Turbulnera étant selon lui l'origine latine du nom du village voisin Boulternère. Là où le manque de rigueur d'une telle interprétation se fait le plus sentir, c'est dans la transformation de Turbulnera en Boulternère :

> À une lieue d'ici, au pied de la montagne, il y a un village qui s'appelle Boulternère. C'est une corruption du latin TVRBVLNERA. Rien de plus commun que ces inversions [...] TVRBVLNERA est pur phénicien, TVR, prononcez TOUR... TOUR et SOUR, même mot, n'est-ce pas ? SOUR est le nom phénicien de Tyr ; je n'ai pas besoin de vous en rappeler le sens. BVL, c'est Baal, Bâl, Bel, Bul, légères différences de prononciation. (p. 93)

Les lettres NERA subissent le même sort que les autres. Quant à Myron, l'antiquaire affirme sans aucun doute possible qu'il s'agit du nom du sculpteur. Il traduit donc : « À Vénus de Boulternère Myron dédie par son ordre cette statue, son ouvrage[46] » (p. 93).

Cette discussion sur l'interprétation des inscriptions occupe près de cinq pages, c'est dire l'importance donnée à l'ambiguïté à l'intérieur même de l'espace de représentation du récit. Il s'agit d'une ambiguïté verbale que l'on peut

45. Ce type d'indétermination, qui affecte l'espace même du texte, se retrouve fréquemment dans le récit fantastique. Comme le fait remarquer Gwenhaël Ponnau, des lettres ou des mots manquent à la fin de certains récits, tandis que d'autres utilisent massivement les points de suspension, ou les lignes entières de points, etc. L'auteur affirme dans son article « La perte du sens et le blanc du texte : l'envers du décor » que certains récits fantastiques se présentent comme des « [p]oints-limites de la représentation qui ont pour effet de souligner graphiquement les interstices, les lacunes et les trous du récit et d'esquisser, dans le prolongement et au-delà des mots, les contours de l'abîme » (*La licorne*, n° 10, 1985, p. 95).

46. En fait, il faudrait ajouter une troisième hypothèse concernant le qualificatif de Vénus, puisque Anne Hiller, dans son article « *La Vénus d'Ille* de Mérimée : figuration d'un dualisme », propose d'y voir la « Venus libitina ». Celle-ci, dont le nom vient de *libitum*, désir, aurait été une déesse des funérailles : « La Vénus d'Ille semble bien personnifier l'unité ambiguë de la libido, à la fois mouvement hédonique et désir de mort projeté sur l'objet aimé et souhaitant son anéantissement » (*Australian Journal of French Studies*, vol. 12, n° 2, 1975, p. 214).

considérer comme une véritable mise en abyme du processus de lecture de la nouvelle étant donné que sur le plan narratif on a affaire à une ambiguïté très importante, due au caractère inexpliqué de la mort d'Alphonse. Il s'agit bel et bien d'une *ambiguïté disjonctive* puisque les deux explications: «la statue a tué Alphonse» et «l'Espagnol a tué Alphonse», sont également possibles et s'excluent l'une l'autre.

Plutôt que de refaire une analyse du code énigmatique qui ressemblerait quelque peu à celle de «La nuit», il nous semble plus intéressant de nous pencher plus particulièrement sur l'aspect le plus important de l'énigme: le déroulement d'actions ayant eu pour résultat la mort d'Alphonse. Il s'agit en l'occurrence de rendre compte d'un assassinat, donc de jouer le rôle d'un détective, de retracer avec précision les différents éléments du code des actions, ou «code proaïrétique». Il nous faut donc reprendre le texte depuis le début et regarder quels événements peuvent paraître suspects, ambigus, difficiles à expliquer.

Dualité et lacunes du code proaïrétique

La première situation qui reçoit deux interprétations contradictoires est celle du déterrement de la statue, qui coïncide avec la première apparition de la Vénus. L'antiquaire a demandé à deux hommes, dont l'un s'appelle Jean Coll, de déraciner un vieil olivier. En creusant, Jean cogne avec sa pioche sur du bronze. D'autres personnes se joignent à eux pour dégager la statue et la mettre debout. Au moment de la caler, elle leur échappe, tombe à la renverse en plein sur la jambe de Jean Coll, qui s'en sort avec une fracture importante. Témoin de l'accident, le guide de l'archéologue insiste sur l'aspect méchant de la statue:

> Elle vous fixe avec ses grands yeux blancs... On dirait qu'elle vous dévisage. On baisse les yeux, oui, en la regardant. [...] Elle a l'air méchante... et elle l'est aussi. (p. 81)

Ce qui est sous-entendu dans les propos du guide, c'est que la statue a cassé la jambe de Jean Coll, un avis que partage Mme de Peyrehorade:

> (antiquaire): «Savez-vous que ma femme voulait que je fondisse ma statue pour en faire une cloche à notre église? C'est qu'elle en eût été la marraine. Un chef-d'œuvre de Myron, monsieur!
>
> (Mme de Peyrehorade): – Chef-d'œuvre! chef-d'œuvre! un beau chef-d'œuvre qu'elle a fait! casser la jambe d'un homme! (p. 85)

L'antiquaire, quant à lui, tourne les choses en dérision en affirmant que Jean a été «blessé par Vénus» (p. 85). S'il ironise ainsi sur le sort de l'homme, c'est qu'il considère la scène comme un accident dû au hasard: ce présupposé est une interprétation de l'événement. Le jeu de mots pourrait être considéré comme une troisième interprétation, tenant à la présence d'un cliché, puisque être blessé par Vénus, dans le monde romain, signifie tomber amoureux. Lors d'une lecture initiale, cette phrase prête bien entendu à sourire ; quand on relit le texte, toutefois, on s'aperçoit qu'effectivement, tous les hommes qui ont porté la main sur Vénus (cogner avec une pioche, lancer une roche, mettre un anneau au doigt) ne s'en sont pas sortis indemnes (fracture de la jambe, égratignure à la tête, mort). Nous reviendrons plus tard sur l'interprétation de cette expression.

Pour l'un des personnages, il s'agit donc d'un accident, d'un procès sans agent ; pour les autres, d'une action faite volontairement par la statue. S'il en était ainsi, pourquoi aurait-elle choisi Jean Coll comme victime ? Il faut rappeler que celui-ci avait sans le vouloir « cogné avec sa pioche » sur le bronze de la statue ; l'inférence que l'on peut faire lors d'un retour sur le texte est que Vénus lui rend tout simplement la monnaie de sa pièce. On aurait dans ce cas un enchaînement de deux actions : cogner avec une pioche et casser une jambe. Dans les schémas ci-dessous, la lettre « a » signifie « action », la lettre « p » « procès » (événement qui survient en l'absence d'un agent) et la lettre « R » « résultat d'une action ou d'un procès », tandis que le symbole « = » indique une relation d'équivalence, et la flèche, une relation de cause à effet[47]. Voici comment peuvent être résumées les deux interprétations de la situation :

Figure 2.1 – **La fracture de la jambe**

a1 ($\longrightarrow$) a2 *vs* p1

a1 = Jean frappe la statue.	p1 = Jean se casse une jambe en manipulant la statue.
a2 = La statue casse la jambe de Jean.	

Les parenthèses indiquent que la relation entre les actions a1 et a2 peut difficilement être saisie lors d'une lecture-en-progression ; elle sera surtout inférée lors d'une lecture-en-compréhension. En effet, lorsque le texte nous dit que Jean, en donnant un coup de pioche, heurte quelque chose, il est difficile de voir dans ce geste la cause de son accident, relaté une page plus loin. D'ailleurs, ceux qui interprètent l'accident comme une action méchante, Mme de Peyrehorade et le guide, n'établissent pas de relation entre ces deux actions. La deuxième situation qu'il faut observer dans le code des actions est celle où le narrateur voit de sa fenêtre deux polissons s'arrêter devant la statue. L'un d'eux, qui veut venger la blessure de Jean Coll, lui jette une pierre :

47. Cette typologie sera utilisée tout au long de notre étude de « La Vénus d'Ille ». Nous l'avons développée et utilisée dans notre article « La variation des représentations de l'action : l'*Iliade* et ses versions » (*RS/SI*, vol. 12, n° 3, 1992, p. 25-48). Pour l'analyse des actions de certains combats de *L'Iliade*, nous nous sommes servie, entre autres, de la théorie des modes d'action de Co Vet, basée sur la distinction entre actions et procès (*Temps, aspects et adverbes de temps en français contemporain. Essai de sémantique formelle*, Genève, Droz, 1980).

> Il se baissa, et probablement ramassa une pierre. Je le vis déployer le bras, lancer quelque chose, et aussitôt un coup sonore retentit sur le bronze. Au même instant l'apprenti porta la main à sa tête en poussant un cri de douleur.
>
> Elle me l'a rejetée ! s'écria-t-il. Et mes deux polissons prirent la fuite à toutes jambes. Il était évident que la pierre avait rebondi sur le métal, et avait puni ce drôle de l'outrage qu'il faisait à la déesse. (p. 88)

Là encore, deux interprétations de la scène sont présentées, même si l'interprétation rationnelle prévaut, comme pour la première scène étudiée. Dans un cas, il s'agit d'une vengeance de la statue après une tentative de lapidation, dans l'autre de la conséquence d'une action : jeter la pierre.

Figure 2.2 – **L'égratignure à la tête**

a3 ⟶ a4 *vs* a3 ⟶ R3 ⟶ R4

a3 = Un apprenti jette une pierre à la statue.	R3 = La pierre rebondit.
a4 = La statue relance la pierre.	R4 = La pierre atteint l'apprenti à la tête.

Dans une situation comme celle-ci, l'enchaînement de a3 et de ses résultats R3 et R4 serait à mettre au compte de la fonction de rationalité incarnée par le narrateur, selon Bessière. Le point de vue d'Urszula Ucherkowa dans son article « La projection du lecteur dans *La Vénus d'Ille* et *Lokis* de Mérimée » donne lui aussi une place importante au narrateur. Dans une étude du niveau narrationnel, défini comme « le plan de communication entre le narrateur principal et le lecteur virtuel[48] », elle affirme que le narrateur garantit « la parole objective » en sa qualité de témoin des événements et aussi parce que sa position de scientifique fait autorité. Le pacte de lecture passé avec le lecteur virtuel prend la forme d'une adhésion totale au point de vue du narrateur :

> Le lecteur, dès qu'il entre dans le jeu du narrateur, ne peut plus prendre ses distances à l'égard du personnage ou des événements. Il adopte le point de vue du narrateur et il se heurte aux mêmes doutes que lui. Le lecteur se voit d'autant plus lié au narrateur qu'il s'instaure une sorte d'intimité entre les deux partenaires[49].

Cette citation place le narrateur et le lecteur virtuel au même niveau : celui de la narration. Il faut comprendre de plus le présupposé implicite voulant que la place du lecteur virtuel soit occupée par le lecteur réel au cours de la

48. Urzula Ucherkowa, « La projection du lecteur dans *La Vénus d'Ille* et *Lokis* de Mérimée », dans Alain Montandon (dir.), *Le lecteur et la lecture dans l'œuvre*, Clermont-Ferrand, Faculté des lettres et sciences humaines de l'Université de Clermont-Ferrand, 1982, p. 37. L'auteure mentionne que le lecteur virtuel correspond au narrataire tel qu'étudié, entre autres, par Gerald Prince (« Introduction à l'étude du narrataire », *Poétique*, n° 14, 1973, p. 178-196) et Jean Rousset (« La question du narrataire », dans Lucien Dallenbach et Jean Ricardou [dir.], *Problèmes actuels de la lecture*, Paris, Clancier-Guénaud, 1982, p. 23-34).
49. *Ibid.*, p. 40.

lecture. Le problème vient ici de ce que lors d'un parcours effectif du texte, le lecteur réel se situe à un tout autre niveau. Pour être en mesure de ressentir un effet fantastique, le lecteur doit être capable de faire des inférences que le narrateur ne fait pas, et ce sont ces inférences qui lui permettent de jouer la carte de l'ambiguïté. Regardons par exemple ce qui se passe lorsque l'on apprend que la statue porte les traces d'un acte de vandalisme.

C'est le lendemain de l'incident dont il a été témoin, après une longue discussion avec l'antiquaire sur le sens des inscriptions de la statue, que le narrateur remarque deux taches blanches sur le bronze : l'une au-dessus du sein, sans doute là où la pierre a frappé, l'autre sur les doigts de la main droite, ce qui amène l'archéologue à risquer deux hypothèses : ou bien les doigts se trouvaient dans le trajet de la pierre, ou bien un fragment de la pierre a ricoché sur la main.

L'hypothèse que le texte ne mentionne pas serait que les traces proviennent du mouvement de la main de la Vénus, une hypothèse qu'avancerait très certainement le jeune apprenti. Le schéma précédent doit donc être complété de la façon suivante :

Figure 2.3 – **Hypothèses concernant les traces sur la statue**

hypothèse 1 :

a3 ⟶ R"3 + R'3 + R3 + R4

a3= Un apprenti lance une pierre.
R"3= La pierre laisse une trace sur les doigts.
R"3= La pierre laisse une trace sur le sein.
R3= La pierre rebondit.
R4= La pierre atteint l'apprenti à la tête.

hypothèse 2 :

a3 ⟶ R'3 + R3 + R'"3 + R4

a3= Un apprenti lance une pierre.
R'3= La pierre laisse une trace sur le sein.
R3= La pierre rebondit.
R'"3= Un fragment de pierre se détache et laisse une trace sur les doigts.
R4= La pierre atteint l'apprenti à la tête.

hypothèse 3 :

a3 ⟶ R'3 ⟶ a4 ⟶ R'4 + R4

a3= Un apprenti lance une pierre.
R'3= La pierre laisse une trace sur le sein.
a4= La statue relance la pierre.
R'4= La pierre laisse une trace sur les doigts.
R4= La pierre atteint l'apprenti à la tête.

Lors d'une lecture-en-progression, les deux premières hypothèses, énoncées par le narrateur, peuvent paraître un peu surfaites en comparaison avec l'hypothèse toute simple voulant que la trace sur les doigts puisse être due au geste de la statue. Faire cette inférence revient en fait à formuler une troisième hypothèse, celle que le texte passe sous silence et qui s'avère la plus séduisante. En effet, quoi de plus normal que de se salir les mains (ou, dans le cas d'une statue, de décolorer son bronze) lorsque l'on jette une pierre ? Cette situation de lecture est intéressante, car elle permet d'étudier un cas où l'ambiguïté n'est pas inscrite dans le texte, mais bel et bien construite par le lecteur. C'est en faisant cette inférence, en établissant une relation grâce à un retour en arrière entre la réaction de l'apprenti (« elle me l'a rejetée »), l'aspect méchant de la statue et les traces sur la main droite, que le lecteur est en mesure de construire une autre alternative au code proaïrétique. Saisir l'ambiguïté de la situation ne peut se faire que si une certaine posture de lecture est prise, engageant certains gestes de lecture, tels que de formuler une hypothèse que le texte passe sous silence. Il apparaît en effet évident que si nous ne faisons pas cette inférence, cette situation ne nous paraîtra pas ambiguë et l'on peut se demander si cette façon de lire le texte n'empêchera pas l'effet fantastique de se créer. En d'autres mots, pour que le procédé de l'ambiguïté puisse fonctionner, il faut que certaines conditions soient présentes, comme la capacité du lecteur à jouer le jeu de l'ambiguïté.

Le dernier déroulement d'événements que l'on doit observer concerne bien entendu la mort d'Alphonse. L'un des enchaînements pourrait être résumé ainsi : avant de se marier, le fils de l'antiquaire Peyrehorade joue une partie de jeu de paume contre un Espagnol, car il ne peut supporter de voir perdre ses compatriotes. À la fin de la partie, le vaincu est humilié :

> Le géant espagnol ressentit profondément cette insulte. Je le vis pâlir sous sa peau basanée. Il regardait d'un air morne sa raquette en serrant les dents ; puis, d'une voix étouffée, il dit tout bas : *Me lo pagaras.* (p. 100)

Une note en bas de page traduit cette phrase par « Tu me le paieras ». C'est d'ailleurs cet incident qui revient à l'esprit du narrateur lorsqu'il réfléchit sur le meurtre. Le cadavre porte des meurtrissures à la poitrine, de forme circulaire. Or, c'est l'usage en Espagne, à Valence plus précisément, de se servir d'un long sac de cuir rempli de sable fin pour assommer sa victime. Interrogé, le muletier aragonais résout l'ambiguïté de sa phrase en expliquant qu'il avait l'intention de prendre sa revanche contre Alphonse au jeu de paume le lendemain et de gagner la partie. Il ajoute d'ailleurs que s'il avait pris l'attitude du jeune homme pour une insulte, il se serait vengé sur-le-champ, en lui plongeant son couteau dans le ventre. L'enquête révèle que ses empreintes sont plus grandes que celles relevées dans le jardin et il a un bon alibi.

L'autre interprétation des faits, qui n'est présente que de façon implicite dans le texte, est que la statue a tué Alphonse. Ce qu'il faut comprendre dans ce cas-ci, c'est qu'en passant l'anneau au doigt de la statue, il s'est marié avec elle[50]. Il faut rappeler que la nature symbolique de la bague est sans équivoque : elle est formée de deux mains qui s'enlacent et porte l'inscription suivante en lettres gothiques : « *sempr'abti*, c'est-à-dire, toujours avec toi » (p. 95). Le soir venu, le mari veut reprendre sa bague, mais la statue replie le doigt. Elle pose ensuite les gestes d'une mariée en chair et en os : la nuit de noces, elle se rend dans la chambre nuptiale, entoure son mari de ses bras de bronze, un geste qui suffit à le faire mourir. Cela peut être inféré de l'examen des marques sur le corps de la victime, qui porte une empreinte livide sur la poitrine, les côtes et le dos, comme s'« il avait été étreint par un cercle de fer » (p. 107), et de la déposition de la « vraie » mariée, qui a vu « une espèce de géant verdâtre qui étreignait [Alphonse] avec force » (p. 109). Une déposition qui n'est pas prise au sérieux par la police car, après cette nuit de noces décidément fatale à beaucoup de monde, la mariée montre les signes de la folie (convulsions, cris inarticulés, etc.).

Dans le schéma ci-dessous, les crochets indiquent la présence de deux enchaînements dans la première interprétation des faits, le premier correspondant au « mariage » d'Alphonse et de la statue, et le second à l'assassinat :

Figure 2.4 – **L'assassinat d'Alphonse**

[a5 → R5] → [a6 → R6] *vs* a7 → a8 → R6

a5 = Alphonse met la bague au doigt de la statue.
R5 = Alphonse se marie avec la statue.
a6 = Vénus enlace son mari.
R6 = Mort d'Alphonse.
a7 = Alphonse bat l'Espagnol au jeu de paume.
a8 = L'Espagnol se venge.

Si le motif de l'assassinat est clair dans la deuxième interprétation (la vengeance), il n'en va pas de même dans la première. En effet, tout ce que le texte laisse supposer, c'est que l'étreinte de la statue, à supposer qu'il y en ait eu une, a été mortelle. La statue se serait rendue dans la chambre nuptiale

50. Le texte joue sans arrêt sur l'ambiguïté de ce mariage symbolique. La relecture a pour effet de modifier la compréhension des phrases suivantes :
– « Un mariage, dit-on, en amène d'autres » (p. 84) : cette phrase, qui sous-entend que le narrateur pourrait prendre exemple sur Alphonse, peut également être relative à un mariage non prévu, celui de la Vénus et d'Alphonse.
– « Ils m'appelleraient le mari de la statue » (p. 100) : dite sur un ton ironique, pour expliquer pourquoi le marié ne retourne pas chercher sa bague sur-le-champ, cette phrase prend tout son sens lors d'une relecture axée sur l'explication surnaturelle.
– « C'est ma femme apparemment » (p. 104) : lorsqu'il prononce cette phrase, le personnage est ivre, et vraisemblablement sous le coup de l'émotion due à son mariage ; lors d'une relecture, il faut mettre cette phrase au compte de l'explication surnaturelle.

pour y retrouver son mari – jusque-là tout va bien. Mais s'agit-il d'un crime prémédité? Si l'on en croit les nombreux commentaires de cette nouvelle, il faut répondre par l'affirmative. Selon la plupart des critiques, en effet, Vénus aurait tué Alphonse pour se venger de l'affront qu'il lui aurait fait en en épousant une autre[51]. Pourtant, le problème, qui est un problème d'intentionnalité, est loin d'être aussi simple.

Reprenons l'enchaînement depuis le début, c'est-à-dire depuis l'action a5: «Alphonse met la bague au doigt de la statue», qui mérite que l'on s'y arrête. Dans un article intitulé «Et la chose fut. 'La Vénus d'Ille' de Mérimée[52]», Ora Avni s'interroge sur la cérémonie de mariage en fonction des actes de langage. Le geste d'Alphonse serait à placer dans la catégorie, définie par Austin, des actes de langage sans discours – chose assez curieuse en soi –, comme le fait de lever la main pour voter dans une assemblée, faire un pied de nez, etc. Le principal problème dans cette étude est que l'implication a5 → R5 est posée sans que la possibilité d'une interprétation différente de l'action a5 (Alphonse met la bague au doigt de la statue car elle le gêne pour jouer, ce qui fait de la statue un «porte-bague») soit émise. Selon Avni, l'ambiguïté joue sur le fait que le mariage a été contracté par inadvertance.

En fait, c'est le caractère intentionnel de l'acte qui est en jeu dans ce récit. Si l'on prend en considération l'interprétation surnaturelle, on mesure l'écart entre les interprétations de l'action par les deux protagonistes: alors qu'Alphonse, en passant la bague au doigt, pose un acte dépourvu de signification, Vénus interprète cet acte comme un fait institutionnel, selon la terminologie d'Austin. Avni va jusqu'à se demander si Alphonse avait «des intentions "troubles" lorsqu'il passa la bague à l'annulaire de la Vénus, alors que, vu la position des doigts, il lui aurait été beaucoup plus facile de la mettre à un des trois doigts levés et accessibles[53]». Cela est en effet énigmatique et nous y reviendrons plus tard; bornons-nous pour l'instant à constater la tendance à attribuer une intention cachée à un geste qui manifestement n'en avait pas.

De la même façon, le geste de la statue, en admettant qu'elle ait enlacé Alphonse, est problématique quant à son intention. Est-ce uniquement son statut d'épouse qui l'amène à poser ce geste? Cherche-t-elle à se venger de la trahison d'Alphonse qui a contracté un second mariage dans la même journée?

51. Mentionnons par exemple l'analyse qui est faite de cette nouvelle dans la collection «Parcours de lecture», destinée à des collégiens, où la seule option opposée à l'explication rationnelle est que la statue se venge du deuxième mariage d'Alphonse. L'auteur s'évertue par ailleurs à montrer, à l'aide de la «logique des actions» de Bremond, que cette explication offre une plus grande cohérence narrative que l'explication rationnelle (Jean Simhon, «*La Vénus d'Ille*». *Prosper Mérimée*, Paris, Bertrand Lacoste, 1992, p. 76).

52. Ora Avni, «Et la chose fut. "La Vénus d'Ille" de Mérimée», *Poétique*, vol. 12, n° 46, 1981, p. 156-170.

53. *Ibid.*, p. 166.

Mais dans ce cas, comment aurait-elle appris ce mariage? Parce qu'elle est une déesse et que ses pouvoirs sont illimités? Ou bien encore cherche-t-elle à venger l'affront que lui a fait Alphonse en voulant «divorcer» le soir même de son mariage?

Il ne faut pas oublier en effet que, pendant la fête du mariage, le jeune homme se rend près de la statue pour récupérer sa bague et qu'il n'y parvient pas. Ce petit incident suscite d'ailleurs différentes explications, exactement de la même façon que les autres événements que nous avons étudiés. Alphonse vient solliciter l'aide du narrateur car il n'a pas réussi à retirer la bague. La première réaction du narrateur est de dire qu'il a trop enfoncé la bague et qu'il devra se munir de tenailles pour l'arracher. Alphonse ajoute que cela ne servirait à rien car la Vénus a décidé de garder la bague:

> [...] elle serre la main, m'entendez-vous?... C'est ma femme apparemment, puisque je lui ai donné mon anneau... Elle ne veut plus le rendre. (p. 104)

Ce moment est important, car c'est le seul endroit du récit où l'archéologue cesse d'être un simple témoin qui trouve toujours une explication à tout, pour devenir un être qui ressent des émotions:

> J'éprouvai un frisson subit, et j'eus un instant la chair de poule. Puis, un grand soupir qu'il fit m'envoya une bouffée de vin, et toute émotion disparut. (p. 104)

Ce frisson de peur s'évanouit tout de suite, mais il n'en reste pas moins qu'il a brisé pour un temps la tranquille assurance du narrateur. L'ivresse du jeune marié explique qu'il n'ait pas réussi à enlever la bague. Celui-ci ajoute d'ailleurs une autre explication: la statue serait «articulée», équipée de «quelque ressort», d'un stratagème mécanique faisant en sorte que le doigt reste coincé dans une certaine position. L'explication rationnelle vient donc encore une fois contrebalancer l'explication surnaturelle.

Si l'on admet que, pour Vénus, «mettre un anneau au doigt» équivaut à «se marier», alors il faut admettre que «vouloir retirer l'anneau» équivaut à «vouloir divorcer». En ce qui concerne le premier acte, Vénus n'a fait que le subir, mais en ce qui concerne le second, elle a son mot à dire, ou plutôt son doigt à replier. Comment ne pas voir une offense faite à la déesse de l'amour dans la volonté de rompre le soir même un engagement fait le matin? Il n'en faudrait pas plus pour déchaîner la colère de la déesse et précipiter dans la mort le mari effronté...

Entre l'action faite sans intention meurtrière, dans le cas où la statue ne fait que poser le geste d'une mariée, le crime passionnel mû par la jalousie, dans le cas où Vénus sait qu'Alphonse est bigame, et le châtiment de celui qui ne veut pas respecter son contrat, le choix est grand. Le texte présente en fait une lacune importante dans le code proaïrétique. Rien ne nous permet d'inférer le motif, si motif il y a, du crime de la statue. Comme plusieurs choix sont possibles quant à l'une des interprétations du récit, on peut supposer que l'ambiguïté narrative-disjonctive fonctionne mieux lors d'une lecture-en-progression, qui passe par-dessus certains détails. Le lecteur se contente vraisemblablement de saisir la dualité du code proaïrétique et ne cherche pas forcément à combler ses lacunes. On peut supposer que son attention ne se porte pas sur le geste et les motifs de la statue mais – n'étant pas encore revenu de sa surprise – sur l'entremêlement des événements, des personnages, et sur l'hypothèse qu'il se plaît à formuler : et si c'était la statue qui avait tué Alphonse ? Ce n'est qu'en fin de lecture qu'il pourra interpréter le geste de la statue et lui conférer des motifs qu'il ira puiser très vraisemblablement dans son univers personnel. Autrement dit, le motif de l'assassinat sera celui qu'il a envie de voir, puisque le texte ne dit rien là-dessus.

Aux trois situations examinées, où la violence prend des proportions différentes : « fracture de la jambe, égratignure à la tête, mort », on pourrait se demander s'il ne faudrait pas en ajouter une quatrième. En effet, qu'est-il advenu d'Eutyches Myron, l'amant malheureux selon les explications de l'archéologue ? Après avoir offert un bracelet à Vénus, a-t-il souffert lui aussi et connu le même sort qu'Alphonse ? Est-ce pour cette raison que l'on a enfoui la statue assez profondément dans la terre ? La devise « Prends garde à toi si elle t'aime » aurait-elle été gravée par un témoin de l'événement ? La seule chose que l'on puisse dire, c'est que le passé de la Vénus comporte des lacunes et qu'il nous est impossible, comme dans le cas du motif du meurtre, d'affirmer quoi que ce soit.

Nous devons donc constater que l'ambiguïté narrative-disjonctive ne fonctionne qu'en apparence. Aussitôt que l'on revient sur le texte, afin d'identifier les lacunes du code proaïrétique, on est amené à complexifier le problème. Nous n'avons plus affaire simplement à deux possibilités qui s'excluent (« l'Espagnol a tué Alphonse » *vs* « la statue a tué Alphonse »), mais à une situation beaucoup plus complexe conférant à une action des motifs différents, qui sont : « la statue a tué Alphonse sans le faire exprès », « par jalousie », ou encore « pour se venger d'un affront ». Dans ce cas de figure, on se trouve en fait beaucoup plus proche d'une polysémie.

Ce que nous avons essayé de montrer au cours de cette analyse, c'est que le plaisir de lecture vient de la capacité à saisir toutes les subtilités qu'implique le dédoublement du code proaïrétique. Cela suppose de tisser entre les deux enchaînements d'actions possibles, l'un que l'on peut construire en se basant sur le point de vue rationnel du narrateur et l'autre en tirant parti à la fois du point de vue superstitieux des villageois et de l'implicite du texte, un réseau de relations, d'inférences, deux avenues parallèles dont l'une est ponctuée de lacunes importantes.

Quand Vénus blesse...

En dehors de la mise en abyme et du dédoublement du code proaïrétique, quel autre élément du texte entretient un rapport avec l'ambiguïté? Cette étude de l'ambiguïté ne serait pas complète si nous n'examinions pas l'expression figurée: «blessé par Vénus» (p. 85), un cliché employé par l'antiquaire au sujet de l'accident de Jean Coll, ainsi que l'ambiguïté des personnages.

Rappelons que, dans la mythologie romaine, l'amour ne naît pas tout seul, il est provoqué par Vénus. La déesse a le pouvoir de rendre les gens amoureux et elle s'y prend d'une façon assez surprenante, puisqu'elle blesse à l'aide d'un arc et de flèches, que les petits «amours» s'empressent de décocher à son signal. Quand Vénus blesse quelqu'un, celui-ci tombe amoureux. Le cliché a gardé de ce phénomène divin une action, celle de blesser, et en a fait une expression figurée employée pour désigner l'état amoureux. Dans la nouvelle de Mérimée, Vénus «blesse» au sens propre et non plus figuré, si l'on considère l'explication surnaturelle: elle casse la jambe à un homme, en égratigne un autre et tue le troisième. On pourrait donc y voir la présence d'une allégorie faite sur le mode ironique, puisque le récit illustre à sa manière l'expression «blessé par Vénus[54]».

Il faut pourtant spécifier qu'il n'y a pas d'adéquation entre le sens propre et le sens figuré puisque les personnages masculins blessés par la déesse ne tombent pas amoureux. Quant à la déesse, il semblerait que, dans les deux premiers cas, elle se venge tout simplement de la blessure qui lui a été faite, puisque Jean l'a frappée avec sa pioche et que l'apprenti lui a jeté une pierre. Dans le cas d'Alphonse, la situation est plus complexe. Il est très difficile de comprendre pour quel motif elle agit, à supposer qu'il y a une intention cachée derrière son geste. La devise gravée sur le socle de la statue: «Prends garde à toi si elle t'aime[55]» met pourtant en garde ceux qui ont le malheur d'être aimés par Vénus, du moins suivant l'interprétation qu'en fait l'archéologue. À supposer que la déesse tue par amour, on obtient un renversement intéressant de l'implication évoquée plus haut («Quand Vénus blesse X, X tombe amoureux»). En effet, l'amour devient le motif de l'action: «Quand Vénus est amoureuse, elle blesse, et sa blessure est mortelle», et non plus son résultat.

54. En ce sens, le récit permettrait la réalisation d'une expression figurée, qui constitue selon Todorov l'une des caractéristiques du récit fantastique et que nous avons déjà évoquée au cours du premier chapitre.

55. Il est possible de rapprocher cette devise de la célèbre phrase de Carmen «Et si je t'aime, prends garde à toi», dans l'opéra de Bizet, écrit d'après une nouvelle de Mérimée. Cela est suggéré par Marie-Thérèse Bouton et Bertrand Villain (*Une œuvre: «La Vénus d'Ille», op. cit.*). Rappelons que la nouvelle «Carmen» de Mérimée a été écrite en 1845, l'opéra de Bizet en 1875 et que cette phrase a été rajoutée par les librettistes H. Meilhac et L. Halévy; elle est en effet absente de la nouvelle de Mérimée.

L'expression méchante de la statue, qui «donne l'illusion d'être en vie, à cause des yeux surtout» (p. 90), en fait un personnage ambigu, à la fois être animé et être inanimé. Mais, à vrai dire, d'autres personnages présentent des aspects semblables: la première description d'Alphonse, par exemple, le montre raide comme une statue: «il ne bougeait pas plus qu'un Terme», il «manque d'expression» (p. 83). Quand on sait qu'un Terme est une «statue dont la partie inférieure est terminée en gaine (comme celles du dieu latin Terminus qui servaient de bornes)» (*Petit Robert*), on ne peut que remarquer sa parenté physique avec la Vénus, et l'ironie du sort, étant donné que le bloc de bronze a beaucoup d'expression tandis que le vivant n'en a guère. Lorsqu'il joue au jeu de paume, une métamorphose s'opère: il devient «véritablement beau», «passionné» (p. 99); le narrateur ne reconnaît plus le jeune homme coincé dans ses vêtements. Se trouvent donc alternées la rigidité complète et une grande agilité physique.

Quant à Mlle de Puygarrig, son air de bonté n'est pas «exempt d'une légère teinte de malice» (p. 96), et le narrateur la compare à Vénus. Cette comparaison est d'ailleurs reprise un peu plus loin, par le père du marié, par des oppositions cette fois: la catalane est blanche, descendue des cieux et enflamme tout ce qui l'entoure, tandis que la romaine, trouvée dans la terre, est noire et froide (p. 102-103). La dernière comparaison en fait une victime livrée au Minotaure, son mari.

Ajoutons à cela d'autres couples: Jean Coll boite comme Vulcain, l'amant de Vénus; il est d'autre part le partenaire d'Alphonse au jeu de paume. L'Espagnol, quant à lui, est de la même couleur (olivâtre/verdâtre) et de la même taille (six pieds) que la statue[56]. Un autre couple vient d'une extrapolation à partir du nom gravé sur le bras de la statue. Il y a en effet un jeu sur les noms étant donné qu'Eutyches est la traduction de Prosper en grec[57]. À supposer que Myron soit sculpteur, comme le propose l'antiquaire, «La Vénus d'Ille» pourrait se dédoubler et désigner deux œuvres différentes: la sculpture/la nouvelle d'Eutyches/Prosper Myron/Mérimée.

56. Selon Scott Carpenter, les ressemblances entre les personnages et le parallèle entre les deux mariages seraient à mettre au compte de l'homosémantisme, l'un des traits de la folie examinés par Foucault. Le lecteur serait amené à prendre la posture de la folie, étant donné que le fait de rassembler des signes, de les combler d'une ressemblance qui ne cesse de proliférer sont des caractéristiques de l'homosémantisme («Metaphor and Madness in Mérimée's *La Vénus d'Ille*», *Romance Notes*, vol. 27, n^{0} 1, 1986, p. 75-80).

57. C'est ce que signale Ora Avni dans l'article cité plus haut (*op. cit.*, p. 164).

Jeux de mains

La relecture de ce texte nous fait remarquer la récurrence d'un motif: la main, instrument de l'action par excellence. Observons pour commencer la position des mains de la Vénus:

> [...] la main droite, levée à la hauteur du sein, était tournée, la paume en dedans, le pouce et les deux premiers doigts étendus, les deux autres légèrement ployés. L'autre main, rapprochée de la hanche, soutenait la draperie qui couvrait la partie inférieure du corps. L'attitude de cette statue rappelait celle du Joueur de mourre qu'on désigne, je ne sais trop pourquoi, sous le nom de Germanicus. Peut-être avait-on voulu représenter la déesse au jeu de mourre. (p. 88)

Au jeu de mourre ou au jeu de l'amour? L'homonymie entre «la mourre» et «l'amour» est en effet troublante. Le jeu de mourre, aujourd'hui disparu, se joue avec les mains. En effet, il s'agit d'un «jeu de hasard dans lequel deux personnes se montrent rapidement et simultanément un certain nombre de doigts dressés en criant un chiffre pouvant exprimer ce nombre» (*Petit Robert*). Dans la description donnée plus haut, Vénus esquisse avec ses doigts le chiffre «trois». Sa bouche n'est pas ouverte, ce qui signifie qu'elle ne prononce pas le chiffre. Comment ne pas faire la relation entre cette posture et le nombre des «victimes» de Vénus dans ce récit?

Le rapprochement pourrait être fortuit si l'on ne mentionnait pas le deuxième jeu évoqué dans cette nouvelle: le «jeu de paume», qui contient dans son nom même l'une des parties de la main. Dans la ville d'Ille, il ne se joue pourtant pas avec les mains, comme cela se faisait à l'origine, mais avec des raquettes. Ce qu'il faut remarquer, c'est qu'une hiérarchie est établie entre les joueurs de paume: le meilleur joueur du village est Alphonse, le second Jean Coll. Ces deux personnages perdent tous les deux leurs places de champions: l'un meurt et l'autre est immobilisé à cause d'une fracture de la jambe qui l'empêchera de courir comme avant. La troisième victime de la «joueuse de mourre» lui lance une pierre, que la statue relance: deux gestes, deux mains.

Quoi d'étonnant après tout cela à ce que la première partie visible de la statue quand on la déterre soit sa main? À ce que seules les mains d'Alphonse retiennent l'attention du narrateur[58]? À ce que les seuls bijoux mentionnés se portent au doigt ou au poignet (bague à diamants, anneau, bracelet)? À ce que la fameuse bague soit faite de deux mains entrelacées? Et enfin à ce que le drame d'Alphonse se joue autour d'un geste symbolique: passer une bague au doigt?

58. Alphonse a tout d'un dandy, sauf les mains: «Ses mains grosses et hâlées, ses ongles courts contrastaient singulièrement avec son costume. C'étaient des mains de laboureur sortant des manches d'un dandy.» (p. 83)

Au sujet de ce geste, nous devons faire quelques remarques. Comme nous l'avons mentionné plus haut, on peut trouver curieux qu'Alphonse ait choisi de passer la bague à l'annulaire, qui était ployé, tandis que le pouce, l'index et le majeur étaient levés. Mais il y a encore plus étrange : la convention du mariage veut que l'anneau soit passé à la main gauche ; or, la main gauche de la statue retient la draperie, ce qui laisse supposer que les doigts sont serrés les uns contre les autres et n'offrent pas de place pour glisser une bague. Que faire face à ces deux incohérences, qui viennent remettre en question les deux interprétations du geste ? En effet, si l'on considère qu'Alphonse a voulu se débarrasser de la bague, le choix de l'annulaire ne s'explique pas ; si, d'un autre côté, on prend le point de vue de la statue, celle-ci n'avait pas de raison de penser qu'il s'agissait d'un mariage puisque c'est à la main droite que la bague a été passée. Plutôt que de s'évertuer à chercher des raisons à ces incohérences, observons le rôle qu'elles jouent dans le processus de lecture. Ce qu'elles montrent, c'est qu'Alphonse n'est pas le seul à être piégé par le geste qu'il pose ; l'action de passer la bague à *l'annulaire droit* de la statue est l'équivalent d'un piège pour le lecteur, qui peut ne pas soupçonner l'incohérence[59].

Comme dans le proverbe « Jeux de mains, jeux de vilains », les jeux de mains dans ce récit finissent mal. Le joueur y perd selon le cas la jambe, la vie, ou bien finit transformé en cloche... Le sort du lecteur est beaucoup moins dramatique, heureusement. Celui qui aura joué la carte de l'ambiguïté, et posé des gestes en conséquence, restera dans le meilleur des cas pris au piège de sa propre lecture... mais n'est-ce pas là que réside le plaisir de lecture de ce genre de récits, dans l'effet fantastique qu'ils permettent de ressentir ? Un autre procédé permet de créer cet effet, qui joue avec les cadres de référence utilisés lors de la lecture. Le conte qui servira à montrer comment le cadre de référence peut être bousculé au cours de la saisie du texte est l'un des « contes cruels » les plus connus : « L'intersigne ».

2.4. LE CADRE DE RÉFÉRENCE BOUSCULÉ DANS « L'INTERSIGNE »

Le cadre de référence

Dans « L'intersigne » de Villiers de L'Isle-Adam, un événement étrange se produit et donne lieu à différentes interprétations, qui peuvent être mises en relation avec des cadres de référence particuliers. L'instabilité du cadre de référence

59. L'incohérence concernant le choix de l'annulaire au lieu des autres doigts levés est mentionnée par Ora Avni (« Et la chose fut. "La Vénus d'Ille" de Mérimée », *loc. cit.*) et Jean Bellemin-Noël (« Une Vénus mal enchaînée », *Vers l'inconscient du texte*, Paris, Presses universitaires de France, 1979, p. 139-160). Les autres études portant sur ce récit, présentées dans la bibliographie, n'évoquent pas ce problème.

constitue, dans ce cas précis, un procédé permettant la création d'un effet fantastique. La notion de cadre de référence (« *frame of reference* ») que nous utiliserons est celle décrite dans l'ouvrage de Nelson Goodman intitulé *Ways of Worldmaking*, notion que nous essaierons d'adapter au problème particulier de la littérature.

Selon Goodman, il n'existe pas des mondes différents (réel, fictionnels, possibles, etc.), mais différentes manières de décrire le monde : « *We are confined to ways of describing whatever is described. Our universe, so to speak, consists of these ways rather than of a world or of worlds*[60]. » Plutôt que s'interroger sur l'organisation du monde, il faut se demander comment fonctionnent les systèmes de description du monde, tant dans le domaine scientifique que dans le domaine artistique. L'un des moyens de comprendre la diversité des versions du monde est de les mettre en relation avec les cadres de référence mis en place par les systèmes de description : « *Frames of reference, though, seem to belong less to what is described than to systems of description*[61]. » Les versions ou les visions du monde peuvent prendre la forme de discours scientifiques, de tableaux, de textes littéraires, etc., l'expression « vision du monde » étant plus fréquemment employée par Goodman au sujet des artistes (p. ex., la vision du monde de Van Gogh, de Canaletto, de Constable, de James Joyce[62]).

Pour expliquer le fonctionnement des cadres de référence, Goodman étudie des phrases qui se trouvent apparemment en contradiction, comme dans l'exemple suivant :

The sun always moves.
The sun never moves.

Quand on les prend séparément, ces phrases peuvent être toutes deux vraies, mais quand on les place côte à côte, elles sont en contradiction. Le problème se résout si l'on rend explicite le cadre de référence dans lequel elles sont vraies. On obtient alors :

Under the frame of reference A, the sun always moves.
Under the frame of reference B, the sun never moves.

Chacun des énoncés fait partie d'une version différente du monde (héliocentrisme/géocentrisme) et les deux peuvent coexister sans pour autant que le monde change. La prise en considération du cadre de référence de chaque phrase permet d'annuler la contradiction.

60. Nelson Goodman, *Ways of Worldmaking*, Indianapolis, Hackett Publishing Company, 1978, p. 3.
61. *Ibid.*, p. 2.
62. Ces exemples sont donnés aux pages 3 et 5.

Le cas des énoncés littéraires est un peu plus complexe puisque des versions du monde et des cadres de référence sont présents dans le récit, que ce soit au travers des personnages ou du narrateur, et que le lecteur se sert lui aussi de cadres de référence. Autrement dit, ces derniers sont soit inscrits de façon explicite dans le texte, soit inférés par le lecteur. La notion de cadre de référence sera appliquée à un domaine plus restreint que celui envisagé par Goodman. Ce ne sont pas les versions du monde, mais bien les *versions d'un événement* qui retiendront notre attention. Nous montrerons comment telle version d'un événement est possible dans un cadre de référence donné. Nous remplacerons donc la série établie par Goodman – monde, version du monde, cadre de référence – par celle-ci : événement, version de l'événement, cadre de référence.

Un lecteur peut être amené à utiliser successivement différents cadres de référence, à revenir parfois sur telle ou telle version d'un événement car sa compréhension de l'événement s'est modifiée, etc. Alors que ce processus de référentialisation se fait généralement de façon spontanée et ne pose pas de problèmes particuliers à un lecteur, il en va différemment quand le texte présente des indéterminations importantes. C'est pour examiner le rapport entre l'indétermination et le cadre de référence, et montrer que le fonctionnement particulier du cadre de référence peut constituer un procédé de l'effet fantastique, que nous analyserons « L'intersigne ».

Lors de la lecture de ce texte, la saisie de l'indétermination vient de ce que les cadres de référence jouent de moins en moins leur rôle, à savoir servir de balises à la compréhension du récit. Comme ils sont sans cesse bousculés, on peut ressentir un effet fantastique. Nous verrons tout d'abord comment l'indétermination progressive des cadres de référence nous oblige à avancer sans garde-fou le long des pages, puis de quelle façon s'opère leur enchâssement, l'un venant supplanter l'autre afin d'offrir une nouvelle version de l'événement. La présence de plusieurs séries de coïncidences nous obligera par la suite à délaisser momentanément l'étude de l'effet fantastique pour nous pencher sur certains aspects énigmatiques du récit.

L'indétermination progressive du cadre de référence

L'histoire que le baron Xavier de la V*** raconte à ses amis, assis autour d'un bon feu de cheminée, débute à Paris, au moment où le jeune homme, souffrant de fatigue nerveuse, décide de se rendre en Bretagne chez un vieil ami, l'abbé Maucombe, pour se divertir. En arrivant devant chez lui, il est victime d'une hallucination : la maison, qui lui inspire tout d'abord des « idées de recueillement, de santé et de paix profonde » (p. 264), change subitement d'aspect. Il aperçoit des lézardes sur les murs, des inscriptions sur les dalles du perron, comme si elles venaient du cimetière voisin, comme si la maison était devenue un tombeau. Il est toujours sous le coup d'une émotion intense lorsqu'il frappe à la porte :

> Et la maison me sembla changée à en donner le frisson, et les échos du lugubre coup de marteau, que je laissai retomber, dans mon saisissement, retentirent, à l'intérieur de la demeure, comme les vibrations d'un glas. (p. 266)

Il se ressaisit aussitôt en se disant qu'il vient d'avoir une hallucination à cause de ses nerfs fatigués. Après le souper, les deux hommes restent à discuter près du feu, puis le prêtre conduit Xavier à sa chambre. Au moment où ils se serrent la main pour se souhaiter une bonne nuit, Xavier a de nouveau une hallucination :

> Était-ce un agonisant qui se tenait debout, là, près de ce lit ? La figure qui était devant moi n'était pas, ne pouvait pas être celle du souper ! [...] l'abbé me donnait, humainement, la *seconde* sensation que, par une obscure correspondance, sa maison m'avait fait éprouver. (p. 269, l'auteur souligne)

Le narrateur interprète ces deux scènes où un changement brusque a lieu, celles touchant la maison puis l'abbé. Selon lui, de toute évidence, il s'agit chaque fois d'une hallucination : il sait qu'il est malade et il est d'ailleurs allé voir des docteurs qui n'ont pas réussi à le soigner. Il s'explique donc ces événements en s'appuyant sur un cadre de référence bien précis : celui de la psychopathologie. Voici comment on représentera désormais les événements, les versions et les cadres de référence :

Tableau 2.1 – **Événements, versions et cadres de référence**

	1	2
Événement	La maison est un tombeau.	L'abbé est à l'agonie
Version	Hallucination	Hallucination
Cadre de référence	Psychopathologie	Psychopathologie

Étant donné que c'est la psychopathologie qui permet d'identifier un trouble mental tel que l'hallucination, il s'agit du cadre de référence dans lequel sont placés les deux événements étranges dont Xavier est témoin.

La nuit qu'il passe chez le prêtre est plutôt mouvementée. Voici comment le texte se présente :

> J'allais m'endormir.
>
> Trois petits coups secs, impératifs, furent frappés à ma porte.
>
> – Hein ? me dis-je, en sursaut.
>
> Alors je m'aperçus que mon premier somme avait déjà commencé. J'ignorais où j'étais. Je me croyais à Paris. Certains repos donnent ces sortes d'oublis risibles. (p. 271)

Il se lève pour ouvrir la porte à la personne qui a frappé, calcule qu'il doit être minuit car la lune est au-dessus de l'église, aperçoit une tache de braise s'échapper par le trou de la serrure, puis la lueur s'éteint :

> [...] j'allais m'approcher...
>
> Mais la porte s'ouvrit, largement, lentement, silencieusement.
>
> En face de moi, dans le corridor, se tenait, debout, une forme haute et noire, – un prêtre, le tricorne sur la tête. [...] Tout à coup, le prêtre éleva le bras, avec lenteur, vers moi. Il me présentait une chose lourde et vague. C'était un manteau. Un grand manteau noir, un manteau de voyage. Il me le tendait, comme pour me l'offrir !... (p. 272)

Effrayé, le jeune homme repousse la porte et tourne la clé dans la serrure. Le suspense va grandissant au cours de la lecture de ces pages et le texte nous laisse sur une énigme déconcertante. Est-ce que le prêtre est celui qui habite le presbytère, puisque sa chambre est située au même étage ? Pour quelles raisons vient-il réveiller le jeune homme en pleine nuit ? Que signifie ce geste d'offrir un manteau ? Il ne s'agit pas d'un brusque changement d'état ne durant qu'une seconde et pouvant être pris pour une hallucination, comme dans les cas précédents, mais d'un enchaînement d'événements et d'actions (des coups sont frappés à la porte ; X. se lève et traverse sa chambre ; la porte s'ouvre ; un prêtre offre un manteau ; X. ferme la porte à clé), qui se déroulent dans un certain laps de temps. Un lecteur se sert-il d'un cadre de référence particulier pour comprendre cette scène ? A-t-il le temps de faire des hypothèses sur ce qui est en train de se passer ? Il est plus vraisemblable de supposer qu'il saisit les événements sans le cadre de référence adéquat. Ou plus exactement, que le seul cadre de référence accessible à ce moment est celui de la lecture. Celle-ci fournit en effet son propre cadre de référence, inachevé, dont la construction s'élabore au fil des pages, au gré des cadres de référence convoqués. La lecture est un processus et non pas quelque chose de figé, et la référentialisation qui s'opère au cours de la saisie du texte peut être considérée comme une construction progressive, pouvant faire alterner la convocation des cadres de référence et les moments d'indétermination. Si, au début de la scène du manteau, on croit qu'il s'agit d'une situation ordinaire (quelqu'un frappe à la porte : l'abbé doit faire une visite nocturne à Xavier), on glisse peu à peu dans l'indétermination. Il est de plus en plus difficile de se servir du cadre de référence que constitue le quotidien pour comprendre la scène et nous ne disposons d'aucun autre cadre de référence. Ce qu'il faut supposer, c'est que les faits et gestes sont saisis à ce moment du texte dans leur incomplétude : la porte s'ouvre mais on ne sait pas si elle s'est ouverte toute seule ou si quelqu'un l'a ouverte ; le geste d'offrir un manteau est décrit mais son but ne l'est pas. Il faut bien voir en effet que notre attention se fixe sur ces faits et gestes énigmatiques et sur les émotions paroxystiques du narrateur. Parce que les événements ne sont saisis qu'à moitié, parce que nous ne savons pas quel nom donner à la scène que nous sommes en train de lire, nous perdons progressivement les repères habituels de notre lecture et c'est dans cette absence momentanée de repères que vient se loger le plaisir de l'indétermination.

L'enchâssement des cadres de référence

Les lignes suivantes provoquent une rupture importante dans le déroulement de la lecture. Voici ce que nous dit le texte, juste après que Xavier a refermé la porte :

> Chose singulière, il me sembla que tout cela ne faisait aucun bruit.
>
> C'était plus que l'organisme n'en pouvait supporter. *Je m'éveillai.* J'étais assis sur mon séant, dans mon lit, les bras tendus devant moi ; j'étais glacé ; le front trempé de sueur ; mon cœur frappait contre les parois de ma poitrine de gros coups sombres.
>
> – Ah ! me dis-je, le songe horrible ! (p. 273 ; nous soulignons)

Quand on arrive à la phrase « Je m'éveillai », il est difficile de faire autrement que de reconstruire la scène et de la considérer rétrospectivement comme un rêve. L'effet de surprise est d'autant plus fort que la première impression ressentie à la lecture de la scène du manteau ne disparaît pas instantanément. Cette rupture nous oblige à remettre brutalement les pieds sur terre, à composer avec un nouveau cadre de référence, celui de la psychologie. Le savoir que nous possédons sur cette activité psychique qu'est le rêve vient bien en effet de ce domaine spécifique de la science. La mise en place d'un cadre de référence tel que celui de la psychologie suppose l'existence d'un savoir particulier, aussi minime puisse-t-il être, qui ne peut être confondu avec la simple reconnaissance des actions. Comme chacun sait qu'un rêve peut être rempli des événements les plus bizarres, sans signification apparente, ce nouveau cadre de référence résout le problème de compréhension qui s'était posé à la lecture de la scène précédente.

Il ne s'agirait finalement que d'un jeu sur la reconnaissance « après coup » d'un rêve, si des détails incompréhensibles n'étaient donnés quelques lignes plus loin. En se levant pour boire un verre d'eau, le narrateur remarque que la lune occupe la même place que dans son rêve et que la porte est verrouillée de l'intérieur alors qu'il n'a pas tourné la clé dans la serrure avant de se coucher. C'est une impression d'incohérence qui ressort de tout cela. La répétition des actions du narrateur : « regarder par la fenêtre » et « examiner la porte », nous remet en mémoire la scène du manteau, qui s'avère à nouveau incompréhensible.

Il ne peut pas s'agir d'un rêve, car les faits se contredisent : le baron ne peut pas en même temps avoir rêvé l'irruption d'un prêtre dans sa chambre et s'être levé de son lit... Les nombreuses réflexions de Xavier aboutissent à la conclusion qu'il doit être somnambule :

> À ces découvertes, je jetai un regard autour de moi. Je commençai à trouver que la chose était revêtue d'un caractère bien insolite. Je me recouchai, je m'accoudai, je cherchai à me raisonner, à me prouver que tout cela n'était qu'un accès de somnambulisme. Cependant, la fatigue me prit comme une vague, berça mes noires pensées et m'endormit brusquement dans mon angoisse. (p. 274)

Il s'agit donc d'une nouvelle version de l'événement, ayant toujours pour cadre de référence la psychologie. Cette succession de versions pour la même scène (visite de l'abbé/rêve/crise de somnambulisme) et de cadres de référence (quotidien/psychologie) se présente comme un véritable enchâssement.

Le jour suivant le « rêve », la vie reprend comme si de rien n'était. Xavier reçoit une lettre de son père qui lui demande de s'occuper d'urgence d'une affaire de famille à Chartres, ce qui l'oblige à interrompre son séjour à Saint-Maur. L'abbé Maucombe accompagne son ami sur le chemin jusqu'à ce que la pluie se mette à tomber. Comme Xavier a oublié sa houppelande à l'auberge, le curé lui offre son manteau[63]. La scène « rêvée » la nuit précédente se répète alors presque trait pour trait, ce qui provoque une impression de déjà-vu. Cela commence par un bruit : la pluie qui frappe les mains au lieu des trois coups frappés à la porte. La lune apparaît, comme dans le rêve, puis le regard phosphorescent de la chouette, qui répond à la tache phosphorescente qui venait de derrière la porte, et qui était d'ailleurs comparée au regard d'un hibou. La vision du prêtre coiffé de son tricorne et l'offrande du manteau sont inversées. Entre ces deux scènes existent donc quelques variantes, mais il faut souligner la remarquable identité de la proposition relative dans les deux phrases suivantes :

> La lune l'éclairait tout entier à l'exception de la figure : je ne voyais que le feu de ses deux prunelles qui me considéraient avec une solennelle fixité. (p. 272)

> Je ne voyais pas sa figure, à cause de l'ombre que projetait son large tricorne : mais je distinguai ses yeux *qui me considéraient avec une solennelle fixité.* (p. 279, l'auteur souligne)

63. Les oublis jouent un rôle important dans la narration. Tout d'abord, le voyage de Xavier est enclenché par le rappel soudain du nom de Maucombe, un nom « oublié depuis des années » (p. 262). En arrivant au presbytère, il confie ses affaires à Nanon et prend soin de spécifier : « (J'avais oublié ma houppelande dans ma chambre, au Soleil d'or) » (p. 267, les parenthèses sont dans le texte). C'est à cause de cet oubli que le prêtre offrira son manteau, prendra froid, etc.

Alors que dans le « rêve », Xavier refusait le manteau, dans la scène des adieux, Maucombe le lui passe sur les épaules. Enfin, la volée d'orfraies qui poussent des cris après la disparition du prêtre rappelle l'oiseau de nuit qui pousse un cri avant que Xavier ferme la porte de sa chambre.

La répétition tend à confondre les deux scènes en une seule : la lecture amène à focaliser l'attention sur un geste généralement banal, le don d'un manteau, à faire un retour en arrière permettant de superposer deux suites d'événements qui se ressemblent beaucoup. Il s'agit là très certainement de la « coïncidence extraordinaire » qui nous était promise dès le début du récit, coïncidence qui a surtout pour effet de terroriser le narrateur. Celui-ci effectue machinalement le geste de sauter de cheval et, le manteau sur les épaules, se laisse progressivement envahir par la peur :

> – Voyons ! me dis-je, du calme ! – J'ai la fièvre et je suis somnambule. Voilà tout.
>
> Je m'efforçai de hausser les épaules : *un poids secret* m'en empêcha.
>
> Et voici que, venue du fond de l'horizon, du fond de ces bois décriés, une volée d'orfraies, à grand bruit d'ailes, passa, en criant d'horribles syllabes inconnues, au-dessus de ma tête. Elles allèrent s'abattre sur le toit du presbytère et sur le clocher dans l'éloignement ; et le vent m'apporta des cris tristes. Ma foi, j'eus peur. Pourquoi ? Qui me le précisera jamais ? (p. 279, nous soulignons)

Est-ce le *secret* qui enveloppe la scène du manteau ou le *poids* réel du manteau qui empêche le baron de hausser les épaules ? Le texte paraît nous suggérer qu'il s'agit des deux à la fois, en jouant habilement sur les sens propre et figuré de l'expression « hausser les épaules ». Remarquons que les deux cadres de référence convoqués précédemment, la psychologie et la psychopathologie, se rejoignent ici : en effet, en parlant de la fièvre, Xavier fait référence à sa maladie, et en affirmant qu'il est somnambule, il fait référence à ce qui s'est passé la nuit précédente. Ces deux cadres de référence sont rejetés aussitôt après avoir été convoqués. Le narrateur essaie de se convaincre que tout cela est facile à expliquer, mais il se laisse malgré tout envahir par la peur, une peur qui grandit de plus en plus : lorsque Xavier s'élance au grand galop sur le chemin pour rejoindre au plus vite la ville de R***, il frissonne d'« horreur superstitieuse » (p. 280).

Nous sommes amenés au cours de ces pages à modifier notre compréhension de l'« accès de somnambulisme » ayant eu lieu la nuit précédente. Si le narrateur essaie encore de se raccrocher à l'idée de l'hallucination et du somnambulisme, on peut se demander si un lecteur a autant de scrupules. Nous sommes en effet avertis depuis le début du récit qu'il sera question d'une « coïncidence extraordinaire » et non pas du journal intime d'un névrosé. Une inférence peut être faite lors de la lecture de ces pages, car ce type de correspondance entre deux événements, l'un vécu en rêve et l'autre dans la réalité, a un nom : il s'agit de la prémonition. Il est question de superstition dans le texte, mais il n'est pas dit de façon explicite de quel phénomène superstitieux il s'agit. C'est donc au lecteur de faire l'inférence, de convoquer un savoir, de mettre en place un cadre de référence auquel le texte se contente de faire allusion.

Une fois dans le train, « les pieds sur la chauffeuse » et « enveloppé dans [s]a houppelande reconquise » (p. 281), Xavier finit par oublier la peur superstitieuse qu'il vient d'avoir et s'endort, persuadé qu'il ne s'agit que d'une coïncidence insignifiante.

> [...] je m'endormis enfin, d'un bon sommeil, oubliant complètement ce que je devais traiter désormais de coïncidence insignifiante. (p. 281)

Délivré de ses peurs, le héros s'endort en classant l'événement sous un nouveau nom : il s'agit tout au plus d'une coïncidence, d'un phénomène banal qu'il ne faut pas chercher à expliquer et que l'on observe parfois dans la vie quotidienne. Il s'agit donc d'une nouvelle version de l'événement, permise par le cadre de référence du quotidien.

Six jours plus tard, rentré à Paris, Xavier apprend la mort de l'abbé Maucombe de la bouche de son père qui a reçu une lettre de Nanon, la servante, l'avisant que le prêtre était mort « d'un froid gagné sur le grand chemin » et rapportant ses dernières paroles :

> Il était très heureux, – disait-il à ses dernières paroles, – d'être enveloppé à son dernier soupir et enseveli dans le manteau qu'il avait rapporté de son pèlerinage en terre sainte, *et qui avait touché* LE TOMBEAU. (p. 282, l'auteur souligne)

Ces dernières paroles sont aussi celles du récit. La lecture de ces phrases oblige à faire de nouveau un retour en arrière, à considérer la scène du manteau non plus comme une simple prémonition, mais comme l'avertissement de la mort de l'abbé, ce qui, dans le folklore breton, est connu sous le nom d'« intersigne ». Il s'agit donc d'un cadre de référence un peu plus spécifique que les précédents. En effet, la superstition dont il est question est beaucoup plus locale et, partant, beaucoup moins connue[64].

Il va de soi que le texte joue sur cette spécificité. C'est parce que nous ne savons pas, en lisant le titre, que le mot « intersigne » signifie « avertissement de la mort d'un proche » dans la culture bretonne que le récit conserve un caractère énigmatique. Sinon, nous reconnaîtrions tout de suite la scène du rêve comme un intersigne et il n'y aurait plus de suspense. En admettant qu'un lecteur ne sache pas ce qu'est un intersigne avant de lire le conte de Villiers, on pourrait dire que sa lecture permet la construction d'un savoir. Contrairement

---

64. Il suffit pour le prouver de mentionner que les dictionnaires de superstition, qui font autorité dans le domaine, n'ont pas d'entrée au mot « intersigne ». Seuls les ouvrages spécialisés dans le folklore breton en parlent.

à l'hallucination, le rêve, la prémonition, qui sont des versions permises par l'utilisation de cadres de référence connus, préétablis, que la lecture met simplement en œuvre (psychologie, psychopathologie, superstition), l'intersigne, qui fait bel et bien partie d'un cadre de référence – le folklore breton –, demande au lecteur un effort supplémentaire puisqu'il s'agit d'élaborer des inférences à partir de la lecture du texte et d'acquérir ainsi un savoir. Il est important de souligner que dans ce cas la compréhension du titre du récit ne peut se faire qu'une fois sa lecture achevée.

Voici une récapitulation de la façon dont s'enchâssent les versions et les cadres de référence convoqués tout au long de notre traversée du texte. Dans le schéma suivant, les abréviations « évt », « ver », « cdr » signifient respectivement : événement, version de l'événement et cadre de référence.

Figure 2.5 – **L'enchâssement des cadres de référence**

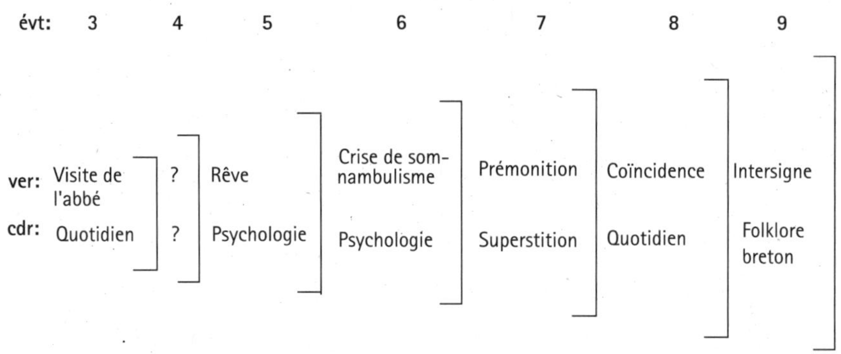

3 : Coups frappés à la porte... Xavier voit la lune au-dessus de l'église... prêtre dans le corridor (amorce).
4 : Le prêtre offre un manteau, Xavier ferme la porte à clé (achèvement).
5 : Xavier se réveille.
6 : Xavier remarque que la lune est au-dessus de l'église et la porte fermée à clé.
7 : Maucombe donne son manteau à Xavier.
8 : Xavier s'endort sain et sauf dans le train.
9 : Maucombe est mort.

Nous avons divisé en deux la scène du manteau, bien qu'il soit impossible de cerner avec exactitude la ligne de partage des deux moitiés. Cela a été fait uniquement dans le but de montrer que l'indétermination du cadre de référence est progressive, qu'entre le moment de l'amorce, où on se sert d'un cadre de référence précis pour comprendre les faits, le quotidien, et celui de l'achèvement, le cadre de référence se dissout graduellement. Plus la lecture avance et plus l'indétermination augmente ; on ne sait plus quel nom donner à la scène, quel cadre de référence convoquer. L'indétermination est représentée sur le schéma par les points d'interrogation.

Précisons que nous avons négligé de noter la réunion des deux cadres de référence (psychologie et psychopathologie) que le narrateur fait lorsqu'il se dit qu'il a la fièvre et qu'il est somnambule, à cause du peu d'importance que cela a sur la lecture. On peut en effet se demander si un lecteur prend au sérieux cette version de l'événement, que le héros ne fait que par acquit de conscience, dirait-on. Par contre, l'idée d'une pure coïncidence semble jouer un rôle beaucoup plus important.

Le jeu qui se joue tout au long de la lecture entre les différents cadres de référence apparaît comme un élément déterminant dans la création de l'effet fantastique. Lors de la progression de la lecture, le cadre de référence est sans cesse «bousculé» et prend parfois un aspect indéterminé. On peut supposer que cela occasionne un brouillage des repères pour le lecteur qui doit sans cesse revenir sur le même événement, le considérer chaque fois sous un nouveau jour. Sa compréhension de l'événement ne parvient pas à se fixer une fois pour toutes, car elle se forme au gré d'une série de surprises (rupture, quand on apprend que le narrateur dormait; répétition de la même scène; rupture, quand on apprend la mort de l'abbé…). Quand on saisit une indétermination dans le cadre de référence, on s'attend à ce que la suite du récit apporte des précisions et vienne en quelque sorte résoudre cette indétermination. Ici, plutôt que de nous donner une piste à suivre dans notre compréhension du texte, le récit nous emmène à chaque fois sur une nouvelle piste, nous égare au lieu de nous donner une chance de nous retrouver. Chaque résolution (rêve, coïncidence, prémonition) détermine momentanément la scène du manteau, mais dès l'instant d'après elle devient inadéquate, jusqu'à ce qu'on apprenne la mort de l'abbé, seul élément qui nous permette de comprendre la portée de la scène énigmatique.

Une énigme subsiste malgré tout, celle du manteau. Cet objet joue un rôle important dans la narration: d'une part, le don du manteau cause vraisemblablement la mort de l'abbé, venant d'«un froid gagné sur le grand chemin» et, d'autre part, le manteau sert de suaire à la dépouille de l'abbé Maucombe. Ces informations ont de quoi déconcerter. Elles marquent une rupture dans le texte et nous obligent à revenir en arrière afin de modifier notre compréhension du récit. Pour faire l'inférence selon laquelle l'abbé a pris froid en revenant chez lui parce qu'il n'avait pas de manteau, c'est le cadre de référence du quotidien qu'il faut faire intervenir. La seconde information peut mettre en branle une relecture du texte en fonction de la dimension «folklorique» du récit.

De l'intersigne à l'intersémiotique

Le manteau est présent dans toutes les étapes de l'intersigne : dans le « rêve », dans la scène des adieux et au moment de la mort ; il en est l'élément central, celui autour duquel tous les événements viennent se cristalliser. Sa fonction est bien définie à la fin du texte : il va servir de suaire au cadavre du curé. L'intersigne dont Xavier a été témoin serait donc à placer dans la catégorie des « intersignes du linceul ».

Quelques remarques avant d'aller plus loin. Comme nous le verrons dans la suite de cette analyse, l'utilisation des cadres de référence diffère dans la lecture en progression et dans la lecture en compréhension. En ce qui concerne « L'intersigne », la première se caractérise par l'enchâssement des cadres de référence et par la mise en place de la seconde, savoirs qui peuvent atteindre des proportions beaucoup plus importantes. L'analyse peut nous amener à privilégier l'un de ces cadres de référence et, du même coup, à délaisser les autres. Il n'est d'ailleurs pas nécessaire d'aller chercher bien loin pour le prouver puisque certaines analyses de textes fonctionnent suivant ce principe. Lorsqu'elle est faite pour donner une plus grande cohérence au texte, l'analyse suppose l'utilisation d'un seul et unique cadre de référence[65]. Dans les pages suivantes, nous utiliserons successivement plusieurs cadres de référence. Dans cette partie de l'analyse, nous montrerons la différence entre ce qui tient de l'effet fantastique et ce qui vient d'une interprétation du texte.

Rappelons tout d'abord que tout ce qui concerne la mort revêt une importance considérable en Bretagne, aussi bien en architecture (enclos paroissiaux) et en sculpture (calvaires, statues de la Mort) que dans la tradition orale. Le folklore breton est riche de légendes ayant la mort pour sujet principal et le phénomène connu sous le nom d'intersigne y occupe une place de choix. « L'intersigne » possède donc un intertexte très précis, que Castex et Bollery ont relevé dans leur étude sur les contes de Villiers[66]. L'importance de l'intersigne dans la culture bretonne est telle qu'Anatole Le Braz a choisi de lui

65. Regardons, par exemple, l'importance de la psychanalyse comme cadre de référence privilégié dans l'article d'Esther Rashkin : « Secret Crimes, Haunted Signs : Villiers's *L'intersigne* » (*Stanford French Review*, vol. 6, n° 1, 1982, p. 65-76). L'auteure fait l'hypothèse que Xavier serait le fils illégitime de l'abbé Maucombe, un bâtard à la recherche de ses origines. D'après Rashkin, les astérisques du nom de Xavier (le baron Xavier de la V***) sont là pour cacher un manque : le véritable nom de famille. Le manteau, de même que la tombe, sert selon elle à dissimuler et à révéler un secret bien gardé : « *Through the traces of its own elliptical beginning, the text implies that the secret Xavier both seeks and fears, the secret which in some mysterious way concerns both him and Maucombe, is the fact that he does not know the identity of his father, that the father with whom he lives is not who Xavier thinks he is. Xavier, the text ultimately (and silently) reveals, is a bastard. And his father is the priest, Maucombe* » (p. 73).

66. Pierre-Georges Castex et Joseph Bollery, *Contes cruels : Villiers de L'Isle-Adam. Étude historique et littéraire*, Paris, J. Corti, 1956, p. 252-255.

consacrer le premier chapitre de son célèbre ouvrage *La légende de la mort chez les Bretons armoricains*[67]. Ce texte présente un ensemble de récits recueillis auprès de conteurs, conteuses ou témoins d'intersigne et met en évidence les principes généraux du fonctionnement de l'intersigne. Le fait que ce recueil de légendes ait été publié après la parution du récit de Villiers importe peu pour notre propos, qui ne cherche pas à retracer la genèse du texte, mais à éclaircir certains aspects des intersignes.

Pour montrer les correspondances qui peuvent être établies entre les phénomènes décrits dans le texte de Villiers et cet intertexte particulier, tenter de comprendre «L'intersigne» à la lueur de la tradition bretonne, nous devons d'abord nous pencher sur le fonctionnement de l'intersigne, sur les caractéristiques de ce processus sémiotique des plus étranges. Étant donné que cette étude fait se croiser la sémiotique de la culture et la sémiotique de la littérature, on pourrait la qualifier d'intersémiotique. Mais surtout, il est difficile de résister au plaisir de jouer avec les mots: puisque l'étude des signes est l'objet de la sémiotique, l'étude des intersignes devrait mériter le nom d'intersémiotique...

Le processus sémiotique de l'intersigne est très curieux. Le schéma de la communication ne peut guère s'appliquer car il manque un élément important: l'émetteur. En effet, l'avertissement que constitue l'intersigne arrive tout seul, sans que personne l'ait envoyé. Le destinataire, quant à lui, n'est pas la personne concernée par le message (ce n'est pas la personne qui va mourir), mais l'un de ses proches, d'où le préfixe «inter». Ce proche, s'il sait déchiffrer le message, ce qui n'est pas donné à tout le monde, doit choisir d'en faire part ou non à la personne concernée. Pour utiliser une comparaison, imaginons la situation invraisemblable où une personne X, qui peut savoir comme ne pas savoir lire, reçoit une lettre donnant un rendez-vous à une personne Y et doit décider si elle va le dire à Y ou pas.

Quand le message est compris et transmis, l'intersigne a une fonction pragmatique: la personne désignée peut se préparer à la mort (régler les problèmes de succession, recevoir l'extrême-onction, etc.). Quelquefois, la personne garde le secret par-devers elle, par crainte de ne pas être crue. Mais la plupart du temps, ou bien le témoin de l'intersigne ne comprend pas le message, ou bien il ne s'aperçoit même pas qu'il a reçu un message. Ce n'est que lorsqu'il apprend la mort de l'autre personne qu'il donne un sens à la scène dont il a été témoin. Dans ce cas, la fonction de l'intersigne est essentiellement affective, car il renforce le lien entre deux personnes, dont l'une a été élevée au rang de

67. Anatole Le Braz, *La légende de la mort chez les Bretons armoricains* (Paris, Honoré Champion, 1990 [1893]). Comme le signalent Castex et Bollery, d'autres auteurs ont également parlé de l'intersigne, de façon beaucoup plus succinte toutefois: L. F. Sauvé (*La revue celtique*), Charles Chassé (*Le télégramme de Brest*), L. Kévarden (*Guionvàc'h. Études sur la Bretagne*, 1835), A. de Chesnel (*Dictionnaire des superstitions*, 1856) et l'abbé François Cadic (*Contes bretons sur douze métiers*).

témoin. Même dans les cas où l'intersigne est compris comme intersigne, sa valeur de signe n'est véritablement attestée que lorsque le contenu du message a été vérifié, autrement dit lorsque la personne concernée est morte. Le plus souvent, sa valeur informative est proche du zéro, puisque le message n'est compris qu'une fois que ce qu'il annonçait a déjà eu lieu. Regardons de plus près comment fonctionnent certains intersignes.

Quelqu'un est témoin d'un certain événement : untel ne réussit pas à vendre ses bœufs au marché, unetelle ne peut pas attacher sa coiffe parce que les épingles ne restent pas en place, une autre voit son mari bercer leur enfant, etc. Dans le cadre de référence du folklore breton, cet événement a une signification, tandis que dans un autre cadre de référence, il n'en posséderait aucune. Ajoutons que ce n'est pas le monde actuel qui est décrit, mais le monde futur : « Les intersignes sont comme l'ombre, projetée en avant, de ce qui doit arriver[68]. »

Les intersignes sont soit singuliers, comme « l'intersigne des bœufs », « l'intersigne des épingles » ou « l'intersigne du berceau », soit typiques. L'intersigne des gouttes d'eau, par exemple, qui avertit qu'un pêcheur est mort en mer, ou encore l'intersigne du linceul, où la vision a pour objet principal le drap qui servira à envelopper le cadavre, sont des phénomènes qui se produisent couramment, avec chaque fois quelques variantes.

Le manteau de « L'intersigne » serait donc à rapprocher des nombreux linceuls vus par les « témoins » quelque temps avant la mort de l'un des leurs, des linceuls qui pèsent un certain poids[69], à l'instar du manteau de Maucombe. D'autres détails de la scène, comme les trois coups frappés à la porte à minuit[70], l'oiseau de nuit[71], se trouvent également sur la liste des intersignes.

Quant à la silhouette apparue à Xavier, il faut bien avouer qu'elle est assez ambiguë : son tricorne permet de l'identifier comme un prêtre, mais elle a aussi quelques traits de l'Ankou (la Mort) : il « visite » les vivants la nuit, de préférence, c'est un homme grand, coiffé d'un feutre et non pas d'un tricorne, mais le résultat est le même puisque le visage est dans l'ombre, ce qui empêche de l'identifier. On pourrait très bien lui appliquer cette phrase de « L'intersigne » : « Le souffle de l'autre monde enveloppait ce visiteur » (p. 272). Dans la tradition orale, toutefois, les intersignes sont distincts de la vision de l'Ankou. Même si

68. Anatole Le Braz, *La légende de la mort*, *op. cit.*, p. 2.
69. Voici ce qui est raconté dans l'histoire des « huit intersignes » : « le faix de linge que je portais se mit à peser sur mes épaules d'un tel poids qu'on aurait juré que la toile s'était changée en plomb. J'ai compris depuis ce que cela signifiait. Parmi ces draps se trouvait celui qui devait servir trois jours après à ensevelir mon pauvre cher homme » (*ibid.*, p. 18).
70. *Ibid.*, p. 20.
71. *Ibid.*, p. 7.

les deux types d'événements annoncent la mort, ils ne peuvent être confondus : le trépas est précédé soit d'un intersigne soit d'une vision de l'Ankou, pas des deux à la fois[72].

Mis à part cette fusion de deux légendes dans le conte de Villiers, le «jeu d'ombres» est très sophistiqué. D'une part, la scène du «rêve» est *l'ombre projetée en avant* de la scène des adieux et forme à elle seule un intersigne, l'intersigne du linceul. La présence du manteau comme élément central s'explique donc par le fait qu'il doit servir de linceul dans l'avenir. D'autre part, on pourrait considérer que cette scène fait partie d'une série de trois intersignes : en effet, la métamorphose de la maison, qui prend soudain un aspect *funèbre*, alors qu'elle était tout d'abord «riante», la métamorphose du curé qui a l'air d'un *agonisant*, alors que l'instant d'avant il débordait de santé, et l'intersigne du *linceul*, sont *l'ombre projetée en avant* de la mort de Maucombe[73].

Ajoutons enfin que Xavier n'est pas breton et qu'il ne connaît pas par conséquent les intersignes. S'il déplore les «inhumations accomplies à la légère, – beaucoup trop précipitées enfin, –» (p. 261) dans la capitale parisienne, il est impressionné par les croix des cimetières bretons :

> [...] je vis bien qu'elles [ces dalles grises] provenaient du cimetière voisin, – dont les croix noires m'apparaissaient, à présent, à une centaine de pas. (p. 266)

> Nos silhouettes et celle du cheval se dessinèrent, énormes, sur le chemin. – Et, du côté des vieilles croix de pierre, là-bas, – du côté des vieilles croix en ruine qui se dressent en ce canton de Bretagne, dans les écreboissées où perchent les funestes oiseaux échappés du bois des Agonisants, – j'entendis, au loin, un *cri* affreux : l'aigre et alarmant fausset de la freusée. (p. 278)

Les commentaires sur les cimetières sont mis entre tirets, comme s'il valait mieux murmurer ces paroles plutôt que de les dire au grand jour. Notons en passant que Maucombe est *mort* à Saint-*Maur*, et que le récit nous laisse sur «l'ensevelissement» ou «l'enchâssement» suivant : Maucombe/manteau/tombeau. Ces jeux de mots, rimes et inversions avec les mots clés du récit viennent contrebalancer la gravité de ces propos.

Xavier est donc étranger à cette région, qu'il avait choisie pour se reposer et qui stimule un peu trop son imagination, le faisant passer par toute une gamme d'émotions. À la fin du récit, le héros se trouve véritablement en état de choc : «Je ressentis, à ces mots, une commotion» (p. 282). Ne sachant pas

---

72. Ces phénomènes sont d'ailleurs regroupés en deux chapitres distincts dans le livre d'A. Le Braz, l'un intitulé «Les intersignes», l'autre «L'Ankou» (*op. cit.*).
73. Selon Nancy Mellerski, il faudrait considérer ce jeu d'ombres comme l'un des jeux de miroirs présents dans le texte («Structures of Exchange in Villiers de L'Isle-Adam "L'intersigne"» dans Olena H. Saciuk [dir.], *The Shape of the Fantastic*, New York, Greenwood Press, 1990, p. 135-142).

déchiffrer les intersignes bretons au moment où ils se produisent, il y réagit de façon émotive. Mais cet état de choc peut s'expliquer d'une tout autre façon, c'est ce que nous allons voir maintenant.

Un manteau, deux tombeaux

Il ne faut pas oublier en effet que le manteau met en scène deux tombeaux : le manteau que l'abbé a prêté à Xavier a touché LE TOMBEAU (en majuscules dans le texte) lors d'un pèlerinage en terre sainte et va servir de suaire à Maucombe, qui sera lui aussi placé dans une tombe. Le manteau, qui est un objet insignifiant au départ, devient pratiquement un objet sacré à la fin du texte.

Voici sur quoi se base Alain Néry, dans son article « Cruauté et sacrifice dans les "Contes cruels" », pour interpréter les récits de Villiers :

> Crudelis, cruel... Cruentus, sanglant... Entre le sang, qui a part au sens du mot « cruel », et le sacrifice, qui est une offrande, existent des affinités étroites et anciennes. Joseph de Maistre, autorité revendiquée dans *L'intersigne* par l'abbé Maucombe, observe que « c'est une opinion aussi ancienne que le monde, *que le ciel, irrité contre la chair et le sang, ne pouvait être apaisé que par le sang* ». Seul le sacrifice du Christ pouvait mettre fin à l'immolation de l'homme par l'homme ; réduit à lui-même, celui-ci n'eût pu même « soupçonner l'immensité de la chute et l'immensité de l'amour réparateur ». Chez Maistre, comme chez les écrivains mystiques qu'il a pratiqués, Villiers a pu trouver la thèse de la vitalité du sang et le dogme de la réversibilité, l'idée qu'une vie de moindre prix pouvait être immolée pour une autre[74].

Quant à « L'intersigne », il représente, toujours pour le même auteur, le « [s]acrifice exemplaire par le don de soi, sous le vêtement et l'enveloppe charnelle, alors qu'ont été usés les autres moyens de conversion, terreur comprise[75] ». Il est en effet possible de dégager un certain nombre d'éléments pouvant appuyer cette interprétation où la religion catholique est considérée comme le cadre de référence le plus adéquat.

Observons tout d'abord l'épigraphe, qui est une citation latine extraite des *Méditations* de saint Bernard et qui, traduite en français, donne ceci :

> Considère, homme, ce que tu fus avant de naître, ce que tu seras jusqu'à ta fin. À coup sûr, fut (le temps) que tu n'étais pas. Puis, fait d'une matière vile, nourri dans le ventre de ta mère du sang menstruel, tu eus pour *tunique* la membrane secondine. Ensuite, enveloppé d'une *guenille* immonde, tu es venu jusqu'à nous – avec ce *vêtement*, cette *parure* ! Et tu as oublié ce que fut ton

74. Alain Néry, « Cruauté et sacrifice dans les "Contes Cruels" », dans Michel Crouzet (dir.), *Villiers de L'Isle-Adam cent ans après (1889-1989)*, Paris, Société des Études romantiques, 1990, p. 101, l'auteur souligne.
75. *Ibid.*, p. 104.

> origine. L'homme n'est rien que du sperme dégoûtant, qu'un sac d'excréments, que de la nourriture pour les vers. Science, sagesse, raison, sans Dieu, passent comme les nuages. Après l'homme, le ver ; après le ver, la pourriture et l'horreur. Ainsi, tout homme se change en ce qui n'est pas l'homme. Pourquoi *pares*-tu, pourquoi engraisses-tu ta *chair* que, dans peu de jours, les vers vont dévorer dans ton sépulcre ? Pourquoi ne pares-tu pas ton âme, qui devra se présenter dans les Cieux à Dieu et aux anges[76] ?

Même si Pierre Reboul, dans ses annotations du texte, affirme que cette citation « n'a pas de rapport direct avec le conte, sauf en ce qui concerne "Science, sagesse, raison, sans Dieu, passent comme les nuages"[77] », on peut remarquer qu'il y est question de tunique, de guenille, de vêtement, de parure. La chair, ou l'« enveloppe charnelle », est un vêtement. Comment ne pas relier cette métaphore du vêtement avec l'objet le plus important du texte : le manteau ? On a vu comment ce manteau tout rapiécé obtenait à la fin du récit une dimension sacrée, en raison de son passé, puisqu'il a été ramené d'un pèlerinage, et de sa fonction future, étant donné qu'il servira de suaire à un « saint prêtre » (p. 282). Si l'on associe ces deux équivalences, voulant, d'une part, que la chair soit un vêtement et, d'autre part, que le manteau soit un vêtement sacré, on obtient l'équivalence plutôt surprenante faisant du manteau une chair sacrée[78].

Le geste du prêtre dans le « rêve » si énigmatique devient dès lors facile à comprendre. Dans une messe catholique, l'une des actions habituelles d'un prêtre n'est-elle pas d'offrir un « corps » symbolique ? Corps sacré, chair sacrée, manteau sacré… et si la scène de l'intersigne était une communion déguisée ? La conversion dont parle Néry se place en fait après une tentative de guérison par la médecine : « C'est en vain qu'à l'instigation doctorale j'ai dû, maintes fois, m'enivrer du breuvage d'Avicenne… » (p. 261). Il faut bien admettre que là où les médecins n'ont pas réussi, les prêtres ont souvent essayé…

Enfin, le don du manteau cause directement la mort de Maucombe. Est-ce que ce geste était irréfléchi, fait sous le coup d'un élan de générosité ? L'a-t-il regretté par la suite, en constatant qu'il avait pris terriblement froid sans son

76. La traduction est de Pierre Reboul et présentée en note dans l'édition des *Contes cruels*, citée plus haut (*op. cit.*, p. 404, nous soulignons).
77. *Ibid.*
78. Le motif du manteau peut être interprété de bien des façons. Dans son article intitulé « Changing Overcoats : Villiers's 'L'intersigne' and the Authority of Fiction » (*L'esprit créateur*, vol. 28, n° 3, 1988, p. 63-77), Ross Chambers oppose le manteau usé de l'abbé à la houppelande confortable du baron. Selon lui, le premier symboliserait la spiritualité de la Bretagne, son ouverture sur l'autre monde, ainsi que l'écriture, à cause de l'accent mis sur la *texture* du manteau ; tandis que la houppelande serait un symbole de l'univers moderne de Paris, et du refoulement, puisque ce vêtement protège si bien qu'il ne laisse rien passer, à l'instar des portes aux serrures sophistiquées de la capitale. La terreur de Xavier au moment où le prêtre lui met le manteau sur les épaules est de ce fait interprétée comme la soumission à l'univers breton : « *This is clearly the moment when Xavier's submission to the terrifying authority of the world of Brittany is at its peak* » (p. 71).

manteau, au point de devenir malade? Placé dans un contexte religieux, ce geste devrait être interprété comme le sacrifice permettant de sauver l'âme de Xavier. À l'image du Christ, l'abbé sacrifie son corps/manteau, ce qui est symbolisé par la communion/don du manteau. Pour qu'il s'agisse véritablement d'un sacrifice, il faudrait que celui-ci ait été fait sciemment. Regardons à nouveau certaines phrases assez ambiguës de l'abbé Maucombe, qui laissent croire qu'il connaît déjà son destin. Les répliques «Demain, on ne vit plus» (p. 276) et «il est des esprits chrétiens d'une parenté divine très rapprochée» (p. 267) jouent sur deux registres: d'ordre général dans la conversation, elles s'appliquent très exactement à la situation de Maucombe, qui meurt quelques jours plus tard et qui devient en quelque sorte le «père spirituel» du baron. L'ambiguïté est plus évidente encore dans cette phrase prononcée avant le départ de Xavier: «*cette promenade me sera salutaire*» (p. 277, l'auteur souligne). Doit-on prendre «salutaire» au pied de la lettre ou le comprendre comme «ce qui mène au salut», puisque c'est un curé qui parle et que la phrase est mise en italique dans le texte? De la même façon, le changement de contexte peut modifier la compréhension de la phrase suivante, prononcée par l'abbé au moment où Xavier apprend qu'il doit repartir:

> La grande affaire, c'est le salut: j'espérais être pour quelque chose dans le vôtre – et voici que vous vous échappez! Je pensais déjà que le bon Dieu vous avait envoyé... (p. 276)

Cette interprétation du texte en fonction de la religion catholique vient substituer un phénomène d'ordre divin (sacrifice ordonné par Dieu) à un phénomène d'ordre superstitieux (intersigne). Si les phrases et les gestes semblent coïncider pour permettre une nouvelle «version» des événements, regardons à présent ce qu'il en est des nombres importants du récit.

Les nombres du hasard

Quand on relit «L'intersigne», on remarque que le récit fait alterner une série de nombres avec une régularité étonnante. Le nombre neuf attire tout d'abord l'attention car il ponctue, dirait-on, les voyages de Xavier. Le voyage aller Paris-R*** est précédé de peu par la mention: «La pendule sonna neuf heures» (p. 263). Aussitôt après avoir entendu la pendule, il se lève pour aller prendre le train. Quant au retour R***-Chartres, il met le nombre neuf en évidence: «l'*express* part à neuf heures précises» (p. 277, l'auteur souligne). Enfin, le voyage de Chartres à Paris n'échappe pas à la règle: «J'arrivai directement chez moi, sur les neuf heures» (p. 281).

En ce qui concerne l'heure fatale, minuit, elle est associée à la mort. Pendant le «rêve», les douze coups de minuit se font entendre: «Il était bien minuit. [...] En ce moment, l'heure sonna, dehors, à l'église dans le vent nocturne» (p. 272-273). Comme par hasard, c'est aussi à cette heure que l'abbé est mort: «Oui, mort, – avant-hier, vers minuit» (p. 282). Il n'est pas nécessaire d'épiloguer davantage sur la correspondance entre le moment de l'intersigne et celui de la mort de l'abbé, étant donné que les phénomènes superstitieux présentent quantité de coïncidences semblables et sont souvent reliés à l'heure fatidique de minuit[79]. Par contre, il est intéressant de remarquer que le déroulement chronologique des événements du récit fait intervenir le nombre trois de façon récurrente[80].

Le rappel du nom de Maucombe a lieu le premier soir, le «rêve» le deuxième soir et le don du manteau le troisième soir. Le père de Xavier a soin de lui préciser que l'abbé est mort «trois jours après [son] départ du presbytère» (p. 282), c'est-à-dire le sixième soir. Xavier s'arrête «six jours à Chartres» (p. 281) et arrive à Paris «juste le soir du septième jour de [son] départ du presbytère» (p. 281), soit le neuvième soir du récit. Voici comment les événements importants de la narration peuvent être résumés, les heures inscrites en italique étant notées à titre indicatif seulement[81] :

Soir 1 : rappel du nom du prêtre et départ de Xavier	*9h*
Soir 2 : «rêve»	*minuit*
Soir 3 : don du manteau et départ de Xavier	*9h*
Soir 4 : (Chartres)	
Soir 5 : (Chartres)	
Soir 6 : (Chartres) mort de Maucombe	*minuit*
Soir 7 : (Chartres)	
Soir 8 : (Chartres)	
Soir 9 : (Chartres) retour de Xavier à Paris	*9h*

Les événements se déroulent donc selon un cycle de trois fois trois jours. Quand on ajoute à cela le nombre six, qui sanctionne la mort du curé (sixième soir) et le nombre de jours passés à Chartres, le nombre neuf, associé au voyage,

79. Voici ce que dit Michel Picard à ce sujet: «S'il est toujours minuit quand le héros d'une aventure fantastique est particulièrement angoissé ou entre en communication avec l'au-delà, n'est-ce pas que minuit équivaut à zéro heure? Délégué d'une région où le temps est aboli et fantôme prophétique d'un être encore vivant, le corps sidéral de l'abbé Maucombe apparaît devant Xavier, à ce moment privilégié et trouble où le cycle du temps s'accomplit» («Notes sur le fantastique de Villiers», *Revue des sciences humaines*, 1959, p. 318).

80. Par ailleurs, André Labarrère démontre, dans son article «Logique et chronologique dans *L'intersigne* de Villiers de L'Isle-Adam», l'existence d'un code numérique à l'intérieur des réseaux sémantiques de la lumière, de la vie, de la mort et du regard. En observant les codes des sensations visuelles (lumière artificielle *vs* lumière naturelle), des sensations tactiles (froid *vs* chaleur) associées soit à la vie, soit à la mort, il relève trois occurrences dans chacune de ces catégories, et six occurrences dans le code du regard (*Hommage à Pierre Nardin*, Les Belles Lettres, Annales de la Faculté des Lettres et Sciences humaines de Nice, n° 29, 1977, p. 187-194).

81. Certains événements n'ont pas lieu exactement aux heures inscrites en italique, comme le don du manteau, qui a lieu deux heures avant le départ du train. Mais le texte met l'accent sur l'heure du train (9 h) plutôt que sur l'heure des adieux.

et le nombre douze (minuit), associé à la mort, on ne peut que constater que la régularité des nombres 3, 6, 9, 12 est assez étonnante dans cette nouvelle. Le détail incohérent dans tout cela est le déictique employé par le père de Xavier. Nous sommes le «soir 9», selon le découpage fait plus haut, et il dit à son fils: «[Maucombe est] mort, – avant-hier, vers minuit, – trois jours après ton départ du presbytère» (p. 282). Si la mort de l'abbé datait de l'avant-veille, elle aurait eu lieu le soir 7, soit 4 jours après le départ de Xavier du presbytère. Si le hasard fait bien les nombres, des accrocs peuvent se produire entre jours et déictiques[82]...

Que doit-on faire de cette coïncidence des nombres 3, 6, 9 et 12? La mettre au compte de l'interprétation religieuse, dont la prédilection pour le chiffre trois et ses multiples est bien connue? Il suffit de penser en effet à la trinité, à la création du monde en six jours, aux neuvaines, aux douze apôtres, etc. Ou bien doit-on considérer que le récit est basé sur le nombre fondamental de la culture bretonne, le nombre trois, que les emblèmes de la Bretagne, le *gwennadu* et le *triskell* mettent en évidence[83]? S'aventurer davantage dans la culture bretonne nous conduirait aux triades druidiques, aux douze chevaliers de la Table Ronde, etc. Autant d'éléments qui renvoient à cet autre cadre de référence que constitue la symbolique des nombres.

La convocation d'un nouveau cadre de référence occasionne donc de multiples relectures du texte. Par cette analyse de «L'intersigne», nous espérons avoir montré que le fonctionnement particulier des cadres de référence lors d'une lecture-en-progression, fonctionnement qui peut être considéré comme un procédé de l'effet fantastique dans la mesure où il permet au lecteur de saisir l'indétermination, ne doit pas être confondu avec l'intervention d'un savoir précis aui a lieu lors d'une lecture-en-compréhension, intervention ayant pour but de réduire les indéterminations du récit. En effet, l'interprétation d'un texte ou bien ne conserve que l'un des cadres de référence présents dans le texte, ou bien en fait intervenir de nouveaux, mais dans tous les cas ne se base pas sur une instabilité du cadre de référence. Si nous avons choisi de convoquer plus particulièrement deux cadres de référence (folklore breton et catholicisme), et de ne pas pousser plus loin l'analyse, qui aurait pu se poursuivre du côté de l'arithmosophie par exemple, c'est parce que notre objectif n'était pas de fournir une interprétation du texte de Villiers mais de montrer que la convocation des cadres de référence se fait différemment selon que la lecture est axée sur la progression ou sur la compréhension.

---

82. Une autre incohérence, cette fois dans les divisions d'un ensemble plus grand, l'année, est relevée en note par Reboul (*ibid.*, p. 404). En effet, il n'existe pas de «solstice de l'automne» (p. 261), mais seulement un équinoxe d'automne.
83. Le *gwennadu* est formé de trois losanges au-dessus d'un triangle découpé à la base en trois pointes et le *triskell* se compose de trois spirales.

Nous reviendrons plus longuement sur le problème de l'utilisation des cadres de référence lors de l'interprétation dans le troisième chapitre. La confrontation de différentes interprétations de «Ligeia» montrera en effet que l'une des différences principales entre elles réside dans le choix du cadre de référence. Selon qu'il s'agit d'une science (psychanalyse, alchimie), de l'œuvre d'un auteur, de l'histoire, d'une controverse littéraire ou encore d'une vision très personnelle du monde, l'interprétation revêt une coloration très différente. Mais avant d'examiner plus en détail le rôle des cadres de référence dans la lecture approfondie d'un texte, revenons au sujet qui nous préoccupe dans ce chapitre, à savoir l'effet fantastique. Certains récits fantastiques présentent des dédales assez tortueux, dans lesquels il est facile de se perdre. Nous allons essayer de comprendre pourquoi on se perd dans les dédales de «La ruelle ténébreuse» et de montrer que le dédale peut être considéré comme un procédé de l'effet fantastique.

2.5. LES DÉDALES DE «LA RUELLE TÉNÉBREUSE»

Les aberrations de l'espace : thème ou procédé ?

Parmi les écrits portant sur la littérature fantastique, nombreux sont ceux qui tentent d'élaborer une thématique du fantastique. Certains le font dans la perspective d'une définition du récit fantastique, d'autres y voient un intérêt d'ordre beaucoup plus pratique ; il s'agit des anthologistes, qui doivent décider de l'organisation des nouvelles dans les recueils. La classification par thème se présente alors comme un choix parmi d'autres pour la présentation des textes. Dans *La grande anthologie du fantastique*, par exemple, établie par Jacques Goimard et Roland Stragliati et éditée en huit volumes dans une collection de poche, les thèmes vont du monstre au fantôme en passant par le mort-vivant, le double, le démon, le cauchemar, l'occultisme, et enfin – celui qui nous intéresse le plus– les aberrations de l'espace et du temps. Ce volume porte d'ailleurs le titre : *Histoires d'aberrations*[84]. Chez d'autres critiques, ce thème est divisé en deux : d'un côté les aberrations du temps, de l'autre les aberrations de l'espace. C'est le cas de Roger Caillois qui, dans son essai intitulé «De la féerie à la science-fiction», considère «la chambre, l'appartement, l'étage, la maison,

84. Les volumes sont intitulés comme suit : 1. Histoires de morts-vivants ; 2. Histoires d'occultisme ; 3. Histoires de monstres ; 4. Histoires de fantômes ; 5. Histoires démoniaques ; 6. Histoires de doubles ; 7 Histoires d'aberrations ; 8. Histoires de cauchemars (Goimard et Stragliati, *La grande anthologie du fantastique*, *op. cit.*).

la rue effacés de l'espace» comme l'un des douze thèmes du fantastique[85]. Quelques pages plus loin, il donne les grandes lignes des intrigues élaborées à partir de ce thème :

> Des espaces possèdent plus de trois dimensions, se télescopent mutuellement, sont polarisés de manière inexplicable ou comportent d'inadmissibles lacunes. Un héros (ou une victime) bascule dans un univers parallèle : il a suffi d'un glissement, d'une distraction, d'un appel d'air. Il ne rentrera dans le sien qu'en profitant à nouveau d'un des points où se frôlent et se pénètrent, à intervalles prévisibles, les mondes jumeaux[86].

Même chez ceux qui ne sont pas partisans d'une approche thématique du fantastique, on trouve, de façon moins apparente toutefois, le besoin de classification. Todorov, par exemple, réduit le nombre de catégories à deux : les thèmes du *je*, qui illustrent le rapport de l'homme avec le monde, et les thèmes du *tu*, où c'est l'attitude de l'homme face à son désir qui est questionnée. Cette distinction se rapproche d'une autre, celle qui, en psychanalyse, oppose la psychose à la névrose. La «transformation du temps et de l'espace» fait partie des thèmes du *je* :

> Le principe que nous avons découvert se laisse désigner comme la mise en question de la limite entre matière et esprit. Ce principe engendre plusieurs thèmes fondamentaux : une causalité particulière, le pan-déterminisme ; la multiplication de la personnalité ; la rupture de la limite entre sujet et objet ; enfin, *la transformation du temps et de l'espace*. Cette liste n'est pas exhaustive, mais on peut dire qu'elle rassemble les éléments essentiels du premier réseau de thèmes fantastiques. Nous avons assigné à ces thèmes, pour des raisons qui apparaîtront plus tard, le nom de thèmes du *je*[87].

---

85. Ces thèmes sont les suivants : le pacte avec le démon ; l'âme en peine qui exige pour son repos qu'une certaine action soit accomplie ; le spectre condamné à une course désordonnée et éternelle ; la mort personnifiée, apparaissant au milieu des vivants ; la «chose» indéfinissable et invisible, mais qui pèse, qui est présente ; les vampires ; la statue, le mannequin, l'armure, l'automate, qui soudain s'animent et acquièrent une redoutable indépendance ; la malédiction d'un sorcier, qui entraîne une maladie épouvantable et surnaturelle ; la femme-fantôme, issue de l'au-delà, séductrice et mortelle ; l'intervention des domaines du rêve et de la réalité ; la chambre, l'appartement, l'étage, la maison, la rue effacés de l'espace ; l'arrêt ou la répétition du temps (Roger Caillois, *Obliques* précédé de *Images, images...*, Paris, Stock, 1975, p. 28-30).
86. *Ibid.*, p. 38.
87. Tzvetan Todorov, *Introduction à la littérature fantastique, op. cit.*, p. 126, nous soulignons. Comme le fait remarquer Jean Molino, dans son article «Trois modèles d'analyse du fantastique», «on ne voit pas en quoi ces thèmes constituent des catégories littéraires, puisqu'il s'agit de notions empruntées à la réalité ; T. Todorov tombe dans l'erreur même qu'il reprochait à la critique thématique» (*Europe*, n° 611, 1980, p. 24). Molino considère l'étude de Todorov comme un exemple d'approche structurale du fantastique, les deux autres approches examinées étant l'approche historique ou philologique et l'approche thématique ou sémantique.

Si Todorov ne mentionne pas le récit de Jean Ray intitulé «La ruelle ténébreuse», Caillois le considère comme l'exemple type du récit ayant pour thème l'effacement de l'espace[88] ; par ailleurs, il fait partie des «histoires d'aberrations» de l'anthologie de Goimard et Stragliati. Il va de soi que l'espace dans ce texte a quelque chose de monstrueux, d'anormal, d'inquiétant. Mais ce n'est pas tout. Lire «La ruelle ténébreuse», c'est aussi se perdre dans un dédale d'espaces qui s'enchevêtrent les uns les autres, tomber dans les pièges tendus par le récit, devenir prisonnier d'un lieu que l'on a soi-même construit.

Si l'apparition d'un espace intercalaire est effectivement le thème principal du récit, il serait dommage de se limiter à un examen thématique. Les jeux de l'espace forment un ensemble des plus complexes dans ce texte et si l'on n'étudiait que le thème de l'espace aberrant, on serait forcé de réduire ce jeu à un seul de ses éléments. La réflexion thématique ne permet pas de prendre en considération un phénomène important en ce qui a trait à l'espace : le processus de lecture. Dans cette étude, nous ne réfléchirons pas sur l'aberration de l'espace en tant que thème mais bien sur les dédales du texte en tant que procédé de l'effet fantastique. Il s'agira en fait d'examiner comment la progression à travers le récit s'accompagne d'une perte d'orientation chez le lecteur.

Les dédales de «La ruelle ténébreuse» sont de trois types : le dédale de la ruelle, qui constitue un espace intercalaire ; le dédale narratif, dû à l'enchevêtrement des espaces parcourus par les différents narrateurs ; et le dédale des repères spatiaux, qui sert à la mise en place d'un piège lectural. Étant donné que ces dédales conduisent le lecteur à se perdre au cours de sa traversée du texte, à ressentir une sensation de vertige, ils constituent un procédé permettant la création d'un effet fantastique. Les considérer comme un procédé, c'est du même coup passer d'une analyse thématique à une réflexion sur les mécanismes de la lecture, sur un processus où l'espace, élément essentiel de tout récit, devient soudain prétexte à un jeu. En nous interrogeant sur l'aspect labyrinthique de l'espace comme procédé de l'effet fantastique, nous étudierons le dispositif spatial, d'une grande complexité dans ce texte, dont l'image la plus appropriée est celle d'un dédale. Nous avons retenu cette image parce qu'elle allie l'idée d'espace et celle d'égarement. L'énigme de la ruelle ténébreuse se présente bel et bien comme un «lieu où l'on risque de s'égarer à cause de la complication des détours», ce qui correspond au premier sens de «dédale» (*Petit Robert*) ; deuxièmement, la multiplication des points de vue des différents narrateurs fait de ce récit un «ensemble de choses embrouillées», ce qui correspond au deuxième sens du mot. Dans ce texte, l'indétermination vient

88. Pour Jacques Finné, ce récit «reprend le vieux thème fantastique du manuscrit trouvé» (Jacques Finné, «Jean Ray ou "la cuisine des anges"», dans François Truchaud et Jacques van Herp [dir.], *Jean Ray*, Paris, Éditions de l'Herne, 1980, p. 192). Il mentionne par ailleurs la maladresse incompréhensible de Roger Caillois qui n'a présenté que l'un des deux manuscrits, le manuscrit français, dans son *Anthologie du fantastique* (Paris, Gallimard, 1966).

de l'absence de repères adéquats. Une fois parti dans sa traversée du texte, le lecteur est amené à jongler avec différents espaces, à ressentir une sensation de tourbillon, à perdre tout repère, à se sentir pris au piège, un peu comme s'il ne pouvait plus se fier à sa boussole pour lui indiquer le nord.

Parce que la lecture oblige parfois à se concentrer sur un espace en particulier, parce qu'un lieu peut revêtir un caractère obsédant, le processus de lecture peut prendre à certains moments la forme d'un enfermement. Le lecteur devient prisonnier du lieu imaginaire qu'il s'est construit et dont il ne parvient plus à sortir. Voici ce que dit Jean Fabre, dans son livre *Le miroir de sorcière. Essai sur la littérature fantastique*, à propos du piège que le récit fantastique tend au lecteur, un piège à l'image d'une toile d'araignée :

> L'araignée est emblématique du Fantastique moins par sa pilosité repoussante ou son venin paralysant que par sa toile et la position qu'elle occupe. *Le piège est tendu dans le récit (au personnage) et par le récit (au lecteur).* L'espace fantastique est toujours de la sorte piégé ; là où l'espace merveilleux et particulièrement celui de la Science-Fiction classique offre son homogénéité franche, où tout s'accepte d'un bloc, le Fantastique offre des chausse-trapes, des gradations, des passages, des seuils[89].

L'espace intercalaire

Le récit commence par le déchargement de ballots de vieux papiers des cales d'un cargo dans le port de Rotterdam. L'un de ces ballots éclate soudain et le narrateur trouve, parmi les feuilles éparpillées par le vent, quelques numéros du *Magasin Pittoresque*, qu'il se met à parcourir. Deux cahiers retiennent son attention, l'un rédigé en allemand, l'autre en français :

> Leurs auteurs, semblait-il, s'ignoraient, et pourtant on eût dit que le manuscrit français versait un peu de clarté sur l'angoisse noire qui montait du premier cahier, comme une fumée délétère. (p. 87)

Cette mise en garde est suivie par la traduction en français du « manuscrit allemand ». Dans ces pages, la narratrice s'adresse à un dénommé Hermann, qui est en mer, et dit, en guise d'avertissement :

> S'il ne me retrouve pas, si, avec mes pauvres amies, j'ai sombré dans le mystère féroce qui nous entoure, je veux qu'il connaisse nos jours d'horreur, par ce petit cahier. (p. 88)

Elle raconte qu'après avoir quitté sa demeure après la mort de sa tante, elle s'est installée chez trois vieilles filles : Lotte, Éléonore et Méta Rückhardt, dans un appartement de la Deichstrasse. Un soir, le temps les ayant incitées à rester à la maison plutôt que d'aller à une fête au Tempelhof, Frida, la bonne

---

89. Jean Fabre, *Le miroir de sorcière. Essai sur la littérature fantastique*, Paris, Corti, 1992, p. 221, nous soulignons.

de la narratrice, descend de sa chambre complètement terrorisée, se plaignant de la présence d'une «grande peur» (p. 91) dans sa chambre. Afin de rassurer la bonne, Éléonore prend une rapière et monte à l'étage:

> On entendit Éléonore pousser une porte. Il y eut une minute de silence accablant. [...] Au même moment, éclata un rire tellement horrible que je préférerais mourir que de devoir l'entendre encore. Presque en même temps, Méta levant la main, s'écria:
>
> Là!... là!... Une figure... Là!... (p. 92)

Éléonore reste introuvable. La narratrice se rend avec ses amies au poste de police, où elles apprennent que le nombre de personnes disparues au cours de la nuit s'élève à quatre-vingts... Ces disparitions sont suivies par des crimes d'une sauvagerie extrême et les gens se demandent si une ligue criminelle est derrière tout cela ou s'il s'agit de phénomènes surnaturels. Quelque temps après, c'est au tour de Frau Pilz, la cuisinière des trois vieilles filles, de disparaître. Quant au voisin du dessous, le chancelier Hühnebein, son sort n'est guère plus enviable car on ne retrouve de lui qu'un corps sans tête. Lors de cette macabre découverte, un combat étrange s'engage dans son appartement entre Méta et une «chose» qui éteint les lumières, souffle les bougies, reçoit un coup de chandelier, semble-t-il, et s'échappe par la porte en faisant entendre une clameur déchirante. Puis Lotte et Frida disparaissent à leur tour. La narratrice, restée seule avec une Méta bien décidée à se venger, se rend compte de la présence d'un être invisible qui demande de l'aide. Elle ouvre un jour la porte d'un réduit où elle croit entendre des bruits, et la plainte devient suppliante:

> – Môh... Môh... et de petits coups furent frappés sur ma cruche.
>
> Je la déposai. J'entendis un léger clapotement comme un chien lapant doucement, et, en effet, le liquide baissait dans ma cruche. La Chose, l'Être, buvait!
>
> – Môh!... Môh!...
>
> Une caresse fut faite à mes cheveux, un affleurement plus doux qu'une haleine.
>
> – Môh!... Môh!...
>
> Alors la plainte se changea en des pleurs humains, des sanglots d'enfants, et j'eus pitié du monstre invisible qui souffrait. (p. 100)

Elle nourrit le fantôme en cachette mais Méta finit par le découvrir. Un nouveau combat s'engage où elle blesse le fantôme ainsi que la narratrice, qu'elle aurait vraisemblablement tuée si le feu n'avait pas pris dans les rideaux. Méta rend l'âme pendant l'incendie et la scène se termine sur l'image d'une vieille femme aux yeux verts dans l'encadrement de la porte:

> Puis les yeux sans pupille de la monstrueuse vieille, lentement, fouillèrent la pièce qu'envahissait le feu et son regard tomba sur moi.

*
* *

> Je finis d'écrire ceci dans une étrange petite maison. Où suis-je? Seule... Pourtant, tout ceci est plein de tumulte; une présence invisible mais effrénée est partout. Il est revenu. J'ai de nouveau entendu prononcer mon nom de cette façon malhabile et douce...
>
> Ainsi se termine, comme coupé au couteau, le manuscrit allemand. (p. 103)

La rupture est évidente: le texte laisse dans l'ombre ce qui s'est passé entre le moment de l'incendie et celui où la narratrice se retrouve dans la maison. Notons également que l'on ignore totalement ce qu'il est advenu de la narratrice après qu'elle eut fini d'écrire et que le lieu où elle se trouve est totalement indéterminé. La brève intervention du narrateur N1[90], qui sépare les deux manuscrits, ne donne pas plus de précisions. Nous reviendrons plus loin sur cet aspect particulier de la narration.

Le «manuscrit français», quant à lui, commence par la discussion entre un cocher et un homme qui lui demande de le conduire dans l'impasse Sainte-Bérégonne, qui se trouve d'après lui entre la distillerie Klingbom et un grainetier anonyme, près de la Mohlenstrasse. Mais voilà: l'impasse n'existe pour personne, excepté pour le narrateur, qui est professeur de grammaire française au Gymnasium.

Cette discussion est en fait l'un des éléments d'une enquête que le narrateur a menée très consciencieusement après sa découverte de l'impasse. L'examen du plan cadastral de la ville et l'interrogatoire des personnes connaissant le mieux la ville (cochers, policiers du quartier) lui permettent de tirer certaines conclusions: «J'en conclus que, pour le monde entier, moi excepté, cette ruelle existe en dehors du temps et de l'espace» (p. 106). C'est au registre de la démarche scientifique qu'il convient de rattacher cette première tentative de résolution de l'énigme de la ruelle. En plus de se livrer à des expérimentations, le narrateur se pose des questions. Quelles lois régissent cet espace? Celui-ci va-t-il l'absorber s'il y entre? Est-il habité? Pourquoi est-il le seul à voir cette ruelle? Cette dernière question amène l'évocation d'un souvenir:

> [...] je me demande pourquoi, dans le vaste monde, ce bizarre privilège échoit à moi seul.
>
> Je me demande, dis-je...
>
> Et j'en viens à penser à ma grand-mère maternelle.
>
> Cette grande sombre femme qui parlait si peu et semblait, de ses immenses yeux verts, suivre les péripéties d'une autre vie, sur le mur devant elle.

---

90. Pour faciliter les choses, nous établissons la convention suivante: N1 désignera le premier narrateur, celui qui découvre les cahiers, N2 la narratrice du manuscrit allemand et N3 le narrateur du manuscrit français.

> Son histoire était obscure. Mon grand-père, qui était marin, l'avait arrachée aux pirates d'Alger, paraît-il.
>
> Parfois, elle promenait ses longues mains blanches dans mes cheveux en murmurant :
>
> – Lui peut-être... pourquoi pas... après tout ?
>
> Elle le répéta le soir de sa mort en ajoutant, son regard de feu pâle errant parmi les ombres :
>
> – Là où je n'ai pu revenir, il ira peut-être... (p. 107)

Cette scène a-t-elle un rapport quelconque avec ce qui arrive au narrateur ? Au lieu de nous donner un élément de réponse, le récit rend l'énigme encore plus complexe.

Le professeur est sans le sou car il a offert tout ce qu'il possède à Anita, une jeune fille qui danse et chante dans les rues. Ces événements sont consignés dans ses « Notes brèves » qui nous apprennent aussi comment l'aventure a débuté :

> En passant devant Klingbom, dans la Mohlenstrasse, une calèche hanovrienne, à quatre chevaux, m'a frôlé.
>
> *J'ai fait deux bonds effrayés dans la Beregonnegasse ; ma main, machinalement, a cassé une branche de viorne.*
>
> *Elle est sur ma table.*
>
> *Elle m'ouvre tout à coup un monde immense, comme une baguette de magicienne.* (p. 110, l'auteur souligne)

Après un long raisonnement, qui occupe une page entière, le narrateur décide de retourner dans la ruelle : « Demain, j'entre dans l'Inconnu » (p. 111). Il y découvre trois petites portes jaunes. En ouvrant la première, il est surpris par l'apparence très ordinaire de l'intérieur de la maison et par l'aspect inhabité des lieux. Avisant un plateau de valeur sur un dressoir, il s'en empare et le vend à l'antiquaire Gockel à prix d'or, ce qui lui permet de raccompagner Anita chez elle. Puis il répète les mêmes gestes chaque jour : « C'est à devenir fou ; je me sens une âme monotone de derviche tourneur » (p. 118). À un moment donné, il entend une rumeur, ce qui l'amène à aller plus avant dans la ruelle : après chaque tournant, il découvre trois petites portes identiques aux précédentes, jusqu'à ce qu'il arrive au fond de l'impasse, en face d'un portail qui le terrorise. L'aspect ordinaire, répétitif, monotone de la ruelle est plus déroutant encore que tout le reste. Comment se fait-il que cet espace extraordinaire, en ce qu'il n'existe que pour une seule personne, ait l'apparence d'une ruelle des plus ordinaires ? Le narrateur ne trouve pas de réponse : « Rien qu'en ouvrant la première porte, j'avais forcé le mystère intercalaire » (p. 120). Quelque temps après cette découverte, des événements troublants se produisent :

Une terreur sans nom est sur la ville.

Je n'en parlerais pas dans ces brefs mémoires qui ne s'intéressent qu'à moi-même, si je n'avais pas trouvé un lien mystérieux entre la ruelle ténébreuse et les crimes qui, chaque nuit, ensanglantent la cité.

Plus de cent personnes ont disparu brutalement. Cent autres ont été sauvagement assassinées.

Or, en dessinant, sur le plan de la ville, la ligne sinueuse qui doit représenter la Beregonnegasse, impasse incompréhensible chevauchant notre monde terrestre, je constate avec effarement que *tous ces crimes ont été commis le long de ce tracé.* (p. 120, l'auteur souligne)

En lisant ces lignes, nous sommes amenés à faire un retour en arrière et à situer la maison des trois vieilles filles du manuscrit allemand sur ce tracé dont parle le narrateur. Il doit en effet s'agir de la même vague de disparitions, que le narrateur explique par le fait que les gens passent sur un plan inconnu. Voulant en savoir plus long sur la ruelle, il se met à fouiller les maisons quand, tout à coup, il entend des grondements étranges. En montant l'escalier pour voir d'où vient le bruit, voici ce qu'il découvre :

Il faisait de plus en plus sombre mais, avant de bondir comme un fou au bas des marches et de m'enfuir, je pus voir...

Il n'y avait plus de muraille !

L'escalier finissait sur un gouffre creusé à même la nuit et d'où montaient de vagues monstruosités. (p. 123)

Peu de temps après, Anita disparaît et le narrateur décide de se venger. Il demande à l'antiquaire Gockel de laisser une charrette pleine de fagots, d'huile, d'alcool et de poudre dans la Mohlenstrasse, qu'il se charge de placer contre le portail au fond de l'impasse, avant d'y mettre le feu. Le paragraphe suivant commence ainsi : « La Deichstrasse et tout le quartier sont en flammes » (p. 127). Il s'agit bel et bien de la rue où habitaient la narratrice et les sœurs Rückhardt. L'incendie dont il est question est-il dû au geste criminel du narrateur ? À première vue, non, car le feu est loin de la Mohlenstrasse. Cet incendie est-il le même que celui décrit à la fin du manuscrit allemand ? Il faudra attendre la fin du récit pour le savoir. En retournant dans l'impasse, le narrateur s'aperçoit que le feu se propage lentement depuis le fond de la ruelle. Après avoir décidé d'allumer un nouveau brasier, il entre dans la première maison, où une surprise l'attend :

Sur le grand plateau, celui que tant de fois je dérobai, pour le retrouver le lendemain, il y a des feuilles couvertes d'écriture.

Une élégante écriture de femme.

Je m'empare du rouleau ; ce sera mon dernier larcin dans la ruelle ténébreuse.

Les Stryges ! Les Stryges ! Les Stryges ! (p. 128)

Le manuscrit français s'achève sur ces exclamations énigmatiques. Le narrateur N1 précise que ces invocations sont tracées «en caractères heurtés, clamant le désespoir et la terreur» (p. 128). Quel rapport y a-t-il entre la découverte du manuscrit et ces noms que la mythologie grecque attribue aux vampires tenant à la fois de la femme et de la chienne? Est-ce que ces demeures sont celles des Stryges? Comment le narrateur a-t-il pu les identifier? Les a-t-il rencontrées? A-t-il tout simplement peur? Il semble bien que plus on avance, et plus les lacunes du récit sont nombreuses.

Après un bref commentaire sur le «manuscrit français», le narrateur N1 relate sa propre tentative d'éclaircir quelques points restés obscurs. En se promenant à Hambourg, il s'est retrouvé par hasard devant la boutique d'un antiquaire nommé «Lockmann Gockel», qui est nul autre que le petit-fils de l'antiquaire Gockel. Certains détails de l'aventure, que ce dernier a racontée à sa famille, sont ainsi connus du narrateur. Il apprend que la maison d'Alphonse Archipêtre, située loin du quartier détruit par le feu, a flambé soudainement, la deuxième nuit de l'incendie, ce qui a causé la mort de son locataire. Un autre élément manquant de l'intrigue vient s'ajouter. Quand le narrateur se demande qui venait acheter les plats que le professeur dérobait dans la ruelle, l'antiquaire répond: «Une grande, une immense vieille femme avec des yeux de poulpe, dans une figure inouïe» (p. 131-132). L'aventure semble bel et bien terminée et pourtant une atmosphère de terreur règne encore dans la famille de l'antiquaire. Comme l'explique Katie Gockel, la sœur de Lockman, elle a la conviction que les «Choses» reviendront:

> – [les Choses] sortent de leur or que nous gardons et que, malgré tout, nous aimons; elles montent de tout ce que nous avons acquis avec cette fortune de l'enfer... Elles reviendront toujours, tant que nous durerons et tant que durera cette terre de malheur! (p. 132)

C'est sur cette exclamation angoissée que se termine la nouvelle. Regardons à présent comment s'organise le code énigmatique. L'énigme des disparitions des personnes dans le manuscrit allemand cède la place à l'énigme de l'apparition de la ruelle dans le manuscrit français. Dans le premier, les personnages se perdent dans l'espace, tandis que dans l'autre, le personnage est le seul à pénétrer dans un espace qui n'existe pas. Il y a donc une inversion du rapport à l'espace: le premier est sur le mode de la perte, puisque les personnes disparaissent de l'espace connu, et le second sur celui de l'ajout, étant donné que le héros découvre un espace inconnu. En fait, il s'agit de deux points de vue: le premier manuscrit raconte ce que vivent des personnes ignorant l'existence de la ruelle avant leur départ sur le plan inconnu – si l'on en croit les explications du narrateur– , alors que le second relate les aventures d'un homme ayant découvert un monde parallèle.

Ce monde parallèle n'est que l'un des « univers intercalaires » présents dans les textes de Jean Ray. Dans d'autres textes, l'espace parallèle est défini comme une « cristallisation dans le temps et l'espace » ou encore comme un « pli dans l'espace[91] ». Ces univers possèdent des caractéristiques assez précises ; c'est, à tout le moins, ce qu'affirme l'un des spécialistes des univers intercalaires élaborés par Jean Ray. Voici comment pourraient être résumés certains traits marquants de ces univers :

> Tout aussi matériels que le nôtre, les mondes intercalaires se situent sur un autre plan de l'espace et du temps. C'est dire que, normalement, toute communication est impossible. Cependant, il existe plusieurs façons de pénétrer dans ces univers parallèles car certains endroits ne se montrent pas aussi infranchissables. Dans bien des cas, la découverte de tels lieux se fait de manière fortuite. [...] dans presque tous ces univers règne une étrange solitude. [...] ce monde est « criminellement » réuni au nôtre et peuplé d'entités cruellement hostiles. [...] l'univers hypergéométrique est sans nul doute le monde même de l'Inconnu : il possède ses propres lois, différentes en tout point des nôtres, rien n'y ressemble à ce que nous avons l'habitude de voir, à ce que nous connaissons. Et comme si cela ne suffisait point, il est peuplé de créatures toutes plus cruelles les unes que les autres[92].

Nous devons cependant nuancer quelque peu cette dernière affirmation. Tout d'abord, on a vu que le décor de la ruelle était à peu de choses près celui d'une ruelle ordinaire et que l'intérieur des maisons ressemblait à s'y méprendre à celui des maisons flamandes. Ensuite, comme le précise Vuijlsteke à un autre endroit de son article, les créatures des univers intercalaires ne sont pas toutes cruelles. Il définit d'ailleurs plusieurs classes de créatures de ces univers. Il y a tout d'abord des individus à forme humaine, qui sont les spectres de personnes mortes. Certains parmi eux ont un rôle d'intermédiaire, de messager, d'introducteur. On verra par la suite que la vieille femme de « La ruelle ténébreuse » peut être placée dans cette catégorie. Les autres classes de créatures se laissent moins aisément identifier. Créatures vulnérables, leur attitude peut être soit bienveillante, comme celle du « souffle » du manuscrit allemand, soit hostile, comme des « Stryges ». Enfin, l'auteur remarque que la couleur verte s'observe très souvent dans ces univers intercalaires : en ce qui concerne la ruelle, on pense bien entendu aux yeux verts de la vieille femme, ainsi qu'aux flammes vertes qui montent de l'incendie.

---

91. Ces expressions apparaissent respectivement dans deux textes de Jean Ray : « Têtes-de-Lune » et *Malpertuis* (cité par Jacques Carion, *Jean Ray. Un livre : Le grand nocturne. Une œuvre*, Bruxelles, Labor, 1986, p. 33). Les autres textes de Jean Ray mettant en scène un espace intercalaire sont les suivants : « La choucroute », « Les étranges études du docteur Paukenschläger », « Le Grand Nocturne », « Le psautier de Mayence », « Le fleuve Flinders », « Rues », « Monsieur Wohlmut et Franz Benschneider », « Le bout de la rue », « Mondschein-Dampfer ». Ces textes sont répertoriés par Marc Vuijlsteke dans son article « Les univers intercalaires de Jean Ray » (François Truchaud et Jacques van Herp [dir.], *op. cit.*, p. 234-247).
92. Marc Vuijlsteke, « Les univers intercalaires de Jean Ray », *loc. cit.*

Dans «La ruelle ténébreuse», l'univers intercalaire est peuplé d'êtres énigmatiques qui semblent provenir du «gouffre» situé en haut des escaliers. On pourrait donc dire que le «pli dans l'espace» affecte aussi bien la dimension horizontale, correspondant au tracé de la ruelle, que la dimension verticale, représentée par les escaliers. Cet espace semble absorber ou mutiler tout être humain qui s'en approche, à l'exception des narrateurs N2 et N3. En effet, comme les meurtres et disparitions ont lieu le long du tracé de la ruelle, on peut supposer qu'ils sont attirés par les êtres de l'autre dimension, mais ce ne sont là que des suppositions. Si quelques aspects de cette énigme de l'espace intercalaire peuvent être résolus, il faut noter que ce dernier reste en grande partie inconnu. C'est un espace peuplé, semble-t-il, de tortionnaires, puisqu'il est question de crimes d'une sauvage atrocité, d'échos de supplices de la chair, que doivent vraisemblablement subir les victimes humaines. Comment expliquer dès lors l'attitude de la vieille femme aux yeux verts dans le manuscrit allemand? Elle semble en effet jouer un rôle dans le sauvetage de la narratrice, qui échappe à l'incendie et trouve refuge dans une petite maison. Mais il y a encore plus étrange. Comment expliquer la coïncidence voulant que les deux autres narrateurs parlent d'une vieille femme aux yeux verts: la grand-mère du narrateur dans le cas de N3 et la personne qui achète les plats à l'antiquaire dans le cas de N1? La tentation est grande de vouloir fondre ces trois personnages en un seul, mais il s'avère extrêmement difficile de le faire. Les énigmes présentes dans ce texte (énigme de la ruelle, énigme de la vieille femme) ne sont pas résolues lors de la lecture-en-progression du texte, et l'on verra que le problème ne fait que se complexifier lors d'une lecture-en-compréhension. Comme le fait remarquer Jacques Carion,

> [...] l'essentiel, dans cette histoire, résiste aux essais d'élucidation, et l'on reste à nouveau devant l'énigme, car le lecteur ne parvient pas à imposer un autre ordre aux deux histoires qui lui sont rapportées, à reconstituer, à partir de ce qui lui est donné à lire, l'ordre de *son* vraisemblable[93].

Puisque la complexité du tissu narratif résulte en un embrouillamini, il faut examiner de près l'enchaînement des manuscrits et des commentaires sur les manuscrits.

Les manuscrits intercalés

Rappelons que les deux cahiers trouvés par le narrateur N1 sont insérés dans un numéro du *Magasin Pittoresque*, titre d'une revue française[94]. Forment-ils un numéro complet? Ce que l'on sait, c'est qu'ils sont réunis en un recueil,

93. Jacques Carion, *Jean Ray, Un livre: Le grand nocturne. Une œuvre, op. cit.*, p. 54.

94. Le *Magasin Pittoresque* est un périodique qui a vu le jour en 1833. Jacques van Herp et Christian Delcourt ont montré que Jean Ray s'est servi du volume de 1842, qui relate certains détails de l'incendie de Hambourg. L'auteure de la lettre insérée dans le périodique

dont la couverture porte le nom «*Alphonse Archipêtre*», suivi du mot «*Lehrer*». Seule une lecture-en-compréhension permet la série d'inférences suivante. On a vu que la fin du manuscrit français, où le narrateur relate sa découverte d'un manuscrit écrit par une femme, permettait de résoudre une énigme. Si l'on considère que le manuscrit que trouve le narrateur N3 est bien le «manuscrit allemand», ce qui semble des plus probables, la «petite maison» dont elle parle à la fin de son récit serait la première maison de l'impasse Sainte-Bérégonne. Le récit résout donc l'indétermination du lieu.

Le narrateur N3 a-t-il lu le manuscrit allemand? L'absence de tout commentaire de sa part à ce sujet nous empêche d'affirmer quoi que ce soit. Par contre, il semble bien qu'il soit responsable de l'assemblage des deux manuscrits en un recueil. Un autre que lui ne se serait-il pas contenté de la mention «anonyme» au début du manuscrit allemand, étant donné les différences manifestes de langue et de sexe entre les deux narrateurs? Ce n'est qu'en considérant le point de vue d'Archipêtre que l'on peut trouver une certaine logique à la présence de ses prénom, nom et profession sur la couverture du recueil. Il faut bien voir que dans l'optique du narrateur N3, le manuscrit allemand représente bien autre chose que pour les lecteurs que nous sommes. Ce rouleau de papier est avant tout un objet rapporté de l'espace intercalaire, et il suffit de penser aux élucubrations intellectuelles auxquelles a conduit le bris de la branche de viorne, premier objet rapporté de la ruelle, pour s'apercevoir du statut très particulier de ces objets. Le manuscrit allemand, en tant qu'objet concret fait de papier et recouvert d'encre, est la preuve que le narrateur peut franchir le seuil de l'espace intercalaire et en revenir sain et sauf. Les autres objets ramenés de la ruelle, les plats, ont un destin très différent, puisque l'on apprend à la fin du texte qu'ils étaient rachetés par un être provenant vraisemblablement du monde intercalaire. Racheté le soir, le plat était-il remis à sa place avant que le narrateur revienne, le lendemain, pour le voler à nouveau? Ce qui semble sûr, c'est que la circulation des objets est très différente dans le cas des plateaux. Mis à part la branche de viorne, qui pouvait difficilement être insérée dans un recueil, le manuscrit allemand est le seul objet provenant de l'espace intercalaire que le narrateur pouvait joindre à son récit. On pourrait donc le considérer comme un objet prouvant l'existence de la ruelle.

Ajoutons qu'il ressemble par certains côtés au manuscrit d'une bouteille jetée à la mer. Le narrateur N3 ne trouve pas le manuscrit n'importe où dans la maison, mais bien précisément dans le plateau qu'il a l'habitude de voler. Le manuscrit n'aurait-il pas été posé là dans l'intention qu'il le prenne, le plateau jouant le rôle d'une boîte aux lettres très particulière? N'oublions pas que la

est une jeune femme en pension à Hambourg. (Jacques van Herp, «Quelques sources de Jean Ray», dans François Truchaud et Jacques van Herp [dir.], *Jean Ray*, *op. cit.*, p. 252; Christian Delcourt, «Jean Ray et "Le Magasin Pittoresque"», dans *idem*, p. 255).

narratrice ignore totalement où elle se trouve et qu'elle s'adresse à Herman, qui est en mer. En fait, si l'on regarde de près les commentaires du narrateur N1, le manuscrit français fait penser lui aussi au manuscrit d'une bouteille à la mer: « Ainsi doivent écrire ceux qui, sur un bateau qui sombre, veulent confier un dernier adieu à une famille qui, espèrent-ils, leur survivra » (p. 129). Dernière coïncidence ayant la mer comme toile de fond: les deux manuscrits font partie des vieux papiers déchargés à Rotterdam. On ignore d'où venait le cargo qui les transportait, mais ce qui est sûr, c'est qu'ils ont traversé la mer...

On remarque également que les narrateurs occupent le même espace à des moments différents. Cela permet de réunir les manuscrits et par conséquent, pour nous, lecteurs, de les lire, c'est tout d'abord le partage d'un même espace par les deux narrateurs N2 et N3. On peut supposer en effet qu'à des moments différents, la narratrice du manuscrit allemand et le professeur de grammaire française ont traversé le même lieu: la première petite maison de la ruelle. Qui, à part l'auteure des pages couvertes d'une « élégante écriture de femme », aurait pu les déposer dans le plateau? Quant à savoir pourquoi ils ne se sont pas rencontrés, il s'agit là d'une autre histoire.

La coïncidence des lieux traversés par les narrateurs ne s'arrête pas là. Certains espaces se recoupent et nous devons plusieurs fois revenir sur nos pas. Voici comment on pourrait récapituler le partage des lieux par les narrateurs:

> N2 écrit son récit dans une étrange petite *maison*.
> N3 trouve le manuscrit de N2 dans la première *maison* de l'impasse Sainte-Bérégonne.
>
> N3 va à la *boutique* de l'antiquaire Gockel pour vendre son plat.
> N1 découvre par hasard la *boutique* de l'antiquaire Gockel.
>
> N1 va à *Hambourg*, où ont vécu N2 et N3.

On ne sait pas combien de temps sépare les événements, mais la seule chose qui rend la narration possible, c'est la coïncidence des lieux. On a vu comment la réunion des deux manuscrits était tributaire du passage par un même lieu des narrateurs N2 et N3. On pourrait faire les mêmes remarques en ce qui concerne les narrateurs N3 et N1. C'est la découverte fortuite, par le narrateur N1, de la boutique de l'antiquaire qui rend possible la dernière partie du récit. En ce qui concerne le dévoilement du nom de la ville, Hambourg, nous y reviendrons plus tard, car il joue un rôle assez particulier dans le processus de lecture.

Il faut également jeter un œil au texte même et examiner de quelle façon les propos du narrateur N1 sont intercalés entre les manuscrits. Ce narrateur joue plusieurs rôles: il est à la fois celui qui découvre les manuscrits échappés d'un lot de vieux papiers, celui qui accomplit différentes tâches d'édition, étant donné qu'il les lit, en traduit un en français et les commente, et enfin celui qui poursuit l'enquête sur l'énigme de la ruelle. Voici comment sont disposées ses interventions :

introduction aux deux manuscrits (31 lignes : p. 87-88)
commentaire sur le manuscrit allemand (2 lignes : p. 103)
commentaire sur le manuscrit français (7 lignes : p. 128-129)
conclusion : enquête à Hambourg (4 pages : p. 129-132)

Ce dispositif narratif permet des ruptures importantes, comme on l'a vu dans le résumé de la nouvelle[95]. En nous obligeant à revenir sur nos pas, à parcourir un même espace sans le savoir, parce que le point de vue a changé, à confondre certains points de l'espace ou certains éléments de l'énigme, on peut dire que le récit présente un dédale narratif où les énonciateurs mêlent leurs voix. Un peu comme si l'on se trouvait devant l'histoire un peu compliquée de la découverte d'une bouteille à la mer dont le manuscrit raconterait la découverte d'une bouteille à la mer… bref une histoire qui a le don de nous faire perdre la boussole…

S'il est difficile de rassembler les trois occurrences du personnage de la vieille femme, présent dans les trois récits, en un seul et unique personnage, c'est que ce personnage semble servir d'intermédiaire entre les deux mondes dans les récits de N1 et de N2, mais fait partie du monde réel dans celui de N3. Regardons les choses de plus près. La première vieille femme apparaît dans le manuscrit allemand, à la porte du salon, pendant l'incendie. La seconde est la grand-mère maternelle du narrateur, arrachée aux pirates d'Alger. La troisième achète les plats à l'antiquaire Gockel. Voici comment elles sont représentées :

1. Une *grande*, une *immense vieille* femme dont je ne voyais que les terribles *yeux verts* luire dans une face *inouïe*, entra. (p. 103, nous soulignons)
2. Cette *grande* sombre femme qui parlait si peu et semblait, de ses *immenses yeux verts*, suivre les péripéties d'une autre vie, sur le mur devant elle. (p. 107, nous soulignons)
3. Une *grande vieille*, une *immense* vieille femme avec des *yeux* de poulpe, dans une figure *inouïe*. (p. 131-132, nous soulignons)

95. On trouve ce même type de « dédale narratif » dans un autre texte de Jean Ray, *Malpertuis*, où l'on compte pas moins de cinq narrateurs. Comme le mentionne Raymond Trousson, « loin d'être gratuite, la multiplicité des narrateurs, la diversité des plans et la rupture de la linéarité chronologique contribuent à donner au roman sa densité et à accentuer l'impression de véracité ». (« Jean Ray et le "discours fantastique" : *Malpertuis* », dans Michel Otten *et al.*, *Études de littérature française de Belgique* [offertes à Joseph Hanse pour son 75e anniversaire], Bruxelles, Jacques Antoine, 1978, p. 206).

Les première et troisième citations, qui coïncident presque mot pour mot, semblent décrire un personnage provenant de l'espace intercalaire, ce qui nous incite à penser qu'il s'agit du même personnage. Néanmoins, ses caractéristiques (vieille, grande, yeux verts, figure inouïe) ne sont ni celles des êtres invisibles, comme celui que soigne la narratrice du manuscrit allemand, ni celles des Stryges (vampires mi-femmes mi-chiennes), ni non plus celles des figures vues par Méta et par les témoins de l'incendie :

> Mon grand-père et les gens d'alors racontèrent que d'immenses flammes vertes fusaient des décombres jusqu'au ciel. Des hallucinés y virent des figures de femmes d'une férocité indescriptible. (p. 131)

La citation 2 a de quoi nous rendre encore plus perplexes. Que faire face à cette ressemblance entre la grand-mère du narrateur N3 et l'(les) autre(s) vieille(s) ? On a vu qu'il était très difficile lors d'une lecture-en-progression de faire le lien entre le privilège échu au narrateur et son ascendance. Lors d'une lecture-en-compréhension, les choses se présentent un peu différemment, puisque les lacunes caractérisant l'histoire de la grand-mère apparaissent encore plus évidentes. La phrase où il est question d'un lieu indéterminé : « – Là où je n'ai pu revenir, il ira peut-être... » (p. 107) mérite que l'on s'y arrête. On a tendance à penser que ce lieu si énigmatique est l'espace intercalaire, un espace que le petit-fils est le seul parmi ses concitoyens à pouvoir visiter. Ce qui est présupposé, c'est qu'elle est allée en un lieu précis, qu'elle a cherché à y retourner mais n'a pas réussi. Est-ce un don qu'elle a transmis à son petit-fils ? Il faudrait alors supposer qu'une histoire semblable à celle d'Alphonse lui est arrivée. Elle aurait elle aussi pénétré dans l'espace intercalaire, sans doute en un autre point du globe que la ruelle, car on sait qu'elle se trouvait près d'Alger au moment de sa délivrance. De quel pays lointain vient-elle ? En quoi a consisté ce voyage dans l'autre monde ? Le texte ne nous donne pas de réponse. Ce que l'on sait, c'est qu'au moment des événements racontés dans « La ruelle ténébreuse », elle est morte depuis longtemps. On peut supposer qu'en tant qu'humaine ayant parcouru l'espace intercalaire, elle serait retournée dans cet espace après sa mort, tout en conservant la faculté de passer d'un espace à l'autre, gardant apparence humaine parmi les fantômes et les vampires. Ce qui est intéressant à remarquer, c'est la confusion dans laquelle nous nous trouvons quand il est question de cette vieille. On ne peut s'empêcher de voir dans ses apparitions une série de coïncidences, on est tenté de reconnaître le même personnage et en même temps le texte résiste, l'opacité nous tient, et nous nous trouvons dans un état de confusion. Mais ce dédale narratif n'est pas le seul dans lequel nous nous égarons au cours de la lecture de « La ruelle ténébreuse ».

Les pièges tendus au fil du récit

Une fois arrivé à la conclusion du récit de l'enquête du narrateur N1, on apprend le nom de la ville, Hambourg. On s'aperçoit tout à coup que la lecture des deux manuscrits s'est faite sans que l'on sache dans quelle ville étaient situés les événements. Cela ne serait qu'un banal procédé visant à créer un effet de surprise si ça ne s'accompagnait pas d'autre chose. Il faut bien voir que, d'un côté, l'élément essentiel – le nom de la ville – reste indéterminé pendant une bonne partie de la lecture du récit, alors que, d'un autre côté, on observe une surdétermination des repères spatiaux. En effet, lors de la lecture de «La ruelle ténébreuse», on est noyé sous un nombre impressionnant de repères géographiques et topographiques. On est amené à faire le tour du monde, ainsi que le tour de la ville, rien qu'en lisant les noms de lieux évoqués. Examinons tout d'abord les repères géographiques, autant de noms de lieux étrangers, proches ou lointains, qui sont pour certains reliés de près à l'histoire et pour les autres purement anecdotiques.

Le récit de la découverte des deux cahiers fait mention de la Hollande (p. 87 : le quai de Rotterdam) et de la France (p. 87 : numéros du *Magasin Pittoresque*). Dans le manuscrit allemand, on trouve certaines allusions à l'ancienne Tchécoslovaquie (p. 89 : cristal de Bohème), à la Chine et à l'Allemagne (p. 89 : thé de Chine ramené par un marin de Brême). Quant au manuscrit français, il multiplie les références géographiques. Après l'Algérie (p. 107 : grand-mère arrachée aux pirates d'Alger), il est fait mention de la Hanse, qui regroupe les cités marchandes de l'Allemagne du Nord (p. 108 : havres hanséatiques). Le récit des «voyages des lougres de rêve», effectués par les ancêtres d'Anita, fait intervenir successivement: la Méditerranée, ou plus précisément les côtes italiennes (p. 108 : côtes de l'Adriatique et de la mer Thyrénienne), une île légendaire, dont on ne sait pas trop si les Romains l'associaient à l'Islande ou à l'une des îles Shetland (p. 108 : la Thulé des Anciens), le Nord (p. 108 : aiguille énigmatique de la boussole), la Lombardie, l'Atlantique, le golfe de Gascogne, la Bretagne, l'Allemagne, le Danemark (p. 109). Enfin, le père d'Anita est parti en Amérique (p. 109 : voilier des Amériques). Quelques pages plus loin, il est question des forêts d'Amérique (p. 111), des salles de fêtes en Espagne (p. 111 : Madrid et Cadix), de l'or des nouvelles Indes (p. 111) et des béguinages des Flandres (p. 116).

Quant aux repères topographiques, ils sont tout aussi nombreux. Dans le manuscrit allemand, il est question du Holzdamm, de la Deichstrasse, du Tempelhof (p. 88), du clocher de Saint-Pierre (p. 89). Dans le manuscrit français, la première rue citée est bien entendu l'impasse Sainte-Berégonne (ou Sankt-Beregonnegasse), puis il est question de la Mohlenstrasse (p. 104), du Tempelhof (p. 109), du quai des Hollandais (p. 116), de la rue de la Vieille-Bourse, de la rue de l'Église, de la rue de la Poste et de la Deichstrasse (p. 122).

Enfin, dans la conclusion, le narrateur N1 mentionne, en plus des noms de rues de Hambourg déjà cités, quelques noms : Sankt-Pauli, Peterstrasse (p. 129), Bleichen (p. 130).

Les propos de Jacques Carion au sujet des récits de Jean Ray s'appliquent très bien au cas de « La ruelle ténébreuse ». Voici ce qu'il affirme :

> La présence de ces localisations, précises et nombreuses, ne vise qu'à constituer une espèce de géographie du décentrement ; on n'y parcourt l'espace que pour ne plus s'y retrouver[96].

Malgré ce foisonnement de repères spatiaux, ces détails occultent l'essentiel, étant donné que l'on ignore dans quelle ville ont lieu les deux histoires. On est submergé de repères qui se situent à deux échelles : celle de la planète (noms de pays, de mers) et celle de la ville (noms de rues, de lieux), mais il manque l'échelle intermédiaire, le maillon qui permettrait de souder tous ces éléments : le nom de la ville. Hambourg, port allemand sur l'Elbe, n'est mentionnée qu'après la lecture des deux manuscrits. Le contraste entre l'abondance des noms de lieux éloignés et anecdotiques et l'absence du nom de la ville a pour effet de nous prendre au piège. On ne s'aperçoit que difficilement de la supercherie. L'impression dominante est que l'espace est très délimité, que les repères ne manquent pas, ce qui fait que l'on ne se demande pas dans quelle ville ces événements ont eu lieu. Ils sont situés dans un lieu imaginaire, comprenant une impasse Sainte-Bérégonne, des rues aux résonances allemandes (Deichstrasse, Mohlenstrasse, etc.), cela nous suffit pour construire un espace imaginaire. Nous n'éprouvons pas forcément le besoin de les mettre en relation avec une ville réelle, située sur la carte du monde.

Les noms de rues rappellent la présence d'une autre langue ; ce sont les traces de ce qui reste intraduisible. Il faut bien voir que la confusion dans laquelle se trouve le lecteur vient également de la coïncidence de deux espaces linguistiques. Il est dit au début de la nouvelle que le manuscrit allemand et le manuscrit français sont deux cahiers reliés ensemble et que le narrateur nous livre sa traduction du premier. Quant à l'auteur du manuscrit français, il écrit dans cette langue car il est professeur de grammaire française – c'est du moins ce que l'on peut inférer –, mais il vit dans un environnement allemand. Son récit est parsemé de termes allemands qui ont de quoi dépayser le lecteur francophone : *Lehrer* (professeur ; p. 88), *Kneipe* (taverne), *droschke* (fiacre), *schutzmann* (policier ; p. 104)[97].

96. Jacques Carion, *op. cit.*, p. 19.

97. Les noms de rue ou de personne allemands sont d'ailleurs assez drôles : la *Deichstrasse*, la « rue de la digue », marque la séparation de l'espace réel et de l'espace intercalaire ; Frau Pilz, « Madame Champignon », est cuisinière de son état ; le conseiller Hühnebein, littéralement « poulet-jambe », est peureux comme une poule mouillée et meurt décapité, à l'instar des volailles. Il faut également remarquer, dans la première phrase, la présence du mot « *whinch* » (p. 87), qui n'existe ni en allemand, ni en français, ni en anglais. Serait-ce

Il va sans dire que cette abondance de termes allemands et de noms de lieux étrangers provoque un dépaysement pour un lecteur qui n'est pas allemand ou qui ne connaît pas Hambourg. Le caractère hybride de la langue employée a pour effet de rendre l'espace narratif encore plus ambigu.

On observe, par ailleurs, une contraction de l'espace du récit. Il faut d'abord remarquer une réduction importante de l'espace dans le manuscrit allemand : si les deux premières pages font allusion à différents points de la ville (rues, théâtre, quartier, clocher, etc.), le reste du récit n'en mentionne aucun. La raison en est simple : tous les événements ayant un rapport étroit avec la narratrice ont lieu à l'intérieur de la maison. Le deuxième mouvement de réduction s'opère dans les pages suivantes. Une entité dangereuse semble prendre possession progressivement de toutes les pièces de la maison et oblige du même coup ses habitants à restreindre leur occupation de l'espace. Après la disparition de Frida, c'est tout d'abord *l'étage des combles* qui est fermé par une cloison épaisse. Puis, c'est *l'étage supérieur* (où disparaît Frau Pilz) et *le rez-de-chaussée* (habité par Herr Hühnebein) qui sont condamnés. Les femmes se barricadent la nuit, ferment portes et volets, et ne vivent plus que dans « le salon transformé en dortoir et en salle à manger » (p. 97). La prochaine pièce envahie par « l'ombre » est *la cuisine*, où Lotte et Frida ont eu le malheur de s'attarder un soir. Quant à l'être invisible, il se terre dans *un réduit*, vraisemblablement l'espace le plus resserré de la maison. Enfin, c'est dans *le salon* que se déroule la dernière scène du récit, car Méta a réussi à y enfermer la narratrice et son protégé. L'espace habité par les personnages se resserre donc au fur et à mesure que l'on avance dans le récit, pour se concentrer sur une seule pièce de la « spatieuse maison » (p. 88), haute de plusieurs étages. L'espace se resserre sur les personnages et finit par ressembler à celui d'une prison. Il va de soi que notre attention suit le même mouvement : la progression de la lecture se fait en fonction de l'évolution des lieux du récit. Ce mouvement de réduction de l'espace, de la ville à la maison, puis de la maison au salon, est celui d'une concentration de l'espace en un point.

On observe quelque chose de comparable dans le manuscrit français. À partir du moment où le narrateur N3 met le pied dans la Beregonnegasse, il est de moins en moins question de lieux lointains. À partir de la page 116, les allusions à des pays étrangers cèdent la place à des noms de rues. On passe soudainement de l'échelle planétaire à l'échelle locale. Les rues évoquées ne

---

une déformation du mot anglais « winch », considéré comme un anglicisme dans la langue française, ou une simple coquille ? Les « *whinchs* » qui déchargent les ballots des cargos semblent bien en effet être des « treuils ». Les remarques du père Pierre Pirard au sujet du vocabulaire sont donc tout à fait pertinentes : « [Jean Ray] use d'un riche vocabulaire et parfois peu usuel : les mots mal connus, chacun le sait, ont un sûr pouvoir d'incantation » (« Jean Ray le fantastique », dans François Truchaud et Jacques van Herp [dir.], *op. cit.*, p. 205).

sont pas n'importe quelles rues mais bien celles qui sont proches de l'impasse (Mohlenstrasse, Deichstrasse, etc.). Tout se passe comme si, une fois prouvée l'existence de l'impasse, le reste du monde n'existait plus. L'espace se resserre au cours du récit autour de la Beregonnegasse, ce qui nous amène à focaliser notre attention sur ce lieu imaginaire, qu'on a nous-mêmes construit au cours de la lecture[98]. Une façon comme une autre de se prendre à son propre piège.

Dans la dernière partie du texte, qui relate la discussion entre le narrateur N1 et l'antiquaire, le phénomène de contraction de l'espace, que l'on a pu observer dans le fonctionnement du récit, fournit le sujet même de la discussion. En effet, la dissertation scientifique de Lockman Gockel pose sur l'espace un point de vue abstrait :

> – L'histoire a dans tout ceci resserré le temps, comme l'espace s'est resserré sur cet endroit fatidique de la Beregonnegasse. [...] La science moderne n'est-elle pas acculée à la faiblesse euclidienne, par la théorie de cet admirable Einstein que le monde entier nous envie. Et ne doit-elle pas, avec horreur et désespoir, admettre cette loi fantastique de Fitzgerald-Lorentz ? La contraction, monsieur, ah ! ce mot est lourd de choses ! (p. 131)

Il faut donc ajouter un dernier terme au déroulement de la lecture en fonction de l'espace. Si, dans un premier temps, un passage s'effectue, au cours de la lecture, de la ville au salon, puis de la planète à la ruelle, avec pour résultat le fait que l'attention est focalisée sur un lieu énigmatique : l'impasse Sainte-Bérégonne, dans un deuxième temps, on en vient à considérer l'espace, non plus comme ce cadre concret où des événements se produisent, mais bien comme une abstraction. Les repères ne sont plus les repères géographiques, topographiques, ni non plus les repères plus familiers des pièces de la maison ; on passe soudainement à un discours où les références sont des noms de scientifiques, à un cadre de référence examinant l'espace en fonction de ses lois, de ses propriétés physiques. S'il nous avait fallu tout d'abord nous évader dans un espace imaginaire n'existant que pour un personnage (et un lecteur...), un espace dont nous ne connaissons pas les lois, ni les habitants, un espace qui reste pour nous opaque, il nous faut maintenant passer à une autre étape, celle de la divagation mathématique sur l'espace. Certains verront dans ces quelques

98. Mentionnons, à titre anecdotique, la tentative de Jacques van Herp d'identifier la « véritable » ruelle ténébreuse. En voulant résoudre le problème, il a eu une surprise de taille : « Je demandai [à Jean Ray] si *La ruelle ténébreuse* n'était pas cette rue de la Cigogne qui, à Bruxelles, relie la rue des Flandres à une rue latérale, et dont les angles et le décor intact du passé pouvaient avoir servi de modèle. Ce fut pour m'entendre dire : "Non. C'est une autre... Mais tu auras du mal à la trouver car elle n'existe pas." Sur le moment je n'ai pas insisté, voyant là une plaisanterie le dispensant de répondre. Or, quelques années plus tard, je découvris un décor pouvant s'apparenter à la Sankte Beregonnegasse. [...] Mais où est le mystère ? C'est que la rue n'existe pas. Vous pouvez fatiguer en vain les plans de Bruxelles, elle n'y figure pas, elle n'a pas de nom, pas d'éclairage public ; administrativement, elle n'existe pas » (Jacques van Herp, « Avec Jean Ray on ne sait jamais », dans François Truchaud et Jacques van Herp, *op. cit.*, p. 41).

phrases prononcées par l'antiquaire une tentative de résolution de l'énigme (la ruelle est la quatrième dimension dont ont parlé les physiciens, etc.), nous préférons y voir une nouvelle boucle dans la spirale qui fait passer d'un lieu réel à un lieu surnaturel, d'un espace comme thème de l'énigme à une réflexion sur l'espace. En fait, en évoquant la loi de la contraction de l'espace, le texte finit par décrire son propre fonctionnement. On peut supposer que cela a pour effet de rendre la confusion encore plus grande pour un lecteur, étant donné que toutes les échelles de l'espace sont mélangées dans ce texte.

Du souffle au cri

Nous ne saurions clore cette analyse de «La ruelle ténébreuse» sans parler de certains phénomènes liés de près à l'espace. Il s'agit des phénomènes aériens et sonores grâce auxquels l'existence des êtres du monde intercalaire est connue. L'être invisible protégé par la narratrice N2, qui a tout d'abord les caractéristiques d'un courant d'air, finit par être doué de parole. Dans le manuscrit français, c'est surtout au moyen de l'ouïe que le narrateur N3 s'aperçoit de l'existence d'habitants dans le monde parallèle.

L'évolution de la communication entre l'être humain et l'être invisible est assez surprenante. Perçu par tous les habitants de la maison comme un déplacement d'air qui cherche à se sauver du danger [il souffle les bougies, ouvre les portes (p. 96-97)], le fantôme exprime sa souffrance par des plaintes, ce qui permet à la narratrice de découvrir sa présence. Ce sont les premiers pas d'une communication, un stade en-deçà du langage, où le déplacement d'air n'est pas contrôlé. Ses plaintes font penser à des sanglots humains, à des pleurs d'enfant (p. 100). Il est assez curieux de constater l'apparition de ce phénomène respiratoire, où l'air entre de façon saccadée, qui demeure longtemps chez l'enfant le seul moyen d'exprimer sa douleur. Puis c'est par le toucher que le fantôme témoigne sa reconnaissance. Après s'être restauré d'eau fraîche et de lait, il caresse les cheveux de la jeune femme[99]. Ébauche d'une communication tactile, à laquelle la narratrice s'étonne de pouvoir participer. Quand elle lui explique qu'elle a trouvé une retraite plus sûre, elle s'exprime par signes. C'est à son tour de déplacer de l'air: «Comme cela paraît étrange de faire des gestes dans le vide! Mais il m'a comprise» (p. 101). Une fois la communication établie, les gestes du fantôme se précisent, se teintent d'érotisme: «Le souffle

99. Lorsque la narratrice le rencontre pour la première fois, elle porte une cruche d'eau que le fantôme boit. Elle lui présente ensuite divers aliments pour savoir ce qu'il mange. Il ne boit que le lait, ce qui peut l'associer encore une fois au nouveau-né (après les pleurs d'enfant, et plus loin la naissance du langage). Cette scène peut également être rapprochée de celle du «Horla» de Maupassant, qui délaisse le vin, les fruits, etc. et ne boit que de l'eau et du lait. Cela n'est qu'une des similitudes entre les deux nouvelles, ainsi que le démontre Christian Delcourt dans son ouvrage *Jean Ray ou les choses dont on fait les histoires* (Paris, A.G. Nizet, 1980, p. 87).

s'est posé une minute sur ma bouche, et j'en conçus une étrange honte» (p. 101). Ce rapport amoureux est confirmé un peu plus loin par la narratrice, quand elle tente de décrire ses «visites» imprudentes: «je ne puis décrire cela, c'est un sentiment de grande tendresse qui m'entoure» (p. 101). Le baiser aérien du «protégé» précède de peu la «naissance» de la parole: quand il est frappé par Méta, le fantôme prononce le nom de la jeune femme, de façon malhabile, puis celui de Méta pour la supplier d'arrêter de frapper.

C'est donc par le toucher, et occasionnellement par l'ouïe, que l'être invisible est perçu. Dans le manuscrit français, par contre, les ondes sonores sont les principales manifestations physiques du monde parallèle. Cela commence par un bruit qui se propage dans l'espace. Le narrateur entend des mélodies, une musique qui lui semble «merveilleuse et éloignée» (p. 119) et qu'il compare peu après au bruit de la mer:

> Je serais certainement revenu sur mes pas si, en ce moment, le vent des cantiques n'était pas passé, lointaine marée de sons déferlants...
>
> Je surmontai une terreur inexplicable, pour l'écouter, l'analyser si possible.
>
> J'ai bien dit marée: c'était un bruit né dans un éloignement considérable, mais énorme, comme celui de la mer. (p. 119-120)

En avançant dans la ruelle, Alphonse s'aperçoit que les sons harmonieux qu'il croyait entendre sont en fait discordants, et qu'il s'agit d'une «furieuse rumeur de plaintes et de haines» (p. 120). Dans le même ordre d'idées, on remarque que la description de la ruelle est basée sur un motif à la fois poétique et musical, «le quatrain de complaintes»:

> Cela se déroulait comme des périodes dans une série de chiffres, depuis une demi-heure. [...] J'entendais à présent la rumeur gronder en proches et menaçantes huées. Je rétrogradai vers la Mohlenstrasse; les périodes redéfilèrent comme des quatrains de complaintes: trois petites portes et des viornes, trois petites portes et des viornes, trois petites portes et des viornes... (p. 121)

Puis on passe de la complainte au tragique au moment où le narrateur, parvenu au fond de l'impasse, entend «des lamentations abominables, des plaintes humaines, échos d'atroces supplices de la chair» (p. 127). Si l'on en croit les descriptions des entités de l'espace parallèle, soulignant leur caractère féroce, il faudrait attribuer ces plaintes, ces souffrances, aux humains «absorbés» par l'espace parallèle. Ce domaine situé au-delà du portail fait penser à une prison, à une salle de tortures, mais c'est aussi le domaine de l'indicible, comme si les humains, ayant dépassé leur seuil de douleur, avaient en même temps dépassé le seuil du langage, les mots ne pouvant traverser l'espace et être entendus par le seul être humain à se promener dans la ruelle: Alphonse Archipêtre, professeur de grammaire française, «professionnel» des mots.

Si l'on observe un contraste entre l'abondance de phénomènes tactiles dans le premier manuscrit et celle de phénomènes auditifs dans le second, il faut remarquer également une gradation dans la progression de ces phénomènes. Le passage de l'invisible à l'indicible se double d'un autre passage, affectant les émotions, allant de la tendresse à la violence, de l'érotisme à la torture, aux supplices de la chair. On peut supposer que le caractère insupportable des scènes implicites se déroulant de l'autre côté du portail ne fait que s'ajouter au vertige que le lecteur ressent en parcourant les multiples dédales de «La ruelle ténébreuse[100]».

Si, à un moment de son récit, Alphonse se plaint de ressembler à un «derviche tourneur» effectuant une «ronde de damné», c'est l'image de l'escalier en spirale qui s'impose lorsqu'il s'enfuit en courant du fond de l'impasse:

> Je galope par la venelle sinueuse, de coude en coude, un peu de vertige au cerveau, comme si je dévalais trop rapidement un escalier en spirale qui descendrait profondément sous terre. (p. 127)

Cette phrase, le lecteur est à même de la savourer en relisant le texte, car elle semble illustrer de façon assez exacte le processus de lecture de la nouvelle de Jean Ray. Si l'on emploie la métaphore de la spirale pour décrire le processus de lecture, il faut comprendre que la spirale se déroule dans le sens de l'opacité, qu'elle plonge tout droit dans l'obscurité, tout comme l'escalier dont parle Archipêtre. Sans nul doute, si l'on enlevait à ce parcours de lecture son rythme précipité («je galope»)[101], l'effet de vertige, le mouvement spiralique et la descente aux enfers, le plaisir de lire «La ruelle ténébreuse» s'en trouverait fortement diminué. Et nous pourrions ajouter que relire le récit, c'est plonger chaque fois dans de nouvelles obscurités, découvrir des éléments encore plus énigmatiques que ceux relevés lors d'une lecture-en-progression.

Si le thème principal de «La ruelle ténébreuse» est l'aberration spatiale, ce n'est pas le cas d'*Héloïse* d'Anne Hébert. La façon dont l'espace se construit au cours de la lecture de ce récit joue pourtant un rôle très important, à un point tel qu'il est possible de considérer les jeux de l'espace comme un procédé de l'effet fantastique.

---

100. Le pouvoir de suggestion du récit fantastique a été maintes fois évoqué. Voici ce que dit Jacques van Herp, dont nous partageons le point de vue: «Le fantastique, comme la science-fiction, échappent à la critique littéraire classique en ceci que le lecteur amateur n'est pas un simple récepteur passif du récit, mais que tout texte fantastique exige de lui une collaboration active. Ne serait-ce que en ceci que, le plus souvent, l'horreur, l'indicible, l'élément d'intrusion ne sont pas décrits, mais *suggérés* et que c'est au lecteur à prolonger» (Jacques van Herp, «L'univers de Jean Ray», dans François Truchaud et Jacques van Herp, *op. cit.*, p. 218).

101. Dans un article consacré à «L'écriture de Jean Ray», Fernand Verhesen remarque l'importance de la rapidité de la lecture: «Le rythme de lecture doit être extrêmement rapide (ne perdons pas de vue cet impératif) et facilité afin de ne présenter aucun obstacle à la pensée du lecteur» (Fernand Verhesen, «L'écriture de Jean Ray», dans *idem*, p. 211).

2.6. LES JEUX DE L'ESPACE DANS « HÉLOÏSE »

Quelques remarques sont nécessaires avant de débuter l'analyse proprement dite. *Héloïse* est un cas un peu particulier dans notre corpus, constitué majoritairement de nouvelles pouvant mériter l'appellation générale de « fantastique traditionnel ». La différence la plus apparente tient en ceci qu'il s'agit d'un roman, mais c'est surtout sur son aspect fragmenté qu'il importe d'insister. Nous avons vu plus haut de quelle façon le mode de la brièveté s'inscrit dans le processus de lecture de ce récit, découpé en quarante petites parties. Nous allons voir maintenant que ce découpage de l'espace du texte rejoint le découpage des lieux de la fiction. En effet, d'un chapitre à l'autre, les personnages se déplacent, investissent des lieux différents : un appartement fin de siècle, le pays de Loire, les couloirs du métro, les rues de Paris... La progression se fait au gré de ruptures, qu'il s'agisse de l'espace du texte, des lieux de la narration ou du registre énonciatif. La progression est du même coup moins rapide, le suspense moins grand, l'effet fantastique plus diffus. Placé sous le signe du discontinu, l'effet de lecture est lié à la rupture et non à la linéarité, comme c'était le cas pour les autres textes qui, s'ils présentent parfois des ruptures, n'en sont pas moins fortement axés sur la linéarité. En nous demandant de quelle façon s'articule la progression de la lecture en fonction des lieux du récit, nous pourrons illustrer les jeux de l'espace auxquels la lecture de ce récit nous invite et comprendre comment ils peuvent constituer un procédé de l'effet fantastique.

La lecture hantée

Le premier chapitre mérite d'être examiné de près[102]. Tout d'abord, il est le seul à porter un titre : *L'appartement*. Sa description est intéressante car elle nous propose une véritable visite guidée. Ce sont d'abord l'immeuble et les maisons environnantes qui sont présentés :

> L'immeuble de trois étages dressait ses moulures de pierre, ses ornements outrés, sa blancheur originelle et crayeuse étrangement conservée. Quelques maisons, comme endormies, des arbres, des jardins secrets. Une sorte d'enclave oubliée, au cœur de la ville, non loin du Bois. (p. 9)

102. Le livre se présente comme une succession de petites parties qui ne portent aucun titre, sauf la première. Nous prendrons comme convention de les appeler « chapitres » et de les numéroter dans l'ordre où ils apparaissent. Les chapitres 1, 2, 3, etc. ne sont donc pas identifiés comme tels dans le livre ; il s'agit simplement de simplifier le repérage dans le livre. Les numéros de pages correspondant sont notés dans le le tableau 2.2, qui présente les lieux traversés par chacun des chapitres.

Puis on découvre successivement la porte d'entrée, le hall, l'ascenseur, le palier du troisième étage, la porte de l'appartement, le vestibule, le petit salon, la chambre, la salle de bains, la cuisine. L'état des lieux évoque l'idée d'un départ qui vient de se produire ou d'un déménagement sur le point de se faire, ce qui crée une impression de malaise :

> Dans son ensemble l'appartement produisait une sorte de malaise, pareil à une demeure déjà quittée et cependant hantée. (p. 12)

Si, habituellement, la description des lieux sert en quelque sorte de préambule à la présentation des personnages qui y vivent, ou encore à la venue d'une action ou d'un événement, on n'observe rien de tel ici. Une action est bel et bien présentée, mais elle est effectuée par un agent peu ordinaire : l'appartement, qui *attend* ses futurs locataires. Il ne faudrait pas considérer cette formulation comme un banal effet de style, car les locataires en question ignorent encore qu'ils vont l'habiter :

> Tel qu'il était dans son ambiguïté, l'appartement attendait Christine et Bernard. Mais Christine et Bernard ne s'en souciaient guère, ayant déjà visité quantité de studios et d'appartements, pour finalement se fixer, rue du Commandeur, dans un immeuble neuf. (p. 12)

Cette anticipation a un impact important sur notre lecture car il faut attendre le treizième chapitre pour entendre parler à nouveau de l'appartement. Puisque les événements tardent à l'intégrer dans l'histoire, il reste vide un long moment ; nous n'avons d'autre choix que de garder par-devers nous le souvenir d'un lieu occupé le temps de quelques pages. Nous pourrions donc dire que, à l'instar de l'appartement qui apparaît d'emblée comme une demeure « hantée », la lecture des chapitres suivants va être hantée par cette visite de l'appartement[103]. Dire que l'énigme est un « espace à habiter » pendant la lecture semble ici tout à fait approprié étant donné que l'appartement se présente comme un espace énigmatique, comme un lieu qui n'existe justement que pour la lecture. L'indétermination vient de ce que l'on ne sait pas à quoi le rattacher. Tout comme l'appartement attend ses futurs locataires, nous attendons nous aussi de comprendre d'où vient le malaise, ce qui le « hante », ce qui va s'y passer...

---

103. Il importe de préciser que l'étude faite par Ross Chambers dans « La lecture comme hantise : *Spirite* et *Le Horla* » (*Revue des sciences humaines*, vol. 1, n° 177, 1980, p. 105-117) est située dans une tout autre perspective. En effet, ce n'est pas le processus de lecture de « Spirite » ou du « Horla » qui fait l'objet de l'analyse mais bien certaines caractéristiques des lectures représentées dans les textes. À plusieurs reprises, les personnages lecteurs (Guy de Malivert/narrateur du « Horla ») sont persuadés de la présence d'êtres invisibles à leur côté pendant qu'ils parcourent les pages d'un livre et cela donne à leur lecture un aspect très particulier.

Les déplacements incessants

On apprend ensuite les fiançailles de Christine et de Bernard, en pays de Loire, la façon dont ils se sont connus, leurs occupations respectives : coryphée à l'Opéra et étudiant en droit (chap. 2). Ils retournent à Paris en train, prennent le métro et se séparent : Christine rentre chez elle et Bernard se rend à l'université. Survient une panne de métro[104], après quoi Bernard se sent observé par une «jeune personne qui se tient devant lui [...] incroyablement belle et pâle, pétrifiée dans son âge parfait» (p. 21), un personnage des plus énigmatiques (chap. 3). L'ayant perdue de vue à un moment donné, il la cherche place de l'Odéon, sans succès (chap. 4), se rend à l'amphithéâtre pour suivre son cours (chap. 5), erre de nouveau autour de la place de l'Odéon et se rend sur le Boulevard Saint-Michel où il rencontre Christine (chap. 6).

Le chapitre suivant n'occupe qu'une seule page, ce qui a pour effet d'accentuer l'importance des faits relatés. Cette situation qui aurait pu paraître banale, décrivant Bernard et Christine dans les rues, main dans la main, et pourtant à cent lieues l'un de l'autre (chap. 7), retient notre attention car il s'agit d'un passage que le texte met bien en évidence. C'est l'amorce d'une séparation qui est relatée et la suite ne fait que confirmer la métamorphose de Bernard. Quelque chose le pousse à se séparer de tout ce qui constituait son ancienne vie : son restaurant préféré le dégoûte (chap. 8) ; lorsqu'il aperçoit Héloïse, il abandonne sa fiancée au beau milieu de la rue pour s'élancer à la poursuite de l'inconnue (chap. 9), pour revenir ensuite vers Christine (chap. 10). Le studio flambant neuf dans lequel ils doivent emménager ne lui plaît plus[105] (chap. 11) et il emmène Christine chez un agent immobilier. Celui-ci n'est nul autre que le vieil homme asthmatique qui accompagnait Héloïse lors des deux rencontres, un dénommé Bottereau. Il les emmène en Bugatti 1900 dans l'impasse des Acacias (chap. 12), où se trouve l'appartement décrit au tout début du roman, et qu'il se charge de leur faire visiter (chap. 13).

Entre le premier et le treizième chapitre, qui ont tous les deux pour cadre l'appartement, on se déplace sans cesse. Les lieux fixes (appartement, pays de Loire, amphithéâtre, restaurant, studio, agence immobilière) alternent avec les lieux passants (train, métro, rue). La lecture commence avec la visite guidée d'un espace vide de personnages, papillonne d'un espace citadin à un espace rural, d'un espace privé (studio) à un espace public (rue, restaurant, etc.), et

---

104. Le métro s'arrête à la station Cluny, qui est une station fermée, comme nous l'apprend la note de l'éditeur à la page 73.

105. Les quelques pages que France Nazaire Garant consacre à la magie des couleurs dans *Héloïse* montrent bien comment les couleurs du studio (noir et blanc) contrastent avec celles de l'appartement fin de siècle, décoré en rouge et or, des couples de couleurs qui se retrouvent d'ailleurs en opposition tout au long du récit (*Eve ou le cheval de grève. Contribution à l'étude de l'imaginaire d'Anne Hébert*, Québec, Nuit Blanche, CRELIQ, coll. «Essais», n° 7, 1988, p. 104-108).

finit par boucler la boucle par un retour à la case départ, avec ceci de différent que cette fois ce n'est pas le lecteur qui visite l'appartement (il le connaît déjà), mais les personnages de la fiction. Le tableau suivant résume les lieux traversés par le récit :

Tableau 2.2 – **Les lieux traversés dans *Héloïse***

chap.	*pages*	*lieu*	
1	9-12	Appartement	**Visite d'un espace vide, destiné**
2	13-16	Pays de Loire	**à la lecture**
3	17-23	Train + métro	
4	24-26	Rue	
5	27-28	Amphithéâtre	
6	29-32	Rue	
7	33	Rue	
8	34-35	Restaurant	
9	36-38	Rue	
10	39-40	Rue	
11	41-44	Studio	
12	45-49	Agence immobilière	
13	50-55	Appartement}	**Visite des futurs locataires**
14	56-60	Appartement}	
15	61-63	Appartement}	*Métamorphose de Bernard*
16	64-65	Appartement}	
17	66	Appartement}	
18	67-71	Métro	**Rupture -> ambiguïté de l'espace**
19	72-73	Métro	
20	74-75	Appartement	
21	76	Jardin des Plantes	**Rupture -> lieu difficile à**
22	77-78	Jardin des Plantes	**identifier**
23	79-81	Cave	
24	82-84	Métro	
25	85-86	Appartement	
26	87-88	Métro	
27	89-91	Appartement}	
28	92-95	Appartement}	*Visite d'Héloïse*
29	96-100	Appartement}	
30	101	Rue	**Rupture -> ambiguïté de l'époque**
31	102-103	Rue	
32	104-105	Hôpital	
33	106-107	Métro	
34	108	Cimetière	**Rupture -> lieu difficile à**
35	109-111	Hôpital	**identifier**
36	112-113	Rue	
37	114	Appartement}	
38	115-116	Appartement}	*Meurtre de Christine*
39	117-118	Appartement}	
40	119-124	Métro	

Nous examinerons les ruptures signalées dans ce tableau une fois que nous aurons terminé l'analyse de la succession des lieux d'un chapitre à l'autre. Entre les éléments présentés lors des deux visites de l'appartement (chapitres 1 et 13), on note une correspondance presque terme à terme. Bien entendu, l'immeuble est décrit de façon beaucoup plus succincte dans le treizième chapitre, de même que l'ascenseur, la porte, le salon, et l'accent est mis sur les sensations du personnage. Bernard est pris par la magie du lieu: «Une sorte de fièvre s'empare de lui. Son plaisir est infini» (p. 52). Il va d'ailleurs y rester confiné un long moment (chap. 13-14-15-16-17), un peu comme une mouche prise dans une toile d'araignée, et ne fera qu'une seule escapade, lors de son mariage à l'église[106]. C'est au cours de ces cinq chapitres que l'on est témoin de la lente métamorphose de Bernard. C'est le passage du récit où la stabilité du lieu est la plus grande, ce qui contraste avec le cycle de déplacements incessants qui a précédé. L'étalage d'une carte représentant le plan du métro met fin à cette prostration (chap. 17). Christine doit se rendre chez l'une de ses tantes et propose à Bernard de prendre le métro avec elle. Cela tient en quelques lignes à peine, mais ce chapitre d'une page a son importance puisqu'il amorce une série d'actions: Bernard se réjouit de ce que Christine ait pris l'initiative de le laisser partir... à la recherche d'Héloïse. Si le chapitre 7 insistait sur l'amorce de la séparation entre Bernard et Christine, le chapitre 17 enclenche une nouvelle séquence, qui aura tout d'abord pour cadre le métro parisien.

Attiré par une voix familière qui fredonne une chanson, Bernard bondit hors du wagon (chap. 18). Après avoir rejoint Héloïse, avec qui il a une brève discussion, ils reprennent tous les deux le métro. La jeune femme disparaît, à la station Croix-Rouge semble-t-il, une station fermée (chap. 19), non sans avoir donné rendez-vous à Bernard pour le lendemain soir. De retour à l'appartement, on apprend que le couple s'apprête à pendre la crémaillère et qu'il manque un élément indispensable: les glaçons, ce qui fournit à Bernard une bonne raison de sortir (chap. 20).

Le cadre dans lequel se déroule la scène suivante ne se laisse pas saisir facilement. Il y est question de loups, d'un daneau vidé de son sang, dont l'odeur excite les animaux, d'une ronde effectuée par un gardien, bref d'un zoo quelconque (chap. 21). L'allure étrange d'Héloïse (chap. 22), qui saute la grille du jardin, qui parle d'une voix «férocement joyeuse» et dont le «visage, au bord du sommeil, a quelque chose de bouffi et de repu», éveille nos soupçons et un retour en arrière peut nous rappeler que c'est au Jardin des Plantes qu'Héloïse et Bernard se sont donné rendez-vous. L'inférence que l'on est amené à faire est que la jeune femme a elle-même «saigné» le daim. Est-on persuadé dès ce moment de la nature vampirique d'Héloïse? Ce qui est sûr, c'est que le texte joue fortement sur l'implicite, sur l'absence de détails, sur le fait que nous ne

106. Il s'agit du premier paragraphe du chapitre 14.

pouvons comprendre qu'à demi-mots. Au lieu d'être repoussés par le comportement bestial d'Héloïse, nous pouvons être séduits par le jeu de l'énigme, par les zones d'ombre qui entourent le personnage.

Peu après, la jeune femme emmène son ami dans une cave où tous les gens boivent du *bloody-mary*, avant de s'agglutiner soudain autour du couple, on ne sait trop pourquoi (chap. 23). Quelques instants plus tard, alors que la jeune femme nettoie une seringue dans les toilettes du métro, une tache de sang se forme sur son corsage (chap. 24), ce qui vient confirmer l'hypothèse selon laquelle c'est bien Héloïse qui a tué l'animal. C'est ensuite une sorte de chassé-croisé qui s'offre à nous, puisque l'on passe d'un personnage à un autre trois fois de suite : Christine attend anxieusement Bernard (chap. 25), Héloïse et Bernard s'embrassent à l'entrée du métro (chap. 26), Christine fond en larmes à la fin de la soirée (chap. 27). Les trois chapitres qui se déroulent à l'appartement (27-28-29) sont l'occasion d'un « changement de locataire ». Quand Bernard, enfin rentré, lui déclare qu'il ne l'aime plus, Christine quitte les lieux (chap. 28), et dans le chapitre suivant, Héloïse reprend possession de son ancien appartement, le temps d'une étreinte amoureuse qui s'achève sur le cri de douleur de Bernard (chap. 29). Héloïse et Christine se croisent à nouveau, dans la rue cette fois, mais toujours sans se voir (chap. 30). Pendant qu'Héloïse se délecte du sang de sa victime place Saint-Michel (chap. 31), Bernard est emmené à l'hôpital, où il subit une transfusion sanguine et réchappe de justesse de ce que les médecins considèrent comme une tentative de suicide (chap. 32). Puis, on passe encore une fois d'un personnage à un autre, pour suivre la discussion entre les deux vampires, Héloïse et Bottereau, tranquillement assis à la station Père-Lachaise (chap. 33) et qui s'engagent peu après dans une galerie souterraine. Le chapitre qui suit présente une nouvelle rupture, et il nous faut attendre quelques lignes, apprendre que Bottereau et Héloïse se hâtent dans les allées à la recherche de tombeaux pour pouvoir en déduire le nom du lieu où ils se trouvent, pour comprendre qu'il s'agit d'un cimetière (chap. 34).

Une fois rendu à l'hôpital, Bernard comprend l'identité d'Héloïse (« Cette femme est la mort » [p. 105]) et décide de se protéger, de la fuir à tout prix (chap. 35). Après un tour au marché (chap. 36), il va rendre visite à un serrurier et à un armurier pendant que Christine regagne l'appartement. Le seul chapitre où Christine se trouve seule à l'appartement crée bien entendu un certain suspense, surtout qu'il ne fait qu'une page (chap. 37). Sans se douter de rien, elle fait la cuisine, entend quelqu'un entrer... et c'est au lecteur d'imaginer ce qui se passe entre le moment où Christine se met à crier en voyant Bottereau surgir devant elle (fin du chap. 38) et celui où Bernard ouvre la porte (début du chap. 39). Le désir de fuite se transforme en désir de vengeance : Bernard charge son arme, prend le métro, embarque dans un train fantôme et se retrouve juste en face d'Héloïse (chap. 40), dont le pouvoir de fascination est toujours aussi grand. Un dialogue étrange s'engage entre les deux personnages :

Les a-t-il vraiment chuchotés ces mots, contre l'épaule d'Héloïse?

– Je t'aime Héloïse, je t'aime.

Les a-t-elle vraiment prononcées ces paroles, comme on s'adresse à un enfant malade.

– Ce n'est que la fascination de la mort, mon chéri. (p. 122)

Le texte nous laisse sur l'image d'une Pietá sauvage, entourant de ses bras le jeune homme couché sur ses genoux, bientôt rejointe par Bottereau et Christine, ballerine devenue pantin, et révèle enfin le nom de la station où se pressent les morts en vêtements 1900: «On peut lire le nom de la station Père-Lachaise, à travers la brume.» C'est donc sur le nom d'un lieu que s'achève le récit[107]. En descendant à cette station portant le même nom que le cimetière, Bernard a signé son arrêt de mort. À cause de son nom, cette station de métro se présente comme un espace de transition entre le cimetière, espace souterrain réservé aux morts, et le métro, espace souterrain colonisé par les vivants, un espace particulièrement adapté à la foule de morts-vivants qui entourent les protagonistes.

Le passage continuel d'un lieu à un autre constitue donc l'une des caractéristiques majeures du récit. La conséquence d'une telle discontinuité de l'espace représenté est que notre attention ne peut pas se fixer sur un lieu en particulier, sauf quand une certaine continuité spatiale s'établit entre plusieurs chapitres. Il arrive en effet trois fois que l'attention se focalise pendant plus d'un chapitre sur un même lieu: l'appartement. Celui-ci devient le théâtre d'événements importants: la métamorphose de Bernard, la visite d'Héloïse à son ancien appartement, le meurtre de Christine. Des situations où, tour à tour, chacun des trois personnages occupe le devant de la scène. Mais le récit nous réserve d'autres surprises, comme celle de devoir faire face à des indéterminations importantes au cours de notre traversée des lieux.

Les lieux difficiles à identifier

Deux fois, le récit présente une rupture évidente, qui nous parachute dans un lieu que nous avons du mal à identifier car il détonne avec les lieux précédents, un lieu qui semble n'avoir aucun rapport avec les personnages du roman. C'est tout d'abord le début du chapitre 21 qui pose un problème de lecture. On ne comprend pas l'apparition soudaine et impromptue de loups, de daims, d'un gardien effectuant sa ronde. La question que l'on se pose (où sommes-nous?) concerne l'indétermination momentanée du lieu. Nulle part ailleurs dans ce

107. Il faut ajouter que, comme le signale Janet M. Paterson, «la fin du roman fait allusion à l'activité de lecture» (*Anne Hébert. Architexture romanesque*, Ottawa, Éd. de l'Université d'Ottawa, 1985, p. 158).

texte, l'absence de liaisons entre les chapitres ne se fait autant sentir. Ce chapitre ne fait qu'une seule page et ne met en scène aucun personnage – le gardien est tout au plus un figurant –, à l'instar du premier chapitre. Si cela prend un certain temps avant de reconnaître le lieu (un zoo), il est encore plus difficile de deviner les circonstances de la mort du daim, et de comprendre ce que tout cela vient faire avec le récit que l'on est train de lire. En fait, ce n'est qu'en prenant connaissance des pages qui suivent que l'on peut véritablement comprendre ce passage. L'inférence que l'on est amené à faire est que Héloïse se trouvait dans le Jardin des Plantes et qu'elle a saigné le daim, ce qui expliquerait l'excitation anormale des animaux du zoo.

Une autre difficulté du même genre peut être observée au début du chapitre 34. Une rupture importante se produit car la première phrase, «Le champ des morts est vaste comme une ville», est une entrée en matière des plus curieuses. Présenté comme un «champ» et comparé à une «ville», l'espace des morts semble entremêler les deux espaces inconciliables que sont l'espace cultivé et l'espace habité. Comme dans le cas du Jardin des Plantes, c'est au lecteur d'inférer le nom du lieu où il se trouve, car le mot «cimetière» n'apparaît pas dans le texte. Il n'est pas plus facile de comprendre pourquoi le récit fait tout à coup mention de ce lieu. Ce n'est que lorsque l'on apprend que Bottereau et Héloïse se hâtent dans les allées à la recherche de tombeaux que l'on peut saisir la portée de ces premières phrases. On peut donc dire que le texte joue encore une fois sur l'indétermination momentanée du lieu, d'abord présenté comme énigmatique.

L'espace souterrain du cimetière est par définition un espace figé, d'où la ressemblance avec le champ, mais l'espace de la mort est ici troublé par le va-et-vient de ses habitants. Le retour précipité des deux morts au cimetière donne à la nécropole l'aspect d'une «ville-dortoir», que les gens regagnent quand ils ont sommeil. Il faut noter également que le monde des morts-vivants possède des lois. La discussion énigmatique entre Héloïse et Bottereau dans les toilettes du métro avait déjà mentionné l'existence d'une loi:

> (Bottereau) – Vous risquez gros. Ne vous laissez pas attendrir par ce jeune homme. Ne vous attachez pas surtout. C'est extrêmement dangereux pour vous. Préférez-vous que je vous mette sur une autre piste, avant qu'il ne soit trop tard? [...]
>
> (Héloïse) – Ce que j'ai commencé avec Bernard je le terminerai, tel que convenu. La loi, c'est la loi. (p. 83-84)

Ce passage n'est pas très facile à comprendre. Bernard semble être une victime désignée, mais quelle loi est derrière tout cela? Ce n'est que bien plus tard que l'on apprend de quelle mission Héloïse est investie. C'est après s'être fait encore une fois réprimander par Bottereau, car elle a failli à sa mission, qu'Héloïse avoue:

(Héloïse) – Je ne m'explique pas ce qui s'est passé. [...]

(Bottereau)– Ne vous tarde-t-il pas de ramener cette merveille parmi nous ?

(Héloïse) – Je n'ai pas le choix, n'est-ce pas ? Mon éternité est à ce prix. (p. 105-106)

Héloïse doit amener Bernard au royaume des morts, c'est-à-dire le tuer, pour devenir éternelle ; quant à son compagnon, c'est sur Christine qu'il a jeté son dévolu. Il faut souligner que l'identification d'Héloïse en tant que vampire repose sur une série d'indices, parsemés tout au long du texte. Il s'agit là d'un savoir un peu particulier. Pour reprendre les distinctions de Barthes, ce qui est relatif au vampirisme dans ce texte relève à la fois du code énigmatique et du code culturel, étant donné que nous devons convoquer un savoir relatif aux vampires pour comprendre la nature d'Héloïse et que cela vient résoudre une énigme importante. Comme le fait remarquer Jean-Louis Backès dans son article « Le système de l'identification dans l'œuvre romanesque d'Anne Hébert »,

> les lecteurs concrets peuvent avoir, en matière de vampirisme, des connaissances plus ou moins étendues. Ils peuvent aussi aborder le livre dans une parfaite ignorance de son sujet ou munis, par la presse, par des conversations, de quelques renseignements[108].

Le fait de ne pas vouloir sortir du métro car il fait encore jour[109] ou encore l'absence de reflet dans le miroir, le meurtre du daneau, l'allusion à la « loi » sont des indices que nous comprenons ou ne comprenons pas selon le savoir que nous possédons sur les vampires, mais il reste que nous en savons toujours plus que le personnage de Bernard. Ce dernier, en effet, n'est témoin que de la scène du miroir, qui le trouble, mais on ignore s'il comprend les implications de cette découverte.

Ce que l'on apprend dans ce chapitre sur la « vie » des morts peut nous permettre d'observer que les déplacements dans les deux espaces souterrains du récit, le métro et le cimetière, se font en sens inverse. Si les morts, en quittant le cimetière, investissent l'espace du dessus, les vivants occupent quant à eux le métro, lieu souterrain traditionnellement réservé aux morts.

---

108. Jean-Louis Backès, « Le système de l'identification dans l'œuvre romanesque d'Anne Hébert », *Voix et images*, vol. 6, n° 2, 1981, p. 270.

109. C'est le seul endroit où le texte présente un rapport assez particulier des deux personnages, Héloïse et Bottereau, à la lumière du jour. Lucille Roy a relevé de multiples occurrences relatives à la lumière et à l'ombre dans son étude intitulée « Héloïse ou la dialectique de la lumière et de l'ombre » (*Entre la lumière et l'ombre. L'univers poétique d'Anne Hébert*, Sherbrooke [Québec], Éd. Naaman, 1984, p. 155-174), mais le rapport particulier des deux vampires à la lumière du jour n'y est pas examiné.

Le métro, lieu de passage

Quand Bernard décide de revoir la lumière du jour, après sa longue retraite à l'intérieur de l'appartement, il prend le métro. Le début du chapitre 18 marque une rupture importante car on se trouve face à un tout autre registre énonciatif. La narration des événements est délaissée momentanément et l'arrivée dans ce lieu de passage par excellence est l'occasion, pour un narrateur anonyme, d'une réflexion sur la destinée :

> À chaque station on charge et on décharge. Des hommes et des femmes avec un but précis en tête. Surtout ne pas arriver en retard. À chacun sa vie, cachée sous les rides ou le lisse des joues. À chacun sa mort enclose dans le secret des os et du sang. La destinée. Parfois on pourrait l'entendre cogner contre les parois du cœur. Si ce n'était du fracas du métro et de l'incrédulité qu'on a tous pour ces sortes de mystères. (p. 67)

Dans ces quelques lignes, il est question successivement des stations du métro, de la vie, de la mort et de la destinée. Ne peut-on pas y voir une association entre les arrêts fréquents du métro d'une station à une autre et le « voyage » de la vie à la mort ? Examinée de près, cette citation semble jeter les premières touches du caractère ambigu de ce lieu moderne. En effet, si le métro est la métaphore de la vie, la « destination » que prend le voyageur devient sa « destinée » et l'arrêt final correspond à la mort. Mais il ne faut pas oublier que le métro ne roule jamais à sens unique, et il suffit d'inverser les termes pour rendre possible un passage des plus surprenants qui soient : celui de la mort à la vie, préfiguré par le passage de l'espace du dessous à l'espace du dessus.

En fait, si l'on tient compte des propos cités en exergue : « Le monde est en ordre/Les morts dessous/Les vivants dessus », le métro doit être considéré comme un lieu qui transgresse l'ordre établi, puisqu'il faut descendre sous terre pour voyager à travers la ville. Les vivants quittent momentanément leur domaine, situé au-dessus de l'écorce terrestre, pour envahir celui que les cadavres accaparent depuis des millénaires : les profondeurs de la terre. Cette brèche que le métro ouvre entre deux espaces que les habitudes funéraires ont contribué à fermer de façon matérielle et symbolique n'est somme toute pas même remarquée par les « habitués » du métro, qui se comportent dans ce lieu comme partout ailleurs. Le récit rappelle en quelque sorte l'ambiguïté de cet espace souterrain[110].

110. Selon Delbert W. Russel, cette épigraphe « *emphasizes the coexistence of the living and the dead, while ironically suggesting by the order of the lines that the dead have the dominant position. These lines, repeated again as Bernard is released from the hospital, also suggest that the living tend to delude themselves about their control of the order of the world* » (*Anne Hébert*, Boston, Twayne Publishers, 1983, p. 110)

On observe à nouveau un changement de registre dans l'énonciation au début du chapitre 31. Alors que l'on attend impatiemment de connaître le sort de Bernard (le chapitre précédent finit sur l'image d'une civière portée par deux ambulanciers), la narration des événements fait place à une réflexion sur le monde actuel :

> Le temps est éclaté. Les morts sont lâchés parmi nous. Yeux refaits, voix reconstituées, squelettes assemblés de nouveau, ils se mêlent à la foule, sans qu'on n'y prenne garde. L'époque étant propice à ce genre d'apparitions en costumes surannés. La mode n'est plus un critère. La robe d'Héloïse ne dérange pas plus que le vêtement flottant, traînant dans la poussière, de cette fille à la tête tondue, au brillant incrusté entre les deux yeux. Certaines pâleurs et maigreurs ne sont plus identifiables, place Saint-Michel, autour de la fontaine où dorment de jeunes drogués, livides et efflanqués.
>
> Ce monde dans lequel nous vivons accueille d'un même air indifférent et las toute singularité et jouissance perverse. (p. 102)

Le récit est éclaté : aussitôt enclenché, le suspense est désamorcé. Émises par un narrateur anonyme, ces phrases détonnent avec le reste du texte. Que comprendre de ces affirmations qui semblent nous prendre à partie, le pronom « nous » paraissant englober le lecteur (« ce monde dans lequel *nous* vivons ») ? Il faut ajouter que les morts ne font pas que se mêler à la foule : assise au milieu des drogués au bord de la fontaine de la place Saint-Michel, Héloïse manipule une seringue remplie de sang et des flacons de verre sans que personne la remarque.

Cette réflexion sur l'apparence extérieure des êtres humains, leurs vêtements, la pâleur et la maigreur des corps[111], met en évidence l'ambiguïté de l'époque. Héloïse est différente des gens au milieu desquels elle se trouve pour deux raisons : d'une part, les vêtements qu'elle porte étaient à la mode lorsqu'elle était encore en vie, c'est-à-dire au début du siècle ; s'ils semblent « rétro », c'est bien parce que la mode s'amuse à mélanger les époques, à faire ressurgir des vestiges des temps passés. D'autre part, son corps de morte est véritablement un « cadavre » déambulant dans les rues, le squelette transparaissant sous les os[112] et le teint aussi pâle que possible. Là encore, la jeune femme est entourée par des vivants qui lui ressemblent, que la drogue transforme au point de leur donner une apparence macabre.

---

111. Ailleurs, c'est le fait que les différences entre garçons et filles soient en partie gommées, autre reflet de l'époque, qui retient l'attention. Au début du récit, Bernard et Christine ont la même apparence corporelle : « Les fiancés se serrent l'un contre l'autre. Vêtus comme des frères jumeaux. Jeans et pull-overs. Hanches étroites chez la fille comme chez le garçon » (p. 17).
112. Voici comment est décrite Héloïse à la page 99 : « Le visage d'Héloïse, lisse comme un caillou. La beauté des os visible à travers ses mains translucides. »

La question du passage revêt donc une importance capitale dans *Héloïse*. Il y est question du passage de la vie à la mort, de la mort à la vie, de l'espace du dessus à celui du dessous et vice-versa, d'une station de métro à une autre, d'une époque à une autre. À cela, il faut ajouter que les êtres humains sont avant tout des passants (huit chapitres ont pour cadre la rue) et des voyageurs (sept chapitres ont pour cadre le métro), et que la lecture du texte s'effectue également sur le mode du passage d'un lieu à un autre.

Jeux de mots, d'images et de miroirs

Lire *Héloïse*, ce n'est pas seulement découvrir les lieux de la fiction, des lieux qui jouent sur le mode de la variation, c'est aussi traverser des espaces de papier, les uns remplis de mots, les autres totalement vides, survoler des signes et des silences, un peu comme si l'on se trouvait devant une partition de musique. La progression à travers le récit d'Anne Hébert n'est pas une progression simple, sans heurts. Nous sommes interrompus sans arrêt dans notre mouvement de lecture, car nous devons survoler de nombreux espaces blancs, ceux qui séparent les quarante chapitres, ce que nous faisons spontanément au cours de notre lecture.

On peut supposer que lors d'une lecture axée sur la progression, on perde très vite la notion du temps. À cause du découpage en petits chapitres et de l'absence de repères temporels, le temps semble s'étirer en longueur, être suspendu, fragmenté. Par exemple, rien ne nous permet de savoir si plusieurs heures ou plusieurs jours séparent le moment où Bernard aperçoit Héloïse dans le métro de celui où il est assis à la terrasse du café avec Christine. Ce n'est qu'à la page 31 que l'on apprend que la transformation de Bernard a été brutale, spontanée, et que toute cette aventure n'a duré qu'un temps très court :

> Il a suffi d'un instant, tout à l'heure dans le métro, face à une inconnue, pour que Bernard soit transformé *comme quelqu'un qui passe sur l'autre versant du monde.* (Nous soulignons.)

Si cette phrase semble de prime abord légèrement suspecte, la comparaison s'explique facilement. Bernard est fasciné par l'inconnue, et même si la fascination semble prendre des proportions inquiétantes, on sait que ce sont des choses qui arrivent. Cette comparaison prend un sens très différent lorsque l'on revient sur le texte. Le « passage sur l'autre versant du monde » fait penser au passage de l'autre côté du miroir, celui dont on ne revient pas, un passage brusque et inexplicable, sans retour possible. Il s'agit là d'une nouvelle variation sur le thème du passage.

Ces remarques sur la question du passage dans *Héloïse* ne seraient pas complètes si nous omettions de souligner que l'appartement est situé très exactement dans une *impasse*[113]. Bernard se trouve en fait dans une impasse dans les deux sens du mot. S'il habite «impasse des Acacias», sa destinée aussi est dans une impasse : dès le début du livre, on sait que l'appartement est destiné au couple de jeunes mariés. Le fait de rencontrer Héloïse dans le métro met en branle une série d'événements dont le destin est fixé d'avance. Passé sur «l'autre versant du monde», il ne peut plus revenir en arrière, continuer à vivre comme si de rien n'était ; sa destinée le mène, inexorablement, dans les bras d'Héloïse où la mort l'attend. Ce jeu sur le sens du mot «impasse» est loin d'être le seul dans ce texte où foisonnent les énoncés ambigus. Lors d'un parcours axé sur la compréhension, un lecteur est à même de tracer, dans l'espace du texte, des réseaux d'indices concernant le vampirisme, les morts-vivants, les figures mythologiques, etc. Ce que nous nous proposons de faire, maintenant, c'est de quitter momentanément l'étude de l'effet fantastique pour nous intéresser aux jeux de mots et aux jeux d'images qui parcourent le texte et qui ne sont, pour la plupart, repérables que lors d'une lecture plus attentive du texte.

Quand on sait que Bottereau et Héloïse sont des morts-vivants, certaines phrases peuvent prêter à sourire, telles que :

> (Bottereau) : – Je suffoque. L'air qu'on respire ici est délétère. Cette ville n'est plus vivable ! (p. 48)
>
> (Héloïse à Bernard) – On ne meurt qu'une fois, vous savez. (p. 78)

Le présupposé inhabituel «X est un mort» change totalement la compréhension des phrases. La première joue sur les deux sens possibles du verbe «vivre» : l'adjectif «vivable», qui se rapporte habituellement au deuxième sens de vivre, qui est de «mener sa vie de telle ou telle façon», est ici entendu au sens littéral du verbe «vivre», qui est d'exister, d'être en vie. L'expression «on ne meurt qu'une fois» ne se comprend habituellement qu'en fonction d'un sous-entendu, qui pourrait être résumé comme suit : «comme je dois mourir de toutes façons, je peux me permettre de faire ceci». Cette phrase vise donc à excuser auprès des autres un comportement qui peut mettre une vie en danger, par toutes sortes d'abus ou par manque de prudence. Quand Héloïse répond au reproche de Bernard : «Vous auriez pu vous tuer en escaladant cette grille» (p. 78), elle utilise cette expression très à propos, et se cache derrière ses mains pour rire, car elle est une des seules pour qui le sens littéral de cette phrase est vrai. L'implication est dans ce cas : «je ne mourrai pas une seconde fois».

---

113. L'impasse des Acacias a beau être située dans un vieux quartier, près des bois, il s'agit malgré tout d'une impasse ordinaire, du moins à première vue. On est loin de l'impasse Sainte-Bérégonne, qui n'existe que pour un seul être humain...

Ailleurs, c'est l'ambiguïté du métro, lieu de rencontre pour les morts comme pour les vivants, divisé en lignes comme la destinée, qui permet le jeu de mots :

> (Bottereau à Bernard) : – Héloïse n'est pas plus ma fille que la vôtre, jeune homme. Simple rencontre sous terre. Les hasards du métro. (p. 54)
>
> (Héloïse) : – Le métro nous le connaissons par cœur, Bottereau et moi, comme les lignes de nos mains. (p. 70)

Ajoutons enfin que les morts ont un langage qui leur est propre. Ce n'est pas le ciel qu'ils implorent mais bien la terre : « la terre vous entende » (p. 84), ce qui peut s'expliquer par le fait que leur demeure n'est pas située dans un au-delà, dans un paradis céleste, mais dans un « au-dessous » situé quelques pieds sous terre. Leur lieu de rencontre dans la ville de Paris est une « cave » de la rue Gît-le-Cœur (p. 78), une rue dont le nom rappelle l'inscription des pierres tombales (« Ci-gît... »).

Un autre groupe de jeux de mots s'articule autour du présupposé « X est un vampire » :

> Qui a bu boira. (p. 27)
>
> (Bottereau à Bernard) : – Chez votre fiancée, le sang est jeune et généreux... (p. 53)
>
> [Héloïse] se décide pour un bloody-mary. (p. 79)
>
> (Bottereau à Héloïse) : – Je vous trouve bien pâlotte. Vous êtes en train de vous anémier. (p. 83)
>
> (Héloïse) : Je boirai sa vie jusqu'à la dernière goutte. (p. 107)

Jouer avec les mots, ce n'est pas seulement « faire des jeux de mots », comme le veut l'expression. C'est aussi l'activité principale du processus d'écriture. Rappelons que le héros du récit a un rapport très particulier à l'écriture : il voulait être écrivain (p. 13), il griffonne ce qui lui passe par la tête au lieu de prendre des notes (p. 27), compare les murs blancs du studio à la page blanche : « Pas l'ombre d'un signe. Jamais je ne pourrai travailler ici. La page blanche reprise par quatre murs et un plafond bas. Vertige. » (p. 42)

Parmi les hypothèses avancées par Christine pour expliquer le changement de son mari, deux sont relatives au langage : il serait possible que Bernard soit en train d'inventer un poème (p. 64)[114], ou bien son psychisme serait

114. Les critiques ont été nombreux à voir dans ce texte une allégorie de l'écriture. Voici par exemple comment Janis L. Pallister, dans son article intitulé « Orphic Elements in Anne Hébert's *Héloïse* » (Québec Studies, n° 5, 1987, p. 125-134), interprète l'abandon par Bernard du rêve de devenir écrivain : « *Bernard – the protagonist of* Héloïse *– is a poet, who, somewhat like Cocteau's Orpheus, is suffering from block. In Bernard's case the abandonment of poetry is, like that of Rimbaud, self-imposed* [...] ; *and we may suppose that the pursuit of vampires – comparable to that of the classical furies– is in some sense the*

troublé au point de lui procurer des «visions», phénomènes qui disparaîtront si Bernard les raconte à sa femme: «C'est fort, tu sais, le pouvoir de la parole» (p. 110). La seule hypothèse n'ayant aucun rapport avec le langage est celle de la drogue, qui expliquerait son mutisme, son air absent, et que Christine formule lorsqu'elle remarque une trace de piqûre sur le poignet du jeune homme.

Soulignons aussi le passage d'une forme littéraire à une autre: à plusieurs endroits, le récit cède la place à des fragments poétiques. D'une part, l'exergue, repris à la page 109, est une strophe du poème «En guise de fête» d'Anne Hébert[115]. D'autre part, les deux chansons d'Héloïse sont reproduites dans le texte[116]. Telle une sirène, c'est par son chant qu'Héloïse attire Bernard, le *voyageur* du métro. D'autres figures mythologiques viennent à l'esprit. Héloïse et Bernard font penser au couple célèbre d'Héloïse et Abélard, ayant vécu au XIIe siècle et laissé derrière lui le mythe de l'amour parfait et impossible, que le roman de Rousseau *Julie ou la Nouvelle Héloïse* s'est chargé de réactiver.

Mentionnons également le fait que Bernard se retrouve par hasard à la station Michel-Ange-Auteuil et que, quelques pages plus loin, il est dans les bras d'une pietà. L'allusion aux pietà de Michel-Ange dépasse en quelque sorte le jeu purement verbal, puisqu'elle fait intervenir une figure mythologique, celle de la Vierge tenant le Christ entre ses bras à la descente de la croix dans la mythologie chrétienne, figure ayant fourni le sujet de plusieurs sculptures à l'artiste italien.

Une autre image, celle de la Méduse, s'impose particulièrement dans ce récit. Héloïse, à l'image de la déesse, pétrifie Bernard, le glace: «Une statue méprisante. Une grande pierre debout qui foudroie du regard. Une voix glaçante.» (p. 38). En face d'elle, Bernard est littéralement «médusé» (p. 97). Ce jeu de mots s'accompagne d'un jeu d'images puisque, sans être nommée, la figure qui surplombe la porte de l'immeuble, rue des Acacias, est décrite ainsi: «Au-dessus de la porte, parmi les volutes de pierre, une tête de femme à la chevelure défaite» (p. 9), «une tête de femme a l'air de présider à la destinée de la rue tout entière» (p. 50)[117]. On peut facilement reconnaître Méduse, la

punishment for having spurned his muse» (p. 126). C'est également l'avis de Paul Raymond Côté, dans son article «L'euphémisation dans *Héloïse* d'Anne Hébert» (*Symposium*, vol. 43, n° 3, 1989, p. 172-183): «ce refoulement de la part de Bernard de ses instincts créateurs serait à l'origine de la crise psychique qui constitue la matière principale du récit» (*ibid.*, p. 176).

115. Anne Hébert, *Poèmes*, 1re partie: *Le tombeau des rois*, Paris, Seuil, 1960, p. 35-36.

116. Ces chansons, aux paroles éloquentes, se lisent ainsi: «Il ne faut pas se désoler/Pour si peu, mon ami,/Une de perdue,/Une de retrouvée,/Celle qu'on n'attendait pas/Sort de l'ombre/Creuse sa galerie profonde/Au cœur noir de la terre/Pour venir jusqu'à toi» (p. 20); «Qui me voit/Une fois/Une seule fois/Me désire et se noie/La terre est profonde/Comme l'onde.../Qui m'aime/Me suivra...» (p. 69).

117. Dans un article intitulé «Héloïse: la mort dans cette chambre», Lilian Pestre de Almeida entreprend de faire une interprétation psychanalytique de ce roman, car selon elle, le contenu manifeste du récit: une histoire de vampires, masque un rapport à la Mère. Elle

dernière des sœurs appelées Gorgones, qui a le pouvoir de pétrifier les humains croisant son regard et qui, lorsque sa figure est dessinée sur un bouclier, devient une arme redoutable censée pétrifier de mort les combattants. Le regard d'Héloïse est lui aussi insoutenable. La première fois qu'il la rencontre, «Bernard tente de soutenir le regard de la jeune femme. Mais en vain. Il baisse les yeux inexplicablement.» (p. 21)

Le texte offre aussi tout un jeu de miroirs, où certains événements, certaines images, semblent des reflets d'autres événements, d'autres images. La citation suivante, par exemple, montre un homme en train de se faire «vampiriser» par l'appartement:

> Cet homme est rongé, poli, pareil à un vieux galet roulé par la mer. L'air qui envahit ses poumons devient son sang, sa vie, ses os. [...] Sa volonté s'effrite, tombe en poussière. Bientôt il ne sera plus que soumission et fascination. (p. 62)

Ces phrases deviennent comme une anticipation de ce qui va advenir au personnage. Un peu plus loin, alors qu'elle a décidé de quitter son mari, Christine et lui s'allongent sur le lit: «Ils ont l'air de deux gisants» (p. 95). Là encore, le texte anticipe le moment où les deux personnages vont effectivement mourir. Et quand Héloïse vient rejoindre Bernard à l'appartement: «Bernard est debout qui contemple Héloïse comme on contemple la mort» (p. 97).

Il reste à mentionner le «fantôme» de la mère de Bernard qui apparaît à son fils lors du repas de mariage (p. 14), apparition qui précède de peu celle d'une autre morte, beaucoup plus dangereuse, et qui n'aura un comportement maternel qu'à la toute fin (pietà sauvage); ainsi que le spectacle dans la cave où les danseuses tombent et ne se relèvent pas (p. 80), contrebalancé par l'image de Christine, à la toute fin, qui ne danse plus, qui a perdu toute expression et qui ressemble à un pantin désarticulé: Bottereau «tient le bras de Christine, dépenaillée et complètement indifférente» (p. 124).

C'est donc un trajet riche en mots et en couleurs que le texte nous invite à parcourir lors d'une relecture. Celui que nous avons suivi ici n'est bien entendu que l'un des trajets que la lecture-en-compréhension d'*Héloïse* rend possibles[118],

met la figure au-dessus de la porte en relation avec deux autres figures: une créature ni homme ni femme, dont le buste en plâtre orne le salon, et Orphée jouant de la lyre, présent sous la forme d'une statue en bronze. Le premier représenterait l'homme châtré ou la Mère phallique et le second la magie de la parole, en particulier le narrateur (*Voix et images*, vol. 7, n° 3, 1982, p. 471-481).

118. Il faut souligner que la plupart des critiques ont tenté de comprendre ce texte à l'aide de clés, ce texte se présentant pour eux comme une allégorie plutôt que comme un texte fantastique. Nous avons déjà mentionné l'interprétation de J. Pallister, pour qui la clé est le texte de Cocteau intitulé *Orphée* («Orphic Elements in Anne Hébert's *Héloïse*», *loc. cit.*) et celle de L. Pestre de Almeida qui voit en Héloïse toute l'ambiguïté du rapport à la mère. Pour Alexandre L. Amprimoz, la clé est l'imagerie animale: «*Héloïse fights for survival and, in doing so, her behaviour begins to resemble that of an animal*» («Survival Disguised

mais il nous semble important de laisser un peu de place dans cette analyse à cette autre facette du processus de lecture. Le fait de ne plus parcourir l'espace du texte du début jusqu'à la fin, mais de glaner ici et là certains éléments, de les regrouper selon certaines similitudes, de naviguer dans tous les sens, en suivant une image, en faisant s'entrechoquer les significations des phrases, en laissant des présupposés affleurer, tout cela relève d'une attitude différente du lecteur par rapport à l'espace de papier sur lequel le texte est inscrit, une attitude qui ne peut être confondue avec celle d'un lecteur dont l'unique but serait de ressentir un effet fantastique.

Ce roman nous rappelle que la lecture est avant tout le passage d'un lieu à un autre : la page est un lieu que les yeux du lecteur survolent l'espace d'un moment pour se concentrer le moment d'après sur un autre lieu, une autre page. Les liaisons sont absentes et parfois difficiles à construire : nous devons multiplier les inférences et les retours en arrière. Mais surtout, leur absence inscrit l'indétermination au cœur même du récit. Notons que le terme de « blanc », proposé par Iser, s'applique particulièrement bien ici, étant donné qu'il est matérialisé dans l'espace même du texte. Nous nous trouvons face à des intervalles vides, des espaces d'où les signes sont absents, et nous pouvons supposer que la présence de ces « blancs » nous amène à traverser des « passages à vide », au cours de notre lecture du texte, des moments où nous sommes à même d'en saisir l'indétermination.

2.7. L'EFFET FANTASTIQUE COMME HEURISTIQUE

Au terme de ce long périple où se sont cotoyés les récits les plus divers, il nous faut faire le bilan de l'analyse des procédés de l'effet fantastique. Un aspect de ces analyses en particulier demande quelques éclaircissements de notre part. Ce travail sur les textes avait pour but de mettre à jour les procédés, de retracer certains éléments responsables de l'effet fantastique ressenti lors de la lecture-en-progression du texte ; il s'agissait donc de mimer cette lecture, d'essayer d'en esquisser le portrait. La difficulté consistait bien entendu en ce qu'il est

as Metaphysics : Anne Hébert's *Héloïse* », *Waves*, vol. 10, n° 4, 1982, p. 75), tandis que pour Paul Raymond Côté, « il s'agit à la fois d'une apologie de la création artistique dans un monde voué à la démystification de l'imagination humaine et d'un dialogue provoquant avec la part ténébreuse de la conscience collective » (« L'euphémisation dans *Héloïse* d'Anne Hébert », *loc. cit.*, p. 183). Plutôt que d'avoir à choisir entre toutes ces interprétations, nous préférons adopter le point de vue de J.L. Backès qui, lorsqu'il se demande qui est Héloïse, répond : « Il n'existe pas de réponse définitive. L'identité fuit » (« Le système d'identification dans l'œuvre romanesque d'Anne Hébert », *loc. cit.*, p. 272). Lors d'une lecture-en-progression, elle est un vampire, une morte-vivante, mais elle peut être également pour certains l'image de la mère, la vocation étouffée qui se venge, la mort, etc. Comme l'affirme l'auteur, « [l]es chaînes associatives s'éloignent, se recoupent, forment un immense treillis où nul point ne peut passer pour le point ombilical » (*ibid.*, p. 271).

impossible de faire ressurgir l'effet fantastique lors d'une analyse, car celui-ci disparaît par définition lors des lectures-en-compréhension. Or, l'analyse des procédés a eu des «effets secondaires»: les relectures successives des textes ont conduit à des réflexions sur des éléments n'ayant pas de rapport direct avec le procédé étudié. En essayant de saisir le fonctionnement du suspense, de l'ambiguïté, de l'enchâssement des cadres de référence, des dédales et des jeux de l'espace, nous avons rencontré plusieurs sujets d'étonnement: la lecture télépathique de Ligeia, la récurrence du motif de la main dans «La Vénus d'Ille», ou encore du chiffre trois dans «L'intersigne», le passage du souffle au cri dans «La ruelle ténébreuse», le délire du verbe et du symbole dans *Héloïse*. Les parties intitulées: «Clin d'œil et trompe-l'œil», «Jeux de mains», «Les nombres du hasard», «Du souffle au cri» et «Jeux de mots, d'images et de miroirs» témoignent de la présence d'un autre effet, effet de l'analyse cette fois et non simple effet de lecture.

Là encore, c'est le plaisir de l'indétermination qui a marqué la lecture des textes: il reste des zones obscures dans ces réflexions ponctuelles, que nous n'avons pas cherché à combler. Plutôt que de tenter d'utiliser ces trouvailles de l'analyse pour redonner une cohérence au texte, nous avons préféré nous contenter de relever certains détails qui forcent l'étonnement. Au lieu de poursuivre sur notre lancée et de présenter une interprétation du texte, pour obtenir la satisfaction d'en avoir enfin découvert la clé, le secret, il nous a semblé plus intéressant de nous borner à esquisser certains réseaux dont la subtilité retient l'attention et qui donnent au texte une autre dimension.

L'effet fantastique s'est en quelque sorte déplacé: objet d'étude au départ, il est devenu, sans que cela soit voulu, un élément heuristique. Simple phénomène lectural que l'analyse se proposait d'examiner, il est apparu à la fin de chaque analyse comme un principe moteur de l'analyse elle-même, un élément qui propulse l'analyse un peu plus loin, au-delà du champ d'investigation projeté. Précisons que l'effet fantastique se produit au cours de la lecture d'un texte: il ne la précède pas ni ne la suit non plus. Si nous l'avons considéré d'abord et avant tout comme un objet d'étude, nous nous proposons maintenant de l'envisager comme un élément heuristique.

C'est la métaphore de la spirale qui illustre le mieux ce détournement non prévu de l'effet fantastique. Nous avons cherché lors de cette étude des procédés à nous rapprocher le plus possible du point où l'effet fantastique commence, à nous engager sur une spirale dont l'axe principal est l'effet fantastique ressenti lors d'une lecture-en-progression. Mais le rapprochement s'est doublé d'un éloignement tout aussi grand; nous nous sommes retrouvée sans nous en rendre compte sur une autre courbe de la spirale ayant la faculté d'être sans arrêt en mouvement, de déplacer les objets situés à un point donné.

Il faut donc en conclure que le plaisir de l'indétermination n'est pas l'apanage de la seule lecture axée sur la progression à travers le texte fantastique. Il peut également résulter d'une analyse du texte fantastique, autrement dit être produit par la lecture-en-compréhension. Mais il ne contribue pas dans ce cas à la création d'un effet fantastique, qui exige quant à lui une progression rapide à travers le texte. Selon qu'il est un plaisir de lecture ou un plaisir de l'analyse, le plaisir de l'indétermination se crée dans des conditions très différentes, qui ne peuvent être confondues. Peut-il être aussi un plaisir de l'interprétation ? La notion même d'interprétation n'est-elle pas incompatible avec celle de plaisir de l'indétermination ? C'est sur ces questions que nous allons nous pencher maintenant.

L'effet fantastique, on l'a vu, dépend de l'aptitude du lecteur à saisir l'indétermination du texte. Il exige en fait une attitude de lecture assez particulière, marquée entre autres par l'absence du besoin de donner une signification cohérente au texte, ainsi que par une participation affective très importante. Quelles sont les caractéristiques de l'attitude de lecture prise lors de l'analyse ou de l'interprétation d'un récit fantastique ? Nous nous proposons, dans le chapitre suivant, d'examiner une autre étape de la lecture du fantastique, celle où le processus de lecture va de pair avec un autre processus : le processus interprétatif.

Chapitre 3

LES INTERPRÉTATIONS DU RÉCIT FANTASTIQUE

Que l'analyse soit circulaire n'est pas contestable. [...] j'aimerais parler plutôt d'une spirale sans fin qui fait passer la méditation plusieurs fois par le même point, mais à des altitudes différentes.

Paul Ricœur

Notre objectif principal étant de montrer que les indéterminations du discours fantastique ne sont pas gérées de la même façon selon le mode de lecture choisi, après avoir souligné dans un premier temps le rapport étroit qui unit l'effet fantastique et le plaisir de l'indétermination, nous envisageons maintenant d'observer ce qui se passe lorsque la lecture donne naissance à une interprétation du texte, lorsque l'acte privé et gratuit cède la place à un acte public effectué généralement par un «professionnel de la lecture».

On a vu lors des chapitres précédents que les indéterminations ne pouvaient pas toujours être résolues lors d'une lecture-en-progression. Quelque chose échappe à la compréhension, qui empêche de considérer le récit comme un tout cohérent. Alors que très souvent de telles lacunes créent une insatisfaction – il suffit de penser au dépit ressenti face à un texte théorique trop difficile, ou encore à celui du lecteur non averti d'un nouveau roman –, le récit fantastique a cette particularité de susciter un plaisir de lecture justement par les problèmes de compréhension qu'il provoque. Il s'agit en fait d'un dosage assez subtil : on comprend suffisamment de choses pour être à même d'apprécier le récit, on comprend qu'une partie du sens nous échappe, et l'on reste avec la sensation de ne pas avoir tout compris[1]. À ce stade-ci, l'indétermination n'est pas encore prétexte à la construction d'une signification ; elle est tout simplement saisie pour ce qu'elle est : un vide, une lacune, quelque chose qui échappe à l'emprise du cognitif, qui empêche l'établissement d'une signification stable du récit. Comprendre le récit fantastique, dans un premier temps, c'est saisir l'indétermination et la laisser irrésolue. Mais cette saisie de l'indétermination peut ensuite susciter un redéploiement du processus de lecture visant à élaborer une interprétation du texte.

L'effet fantastique et l'interprétation du récit fantastique représentent en fait deux points extrêmes de la lecture. Entre lire pour ressentir un effet fantastique, c'est-à-dire faire une lecture de loisir, d'évasion, et lire pour mieux comprendre le texte, en vue d'en présenter une interprétation personnelle qui pourra prendre la forme d'un article par exemple, il y a de nombreuses différences. Quand la lecture d'un texte mène à une interprétation, c'est-à-dire à la production d'un texte sur le texte, nous nous trouvons au point extrême du processus de lecture. Le témoignage écrit de la lecture approfondie du texte constitue l'achèvement du processus de lecture, qui revêt alors les traits d'un processus interprétatif.

Dans ce chapitre, nous étudierons le processus interprétatif sous trois angles différents. Nous nous demanderons tout d'abord comment s'enclenche l'interprétation, ce qui dans la lecture entraîne le besoin d'interpréter. L'étude de *l'amorce du processus interprétatif* se fera en fonction du rapport entre indétermination et interprétation. Cette amorce consiste entre autres en un

1. Comme le fait remarquer Michel Charolles dans son article « Sur la compréhension d'énoncés en langage naturel », article portant sur les différents jeux de langage dans lesquels est employé le verbe « comprendre », il existe des cas où les individus acceptent de ne pas comprendre. Outre les cas de renonciation, où l'on renonce à comprendre parce que l'on juge que l'entreprise est au-dessus de nos moyens, il y a des cas de prévention, dans lesquels « nous savons par exemple que ce que nous lisons est de la poésie (surréaliste, fantaisiste...) ou la transcription d'un discours tenu par une personne dans un état anormal. Nous savons, ou plutôt nous croyons, que ce genre d'écrits n'est pas fait pour être compris de la manière habituelle, nous pensons peut-être que ces textes n'ont d'autre signification que leur non-signification » (*Cahiers du CRELEF*, n° 3, 1981, p. 31).

passage d'une attitude de lecture à une autre. Nous avons vu que le plaisir de l'indétermination était à mettre au compte d'une attitude de lecture spécifique. Il nous reste donc à questionner *l'attitude interprétative*, élément qui permettra d'examiner le processus interprétatif sous un autre angle. Ce sera l'occasion de confronter deux conceptions fondamentalement différentes de la lecture, selon qu'elle est envisagée comme une expérience esthétique ou comme une activité ludique, la définition des attitudes de lecture change du tout au tout. Nous tenterons de montrer ce que l'attitude interprétative a de spécifique dans ces deux approches. Après les questions de l'amorce et de l'attitude, nous procéderons à la *description des interprétations d'un récit fantastique*. Pour ce faire, nous étudierons différentes interprétations de «Ligeia».

3.1. L'AMORCE DU PROCESSUS INTERPRÉTATIF

La place prépondérante que les travaux sur le fantastique consacrent aux différents types d'explication a de quoi faire réfléchir : la thèse de Todorov s'appuie essentiellement sur l'hésitation du lecteur entre explication rationnelle et explication surnaturelle ; Jacques Finné axe sa réflexion sur trois types d'explication : rationnelle, surnaturelle et ambiguë ; Louis Vax consacre un chapitre à la notion d'explication, etc. Ce besoin d'expliquer, d'interpréter, de redonner une cohérence au texte doit être examiné de plus près. Le caractère indéterminé du texte fantastique ne provoque-t-il pas, dans une certaine mesure, le désir de rétablir une cohérence ? On remarque que le plaisir de l'indétermination peut quelquefois susciter le désir de mener une enquête, de reprendre dès le début ce texte qui vient d'être lu et de chercher à découvrir ce qui a pu faire problème. On peut supposer que plus la confusion du lecteur est grande, plus la résolution de l'indétermination est urgente. Cela peut occasionner la mise en place d'un processus interprétatif, processus dont le but inavoué est généralement de rétablir une cohérence.

Il s'agit finalement d'utiliser son plaisir de lecture comme point de départ d'un nouveau trajet, qui vient malheureusement trop souvent occulter le premier. Il s'avère dès lors important de s'interroger sur les caractéristiques de ce moment particulier où le lecteur décide de passer d'une lecture-en-progression à une lecture-en-compréhension, ou encore d'une lecture heuristique à une lecture herméneutique, comme nous le verrons plus tard avec le modèle établi par Riffaterre. Ce moment particulier correspond à l'amorce d'un processus interprétatif. La question qui se pose est de savoir pourquoi on se met à interpréter les textes. Interprète-t-on un texte fantastique pour la seule raison qu'il s'agit d'un texte littéraire, et qu'une tradition d'interprétation existe dans les études littéraires ? Quel rôle joue l'indétermination dans l'amorce du processus interprétatif ?

La décision d'interpréter

Tzvetan Todorov aborde la question de l'amorce du processus interprétatif dans *Symbolisme et interprétation,* dont il consacre un des chapitres à la « décision d'interpréter », aux conditions de la mise en place d'un processus interprétatif. Voici comment se fait d'après lui l'enclenchement de l'interprétation :

> L'interprétation (en tant que distincte de la compréhension) n'est pas [...] un acte automatique ; il faut que quelque chose, dans le texte ou en dehors de lui, indique que le sens immédiat est insuffisant, qu'il doit être considéré seulement comme le point de départ d'une enquête dont l'aboutissement sera un sens second[2].

Ce « quelque chose », c'est *la non-obéissance au principe de pertinence,* qui se présente comme une généralisation du principe de coopération de Grice ou de la motivation chez Ducrot. Ce principe stipule que tout discours doit avoir une raison d'être, et que les entorses à ce principe obligent le sujet à effectuer des efforts en vue de mettre à jour sa pertinence :

> [...] quand, à première vue, un discours particulier n'obéit pas à ce principe, la réaction spontanée est de chercher si, par une manipulation particulière, ledit discours ne pourrait pas révéler sa pertinence. « Interprétation » (toujours au sens étroit) est le nom que nous donnons à cette manipulation[3].

Il importe d'insister sur le fait qu'il s'agit du sens étroit du terme « interprétation », car ce terme peut désigner selon d'autres personnes des choses très différentes. Il suffit de penser par exemple aux deux types d'interprétation définis par Umberto Eco : l'interprétation sémantique ou sémiosique et l'interprétation critique ou sémiotique. La première est le « résultat du processus par lequel le destinataire, face à la manifestation linéaire du texte, la remplit de sens », tandis que la seconde « essaie d'expliquer pour quelles raisons structurales le texte peut produire ces interprétations sémantiques[4] ». Ce deuxième cas est plus proche de ce que Todorov entend par « interprétation ». C'est cette opération très particulière qui sera l'objet de nos réflexions dans ce chapitre.

Afin d'étudier plus à fond les raisons pour lesquelles une interprétation se met en place, Todorov répartit les indices textuels responsables de la non-obéissance au principe de pertinence en deux groupes. On est en présence *d'indices syntagmatiques* lorsqu'un énoncé entre en contradiction avec les énoncés appartenant au même contexte, ou encore lorsqu'il provoque une tautologie ; par contre, lorsque l'énoncé est en désaccord avec le savoir partagé d'une société, ou sa mémoire collective, qu'il s'agisse d'une incompréhension lexicale, grammaticale ou encore de la non-obéissance aux lois du vraisemblable, on

2. Tzvetan Todorov, *Symbolisme et interprétation*, Paris, Seuil, coll. « Poétique », 1978, p. 92.
3. *Ibid.*, p. 26.
4. Umberto Eco, *Les limites de l'interprétation*, Paris, Grasset, 1992, p. 36.

se trouve en présence *d'indices paradigmatiques.* En fait, la description des indices textuels par Todorov est très proche de celle de Riffaterre au sujet des agrammaticalités.

De l'heuristique à l'herméneutique

Dans le modèle théorique établi par Michael Riffaterre, il est clairement indiqué que le déclenchement de l'interprétation se fait à cause des «agrammaticalités». Les agrammaticalités sont ces éléments qui permettent le passage d'une lecture heuristique à une lecture herméneutique. Dans son article sur «L'illusion référentielle», Riffaterre explique que la première lecture est le lieu de la mimésis, de l'établissement d'une première compréhension du texte, de la formation d'une illusion référentielle. C'est également lors de cette première phase de la lecture que sont perçues les agrammaticalités :

> [...] la première lecture est un procès par lequel on perçoit les agrammaticalités : le lecteur les repère dès qu'un mot engendre une formule qu'il devrait exclure, dès que les conséquences d'un mot sont en contradiction avec ses présupposés[5].

Par contre, lors de la lecture herméneutique, les agrammaticalités apparaissent comme des variants d'une même structure, comme il l'affirme dans *Sémiotique de la poésie*:

> La seconde phase est celle de *la lecture rétroactive*: lors de celle-ci se forme une seconde interprétation que l'on peut définir comme la lecture *herméneutique.* Au fur et à mesure de son avancée au fil du texte, le lecteur se souvient de ce qu'il vient de lire et modifie la compréhension qu'il en a eue en fonction de ce qu'il est en train de décoder. Tout au long de sa lecture, il réexamine et révise, par comparaison avec ce qui précède. En fait, il pratique un décodage structural : sa lecture du texte l'amène à reconnaître, à force de comparer, ou simplement parce qu'il a maintenant les moyens de les assembler, que des éléments du discours successifs et distincts, d'abord notés comme de simples agrammaticalités, sont en fait équivalents puisqu'ils apparaissent comme les variants de la même matrice structurale[6].

La lecture herméneutique permet donc de mettre à jour la signifiance, c'est-à-dire l'unité formelle et sémantique du poème. Les agrammaticalités peuvent être de différents types. La représentation peut être altérée à cause d'un écart par rapport à la vraisemblance, parce que les attentes du lecteur en fonction du contexte mis en place lors de la lecture sont déçues, ou encore à cause d'un lexique ou d'une grammaire déviants. Si l'on traduit cela en

5. Michael Riffaterre, «L'illusion référentielle», dans Roland Barthes (dir.), *Littérature et réalité*, Paris, Seuil, Points, 1982, p. 96.
6. Michael Riffaterre, *Sémiotique de la poésie*, Paris, Seuil, coll. «Poétique», 1983, p. 17, l'auteur souligne.

termes todoroviens, on retrouve très exactement les indices paradigmatiques (non-obéissance aux lois de la vraisemblance ; incompréhension lexicale et grammaticale) et syntagmatiques (rapport aux énoncés du même contexte).

Est-il possible de mettre en rapport les indices textuels, les agrammaticalités relevées en poésie et les indéterminations du récit fantastique ? Ce qu'il faut remarquer, c'est qu'il ne suffit pas que le texte contienne des indices textuels, pour reprendre les termes de Todorov, ou encore des agrammaticalités, selon le vocabulaire riffaterrien[7]. Encore faut-il que le lecteur les aperçoive et ne considère pas comme suffisamment satisfaisant le seul fait de les avoir perçus au cours de sa lecture. Le fonctionnement est donc similaire à celui de la saisie des indéterminations au cours de la lecture du fantastique. Si la présence d'indéterminations dans le récit fantastique peut susciter un plaisir de lecture très spécifique faisant fi d'une quelconque interprétation, elle peut également être à la base de la décision d'interpréter et donner du même coup un nouvel élan au processus de lecture.

C'est ce que nous serons à même de constater lorsque nous procéderons à l'étude des interprétations de « Ligeia » un peu plus loin dans ce chapitre. La confrontation de différentes analyses d'un récit fantastique nous permettra d'illustrer de façon concrète le problème de l'amorce du processus interprétatif. Parmi les indéterminations présentes dans le récit de Poe, trois retiendront notre attention. Il s'agit de la citation de Glanvill, de l'impossibilité de décrire l'expression des yeux de Ligeia et de la mort de Rowena. Nous verrons que sur ces trois indéterminations, au moins deux sont résolues par l'ensemble des cinq interprétations qui nous serviront de corpus. Dans tous les cas, nous pouvons dire que les indéterminations constituent des prétextes pour l'interprétation du récit.

Il importe de se demander ce qui, à la lecture d'un texte fantastique, nous pousse à vouloir à tout prix redonner un sens à ce que nous lisons, qu'il s'agisse de donner une explication à la présence d'incohérences, d'ambiguïtés, ou encore de retrouver le chaînon manquant permettant de résoudre l'énigme. Pourquoi les théoriciens du fantastique sont-ils si souvent passés directement à l'interprétation du récit fantastique sans s'arrêter à l'impact que celui-ci pouvait avoir sur le lecteur lors de la progression à travers le texte ?

7. Parmi les autres facteurs pouvant enclencher l'interprétation, on peut mentionner l'existence d'un secret. Calinescu, qui consacre une partie de son livre *Rereading* (*op. cit.*) à ce sujet, montre bien comment la certitude d'un secret caché dans le texte peut motiver la relecture, et partant l'interprétation. C'est le sentiment que quelque chose est dissimulé dans le texte qui déclenche le processus de relecture. Celui-ci pourrait dans certains cas être à l'origine de la décision d'interpréter et considéré comme un facteur de déclenchement de l'interprétation. Insatisfait de sa compréhension du texte et convaincu que l'auteur y a dissimulé sciemment une information, le lecteur veut en savoir plus long et décide de mettre à jour ce secret.

Autrement dit, pourquoi l'explication des phénomènes relatés dans les récits fantastiques a-t-elle pris le devant de la scène par rapport à la description de l'effet fantastique ?

Le principe de cohérence

Notre hypothèse est que l'interprétation est motivée par l'impression d'incohérence[8] qui résulte de la lecture-en-progression d'un récit fantastique. Face aux indéterminations, la réaction du lecteur serait de mettre en place un processus de détermination visant à éliminer l'ambiguïté, l'incohérence, le mystère, etc. Ainsi que l'affirme Louis Vax,

> Le mystère, le désir, l'attente, l'incohérence, l'erreur, le mal sont des êtres instables et négatifs qui vivent de leur mort ou meurent de leur vie : le mystère veut être élucidé, le désir satisfait, l'attente comblée, l'incohérence supprimée[9].

Cette phrase semble particulièrement appropriée à la situation où se trouve le lecteur après avoir fini de lire un récit fantastique. On peut supposer que le regard porté sur les textes fantastiques est souvent tributaire du principe de cohérence, principe sur lequel il importe de s'arrêter quelque temps.

Dans son article « Coherence as a Principle of Text Interpretation », voici ce qu'affirme Michel Charolles :

> *Coherence is a general principle in the interpretation of human actions. It is impossible to see someone accomplish two successive actions without supposing that the two constitute a whole : we necessarily imagine that they form part of a single global intention justifying their having been undertaken one after the other. The principle of coherence applies to discourse in so far as this is a product of a series of acts of enunciation. The principle is vital on the level of the reception and the interpretation of discourse. Since the receiver*

---

8. L'« impression d'incohérence » est étudiée en détail dans notre article « Le déchiffrement des incohérences au cœur de l'énigme » (dans Bertrand Gervais et Jean Valenti [dir.], *Scalaire et lecture*, GREL [Groupe de recherche sur la lecture], coll. « Recherches et documents », n° 9, Montréal, 1994, p. 35-49). Cet article tient compte des problèmes de cohérence soulevés entre autres par Daniel Vaillancourt (« Littérature et théories de la cohérence : un rendez-vous reporté », *RS/SI*, vol. 10, n° 2, 1990, p. 57-72), Michel Charolles (« Text Coherence and Text Interpretation Processing », dans Conte, Petofi, Sozer (dir.), *Text and Discourse Connectedness*, Amsterdam, Johns Benjamins, 1989, p. 377-386 ; « Introduction aux problèmes de la cohérence des textes », *Langue française*, n° 38, 1978, p. 7-41), Irène Bellert (« On Condition for Text Coherence », *Semiotica*, vol. 2, n° 4, 1970, p. 353-363), Michèle Navet et Jean-Luc Nespoulos (« Fonctionnement de la cohérence. Études de textes littéraires et pathologiques », *RS/SI*, vol. 3, n° 2, 1983, p. 141-158), Tanya Reinhardt (« Conditions for Text Coherence », *Poetics Today*, vol. 1, n° 4, 1980, p. 161-180).
9. Louis Vax, *La séduction de l'étrange*, *op. cit.*, p. 93.

> *considers that what is said to him shall be coherent, he will manipulate the text in order to extract from it an interpretation which agrees with its own conception of a coherent text*[10].

Lorsque cette «manipulation» ne peut être effectuée lors d'une lecture-en-progression, à cause de la présence d'ambiguïtés par exemple, le passage à l'économie de la compréhension se fait vraisemblablement dans un but précis : interpréter le texte de façon à construire une cohérence.

Cela rejoint finalement le postulat de «cohérence totale» mis en évidence par Frye, selon lequel avant même de lire un texte, on suppose que celui-ci forme un tout[11]. Placé face à un texte incohérent, le lecteur a tendance à imposer sa propre cohérence. Dans le cas du récit fantastique, il faut bien voir que l'ambiguïté se trouve résolue à partir du moment où l'on considère qu'elle donne accès à une interprétation cohérente du récit. Voici ce que note James Kincaid dans son article «Coherent Readers, Incoherent Texts»,

> *The reading of literature is in large part* a search *for the organizing patterns that will make coherent all the numerous details or signals we pick up along the way. Readers proceed with the assumption that there must be a single dominant structuring principle and that it is absurd to imagine more than one such dominant principle*[12].

Cette affirmation selon laquelle lire, c'est rechercher une cohérence semble bien s'appliquer au cas de la lecture interprétative. Dans le cas où le récit laisse le lecteur sur une impression d'incohérence, il faudrait voir dans le principe de cohérence un élément provoquant la mise en place d'un processus interprétatif. Ce principe n'est pas sans posséder quelques affinités avec le principe de pertinence dont parle Todorov dans son étude de l'interprétation.

Notons au passage que les incohérences présentes dans le texte fantastique auraient pu être étudiées en tant que procédés de l'effet fantastique. Pour prendre un exemple, si l'on examine la nouvelle de Villiers de L'Isle-Adam intitulée «Véra[13]», on s'aperçoit que le détail incohérent que le lecteur découvre à la toute fin du texte joue un rôle important dans la création d'un effet fantastique.

---

10. Michel Charolles, «Coherence as a Principle in the Interpretation of Discourse», *Text*, vol. 3, n° 1, 1983, p. 71, nous soulignons.
11. Northrop Frye affirme dans «Literary Criticism» : «*The primary understanding of any work of literature has to be based on an assumption of its unity. However mistaken such an assumption may eventually prove to be, nothing can be done unless we start with it as a heuristic principle*» (James Thorpe [dir.], *The Aims and Methods of Scholarship in Modern Languages and Literature*, New York, Modern Language Association, 1963, p. 63).
12. James R. Kincaid, «Coherent Readers, Incoherent Texts», *Critical Inquiry*, n° 3, 1977, p. 783, nous soulignons.
13. Villiers de L'Isle-Adam, *Contes cruels, op, cit.*, p. 56-68.

Voilà, très brièvement, les grandes lignes de ce récit: après s'être rendu au cimetière, le comte d'Athol entre dans le caveau où le corps de sa femme, Véra, vient d'être déposé. En sortant, il jette la clé à l'intérieur du caveau, puis il retourne chez lui, congédie tous ses serviteurs sauf un. Refusant, semble-t-il, de croire à la mort de celle qu'il a aimée, il demande à son valet de faire comme si de rien n'était et se conduit avec la certitude que Véra est toujours à ses côtés. Peu à peu, des phénomènes bizarres se produisent, qui font croire à la présence réelle de la comtesse. Un an jour pour jour après son décès, son retour parmi les vivants semble bien réel, jusqu'au moment où le narrateur se rappelle que Véra est morte. L'apparition s'évanouit tout d'un coup et le comte découvre près du lit la clé du caveau. Le récit prend fin avec l'image du comte contemplant Vénus, plongé dans des pensées qu'il ne nous est pas permis de connaître.

Impossible de ne voir dans cette histoire que de simples hallucinations dues au refus de la mort d'un être cher. La présence de la clé oblige à considérer l'éventualité d'une rencontre *post-mortem* entre les deux amants, d'autant plus que le rapport très étroit entre l'amour et la mort est au centre du récit. Il suffit de lire le récit de la mort de Véra pour s'en rendre compte:

> La nuit dernière, sa bien aimée s'était évanouie en des joies si profondes, s'était perdue en de si exquises étreintes, que son cœur, brisé de délices, avait défailli: ses lèvres s'étaient brusquement mouillées d'une pourpre mortelle. (p. 57)

Il va sans dire que la résolution de l'énigme est à tout jamais bloquée, que la clé du caveau, au lieu de conduire à l'élaboration d'une configuration sémantique stable, ouvre la porte à une série de possibles[14]. Autant dire qu'elle provoque la recherche d'autres «clés», celles qui permettraient d'interpréter le récit, de lui donner un sens satisfaisant. L'exemple peut-être le plus flagrant d'une telle recherche est l'essai de Myriam Wattée-Delmotte intitulé *Villiers de L'Isle-Adam et l'hégélianisme. Étude textuelle de Véra*, qui analyse le texte de Villiers d'après les thèses de Hegel. Le texte n'est plus considéré comme un récit fantastique avant tout mais bien comme une allégorie[15]. L'auteure

14. Mentionnons que certains privilégient la saisie des indéterminations d'un texte au cours de la relecture, au détriment de celle effectuée lors du premier parcours du texte. C'est le cas de Michel Dentan, qui étudie les «blancs» dans les textes de Villiers de L'Isle-Adam à l'aide de la théorie d'Iser. Il considère que les «blancs» se résorbent au cours de la lecture de «Véra» et affirme que les indéterminations présentes dans certains contes ironiques de cet auteur constituent de meilleurs objets d'analyse: «Certes "Véra" est un de ses plus beaux récits, une fiction d'une suggestive efficacité, cette "nouvelle que des Esseintes considérait comme un petit chef-d'œuvre." Pourtant, dans la mesure où son efficacité semble conduire le lecteur au seuil d'une vérité, elle se referme dans la perfection de son agencement démonstratif. D'autres textes de Villiers parmi ceux que nous avons rencontrés, plus travaillés par d'insurmontables contradictions ou des lacunes du sens, sont peut-être plus à même, aujourd'hui, d'ébranler chez le lecteur critique cet intérêt et cette activité qui, dans l'altérité et l'éloignement, lui font néanmoins percevoir les interrogations d'un autre temps.» (*Le texte et son lecteur*, Lausanne, L'aire critique, 1983, p. 55).

15. Myriam Wattée-Delmotte, *Villiers de L'Isle-Adam et l'hégélianisme. Étude textuelle de Véra*, Louvain-la-Neuve, Unité de littérature française, 1984.

remarque tout d'abord que le titre, «Véra», est aussi le nom du traducteur de Hegel en français. Puis, c'est l'épigraphe qui retient son attention. La citation censée provenir de *La physiologie moderne* et se lisant ainsi: «La forme du corps lui est plus essentielle que sa substance[16]», rappelle la dialectique hégélienne entre forme et matière. Enfin, elle remarque la présence d'un autre rapport de force, entre l'amour et la mort cette fois, dans la première phrase du récit, qui est également une citation: «L'amour est plus fort que la mort, a dit Salomon[17].» Le fait d'avoir relevé une singulière correspondance entre trois éléments importants du texte (titre, exergue, incipit) amène Wattée-Delmotte à relire le texte en fonction de la philosophie de Hegel. L'analyse, très minutieuse, des aspects formels et sémantiques du récit met en évidence la présence d'un réseau important d'indices relatifs aux thèses hégéliennes. Un second intertexte, la correspondance de Villiers, est également étudié de près, afin de prouver que l'auteur connaissait bien la philosophie de Hegel. L'hégélianisme devient donc la clé permettant d'interpréter le récit de Villiers.

La présence d'indéterminations dans le récit constitue un prétexte à l'interprétation. On peut donc supposer que l'amorce du processus interprétatif, la décision d'interpréter, le passage d'une lecture heuristique à une lecture herméneutique, la mise en œuvre du principe de cohérence sont basés, dans le cas du récit fantastique, sur la saisie des indéterminations. Celle-ci permet d'enclencher un nouveau processus, le processus interprétatif. C'est l'attitude de lecture qu'il suppose que nous nous proposons maintenant de l'examiner.

3.2. L'ATTITUDE INTERPRÉTATIVE

S'interroger sur quelque chose d'aussi complexe que l'attitude interprétative nécessite des investigations sur le plan aussi bien pratique que théorique. S'il importe en effet de comprendre comment les théories de la lecture envisagent la question de l'attitude de lecture, l'examen concret de la façon dont un récit est interprété apparaît tout aussi crucial. Nous diviserons donc notre étude en deux parties. Dans la première, nous opposerons deux conceptions différentes de l'attitude interprétative: selon que la lecture est conçue comme une expérience esthétique ou comme une activité ludique, les attitudes privilégiées ne sont pas les mêmes. Après cet exposé théorique, nous tenterons de mettre en évidence la façon dont les objets d'étude sont hiérarchisés dans chacune des théories ainsi que la place qu'occupe l'attitude interprétative à l'intérieur de ces hiérarchies. Dans la deuxième partie, c'est en fonction d'un corpus d'interprétations d'un récit fantastique que nous réfléchirons au problème de l'attitude interprétative. La lecture en parallèle de cinq interprétations de «Ligeia» nous

16. Villiers de L'Isle-Adam, *Contes cruels*, *op. cit.*, p. 56.
17. *Ibid.*

amènera à utiliser certains paramètres, tels que l'élimination des indéterminations ou encore l'utilisation des cadres de référence, qui nous permettront de saisir en quoi consistent les variations entre les interprétations. C'est en fait vers une autre conception de l'attitude interprétative que nous nous dirigerons. Considérer l'attitude interprétative comme une attitude de lecture et mettre l'accent sur la façon dont les indéterminations sont gérées lors d'une interprétation exigent en effet de placer le processus de lecture au sommet de la hiérarchie, ce que ni les théories de la lecture issues de l'esthétique de la réception et de l'herméneutique ni celles ayant pour cadre les théories du jeu n'ont entrepris de faire.

Ce qui nous intéresse ici, ce n'est pas l'interprétation en soi mais les rapports qu'elle entretient avec la lecture. Il nous semble important de souligner à cet égard que l'attitude interprétative est définie différemment selon la conception de la lecture qui est privilégiée. Dans le cas où la lecture est considérée comme une expérience esthétique, elle est mise sur le même plan que les autres arts, la peinture, la musique, la sculpture, etc., et les domaines de savoir convoqués sont ceux de l'esthétique et de l'herméneutique. Parmi les tenants de cette approche, on peut citer Roman Ingarden et Hans Robert Jauss.

Une attitude de lecture

La différence entre les attitudes adoptées face à l'œuvre d'art est à la base du livre d'Ingarden intitulé *The Cognition of the Literary Work of Art.* Il affirme que les modes de « connaissance » (*cognition*)[18] varient selon les types de texte et surtout selon les buts que se donne le lecteur :

> *The first source of possible differences lies in the reader's adopting very different attitudes with regard to one and the same work and consequently conducting himself in different ways with respect to it. This behavior varies with the different goals which he hopes to realize*[19].

La première distinction est celle entre *attitude esthétique* et *attitude non esthétique.* On a vu dans le premier chapitre la différence que faisait Ingarden entre une lecture donnant lieu à la contemplation de l'œuvre et la simple jouissance du lecteur non cultivé. La lecture pour le plaisir est évacuée du

18. La traduction du terme polonais « poznawac » par le terme anglais « cognition » ne permet pas de rendre compte de l'*aspect*, catégorie non présente dans la langue anglaise. Le terme « poznawac » indique en effet une activité (la connaissance) en train de se dérouler, en opposition à « poznac », qui désigne une activité achevée (note des traducteurs dans Roman Ingarden, *The Cognition of the Literary Work of Art, op. cit.*, p. 6). Cette catégorie de l'achèvement, bien connue en linguistique, est importante car elle permet de préciser qu'Ingarden entend décrire un processus, celui par lequel une personne prend connaissance d'une œuvre d'art, et non la connaissance que celle-ci a de l'œuvre d'art une fois qu'elle a été appréhendée.

19. *Ibid.*, p. 169.

champ d'investigation, car elle ne met pas en jeu une concrétisation fidèle de l'œuvre. C'est la « bonne » concrétisation, celle qui suppose le remplissage des « lieux d'indétermination », qui fait l'objet de son étude :

> *I call this complementing determination the "concretization" of the portrayed objects. In concretization the peculiar cocreative activity of the reader comes into play. On his own initiative and with his own imagination he "fills out" various places of indeterminacy with elements chosen from among many possible or permissible elements*[20].

La bonne concrétisation de l'œuvre caractérise l'attitude esthétique, tandis que la lecture pour le plaisir, le « mauvais exemple » de la lecture, reléguée du même coup à la psychologie et à la sociologie, suppose une attitude non esthétique. Cette distinction n'est donc pas vraiment discutée, Ingarden se contentant d'expliquer en quelques paragraphes pourquoi il ne prend pas la peine d'étudier l'attitude non esthétique.

L'*attitude esthétique* donne lieu à une expérience esthétique, à une contemplation de l'œuvre littéraire[21], tandis que l'*attitude théorique* sous-tend un travail de recherche. Deux possibilités s'offrent au chercheur : ou bien il se propose de décrire les caractéristiques de l'œuvre littéraire, auquel cas il adopte une *attitude pré-esthétique*, ou bien il prend pour objet d'étude la « concrétisation » de l'œuvre elle-même et privilégie alors une *attitude post-esthétique*. Ingarden explique ainsi rétroactivement la raison d'être de son premier livre, *L'œuvre d'art littéraire*, qui consistait en une description des différentes couches de l'œuvre littéraire. Ce livre illustrerait le résultat auquel peut conduire une attitude pré-esthétique.

Ce que nous retenons de ces distinctions, qui sont au demeurant fort discutables[22], c'est l'idée que différentes attitudes sont en jeu selon que le but est de prendre connaissance du texte ou de le considérer comme point de départ d'une recherche. Le problème le plus important chez Ingarden est l'hypothèse selon laquelle il existerait un mode de connaissance de l'œuvre d'art littéraire qui se ferait dans une totale objectivité. C'est bien en effet ce que l'attitude

20. *Ibid.*, p. 53.
21. En fait, la contemplation de l'œuvre littéraire est mise sur le même plan que la contemplation d'un tableau, d'une sculpture, l'audition d'une musique, etc. Le choix de l'exemple servant à introduire les réflexions sur l'expérience esthétique – la statue de la Vénus de Milo – peut servir de preuve : il ne s'agit pas d'un exemple littéraire, comme on aurait pu s'y attendre, étant donné que l'objet du livre est la connaissance de l'œuvre d'art littéraire. Ce que le processus de lecture a de spécifique est du même coup négligé.
22. Il faut souligner par exemple le manque de pertinence de la distinction entre attitude esthétique et attitude non esthétique. Pour prendre un exemple, l'effet fantastique serait à mettre au compte, à en croire Ingarden, d'une attitude non esthétique, puisqu'il s'agit d'une lecture faite pour le plaisir et que la notion même de contemplation ne peut guère s'appliquer. De la même façon, le plaisir esthétique, qui suppose le remplissage adéquat des lieux d'indétermination, semble très éloigné de ce que l'on a appelé au cours de notre étude le plaisir de l'indétermination.

pré-esthétique suppose. Or, quand on veut décrire une œuvre littéraire, on ne peut faire autrement que de commencer par la lire ; sa connaissance ne peut se faire dans l'absolu. On a vu plus tôt, lors de l'étude de l'indétermination, que ce problème était présent dans son livre *L'œuvre d'art littéraire*. On a montré en effet qu'en voulant décrire l'œuvre littéraire, l'auteur ne pouvait s'empêcher de parler de lecture[23]. De fait, il est impossible de faire abstraction de la lecture quand on réfléchit sur les attitudes adoptées face à l'œuvre littéraire.

Cette objection mise à part, la distinction entre attitudes pré-esthétique et post-esthétique a tout de même le mérite de bien mettre en évidence la différence qu'il y a entre vouloir décrire la concrétisation de l'œuvre littéraire et vouloir rendre compte de ses caractéristiques. Dans le premier cas, il s'agit de réfléchir sur le processus de lecture du texte littéraire, ce que nous avons choisi de faire dans notre étude du récit fantastique. L'attitude de lecture que nous avons adoptée est donc d'ordre méta-lectural. Dans le deuxième cas, celui de l'attitude pré-esthétique, c'est la connaissance du texte qui prime, et le fait de ne pas tenir compte du contexte de sa saisie, c'est-à-dire de sa lecture, constitue l'une des règles du jeu. C'est cette attitude qui est à l'œuvre dans les cinq interprétations faisant partie de notre corpus. En exposant leur propre compréhension de «Ligeia», les critiques cherchent à rendre compte du texte de Poe et non de la façon dont il est lu. Leur but est de souligner certains aspects du texte. Pour les uns, il s'agit de mettre à jour le comportement vampirique des personnages, de déceler la présence de certains désirs inconscients, pour d'autres de dégager la dimension surnaturelle, parodique, historique ou alchimique du récit. L'attitude interprétative adoptée par ces critiques est donc une attitude pré-esthétique.

Aucun ne s'interroge de façon explicite sur les mécanismes de la saisie du texte, mais en choisissant de réfléchir uniquement sur le texte, ils adoptent une attitude de lecture particulière. Ce qu'il faut donc retenir de cette brève incursion dans le modèle d'Ingarden, c'est que l'attitude interprétative est d'abord et avant tout *une attitude de lecture*. D'aucuns affirmeraient que ce qui la caractérise, c'est l'horizon dans lequel elle se profile. C'est le cas de l'un des piliers de l'école de Constance, Hans Robert Jauss.

L'horizon de la lecture interprétante

Si Jauss se rapproche d'Ingardan en inscrivant la notion d'expérience esthétique au centre de ses préoccupations, il s'en différencie en alliant expérience esthétique et jouissance. Le titre de l'un des chapitres de son livre *Pour une*

23. Voir la partie intitulée «Le lieu d'indétermination» dans la section 1.1.

esthétique de la réception, «Petite apologie de l'expérience esthétique[24]», est révélateur à cet égard, d'autant plus que dans une version ultérieure, il a été intitulé «La jouissance esthétique[25]». Son livre subséquent, *Pour une herméneutique littéraire*[26], reprend la question de la perception esthétique et l'examine en fonction de différents types de lecture.

Le projet de Jauss, basé sur l'herméneutique philosophique de Gadamer, est de fonder une herméneutique littéraire qui rende justice au caractère esthétique des textes, de délimiter le problème spécifique de la compréhension des textes littéraires dans la démarche herméneutique et de formuler de nouveaux principes pour l'histoire littéraire[27]. Pour comprendre les thèses de Jauss, il est indispensable de faire auparavant un détour par l'herméneutique, discipline s'étant donné pour première tâche de dégager l'interprétation juste des textes. Nous exposerons brièvement quelques-unes des thèses de Hans-Georg Gadamer, considéré comme l'une des figures les plus marquantes de l'herméneutique.

Dans son livre *Vérité et méthode*[28], Gadamer appelle «herméneutique philosophique» son entreprise d'explication des conditions de possibilité de la compréhension. L'un des concepts les plus importants de cette théorie, qui cherche à instaurer une réflexion sur ce qui est à l'œuvre dans le processus de compréhension, est celui de «fusion des horizons». L'horizon du texte et l'horizon de l'interprète fusionnent lors de l'interprétation du texte, ce qui permet la rencontre du sens et de la situation historique de l'interprète. Le sens dépend donc en grande partie des circonstances personnelles du lecteur. La fusion des horizons explique pourquoi les textes prennent des sens différents selon les époques où ils sont appréhendés ou encore selon les individus. Comme les textes ne prennent un sens qu'à partir du moment où des lecteurs en font l'expérience, ils se voient tout naturellement conférés des sens différents chaque fois qu'ils sont «expérimentés» par un sujet donné. Ce que saisit l'interprète lors de sa lecture, c'est la «vérité» du texte, c'est-à-dire l'aspect de la réalité véhiculé par le texte.

---

24. Hans Robert Jauss, *Pour une esthétique de la réception*, Paris, Gallimard, coll. «Tel», 1978, p. 123-157.
25. Cela permet d'expliquer le lapsus présent dans le livre de Michel Picard, qui parle de la «Petite apologie de la jouissance esthétique» de Jauss (*La lecture comme jeu, op. cit.*, p. 212).
26. Hans Robert Jauss, *Pour une herméneutique littéraire*, Paris, Gallimard, coll. «Bibliothèque des idées», 1988.
27. Comme le montre Robert Holub dans son ouvrage *Reception Theory. A Critical Introduction* (New York, Methuen, coll. «New Accents», 1984), l'impact de Gadamer sur la théorie de la réception repose sur un malentendu : alors que Gadamer se refusait à voir dans l'herméneutique une méthode d'interprétation des textes, c'est au contraire pour instaurer une méthode d'exploration des textes que Jauss utilise l'herméneutique philosophique.
28. Hans-Georg Gadamer, *Vérité et méthode. Les grandes lignes d'une herméneutique philosophique*, Paris, Seuil, coll. «L'ordre philosophique», 1976.

La compréhension est donc vue comme une participation[29] : étant donné que l'interprète ne comprend une œuvre qu'en fonction de ses circonstances personnelles, il participe de manière importante à l'établissement du sens de l'œuvre.

En s'appuyant sur la conception du cercle herméneutique et de la structure d'anticipation de Heidegger, Gadamer montre que la compréhension contient toujours une part d'interprétation :

> Quiconque veut comprendre un texte a toujours un projet. Dès qu'il se dessine un premier sens dans le texte, l'interprète anticipe un sens pour le tout. À son tour, ce premier sens ne se dessine que parce qu'on lit déjà le texte, guidé par l'attente d'un sens déterminé. C'est dans l'élaboration d'un tel projet anticipant, constamment révisé il est vrai sur la base de ce qui ressort de la pénétration ultérieure dans le sens du texte, que consiste la compréhension de ce qui s'offre à lire. [...] [Ce processus] est donc le renouvellement incessant du projet qui entretient le mouvement de la compréhension et de l'interprétation[30].

Le processus herméneutique est une unité triadique formée de la compréhension, qui amène à la saisie de la vérité du texte, de l'interprétation, où s'élabore un projet anticipant, et de l'application du texte à la situation historique de l'interprète. Ces trois éléments, que Gadamer reprend à la théorie des trois subtilités de l'herméneutique piétiste[31], constituent ensemble l'acte de comprendre. Il faut ajouter que la compréhension, selon l'auteur, est de nature dialogique : interpréter un texte, c'est répondre à la question qu'il pose. C'est aussi une appropriation du texte par l'interprète :

> C'est seulement parce qu'il n'existe pas de concordance allant de soi entre celui qui comprend et son texte que le texte peut donner lieu à une expérience herméneutique. Ce n'est que parce qu'un texte doit d'étranger devenir propre, qu'il y a quelque chose à dire pour qui veut comprendre[32].

Si l'interprétation est une appropriation du texte, peut-on en dire autant de la lecture ? Appliquer une théorie herméneutique au phénomène de la littérature nécessite en fait des aménagements importants ; c'est ce que Jauss se propose de faire.

---

29. C'est ce que fait remarquer Georgia Warnke dans son livre *Gadamer. Herméneutique, tradition et raison*, Bruxelles, De Boeck-Wesmael, coll. « Le point philosophique », 1991, p. 90.
30. Hans-Georg Gadamer, *Vérité et méthode, op. cit.*, p. 104-105. Il faut remarquer qu'il est question tout au long de cet ouvrage d'interprète et non pas de simple lecteur : l'un est « quiconque *veut* comprendre » tandis que le second ne met pas forcément en jeu un effort de compréhension lors de son parcours du texte. Les rapports entre la lecture, la compréhension et l'interprétation sont étudiés par Gilles Thérien dans son article « Lire, comprendre, interpréter » (*Tangence*, n° 36, 1992, p. 96-104).
31. Ces trois subtilités sont les suivantes : *subtilitas intelligendi* (subtilité de la compréhension), *subtilitas explicandi* (subtilité de l'interprétation), *subtilitas applicandi* (subtilité de l'application).
32. *Ibid.*, p. 327.

Dans le chapitre intitulé «Les divers horizons de la lecture comme problème herméneutique[33]», il met les trois éléments du processus herméneutique (compréhension, interprétation, application) en relation avec trois types de lecture différents. Il décompose donc la démarche herméneutique en trois moments successifs, le passage de l'un à l'autre correspondant à un changement d'horizon de la lecture. La première lecture assure une compréhension esthétique ou perception esthétique du texte. Seule la deuxième lecture, ou relecture, permet la mise en place d'un processus interprétatif. Ce n'est qu'à partir de ce moment que l'on peut véritablement parler d'une dialectique de la question et de la réponse. L'affirmation de Gadamer selon laquelle «comprendre veut dire comprendre quelque chose comme réponse[34]», ne vaut que pour la lecture interprétante. Comme le souligne Jauss, la première lecture doit être vue comme une progression, tandis que la relecture relève de la rétrospection: «ce que le lecteur a saisi dans l'horizon progressif de sa première lecture peut être thématisé dans l'horizon rétrospectif de l'interprétation[35]». La troisième lecture, l'application, vise quant à elle à reconstruire l'horizon d'attente du texte selon l'époque et ses réceptions successives.

À la suite de cette description des types de lecture, on serait tenté d'affirmer que l'effet fantastique se produit lors de la perception esthétique du texte. En effet, il est clair que l'effet fantastique a lieu lors de la lecture-en-progression du texte et que celle-ci a peu de choses à voir avec la compréhension herméneutique selon Gadamer. Il va de soi que lors de l'activité de l'herméneute, qui suppose un effort renouvelé de compréhension du texte, l'effet fantastique se trouve annulé. Il apparaît impossible de se trouver à la fois en situation d'interprétation et en mesure de ressentir l'effet fantastique. Le rôle de l'herméneute est de donner une interprétation au texte, c'est-à-dire de combler les blancs, de réduire les indéterminations du texte.

Mais lorsque l'on quitte le domaine théorique pour s'avancer dans celui de l'analyse, certaines difficultés apparaissent. Pour illustrer ces trois types de lecture, Jauss analyse le poème *Spleen,* de Baudelaire. Le problème est que divers éléments ne semblent pas répondre aux exigences des propositions théoriques. En ce qui concerne le caractère progressif de la perception esthétique, il semble que ce qu'il faille toujours garder à l'esprit, c'est qu'une partie du texte reste inconnue pour le lecteur tant qu'il n'est pas rendu au terme de sa lecture. Pourquoi dans ce cas tenir compte, dans l'analyse des premiers vers, de ceux situés à la fin du poème[36]? En fait, cette analyse se présente d'abord comme

33. Hans Robert Jauss, *Pour une herméneutique littéraire, op. cit.*, p. 357-369.
34. Cité par Jauss *(ibid.*, p. 361).
35. *Ibid.*
36. Voici par exemple ce que dit Jauss au sujet des vers 11-14: «La *dernière* tentative du Moi du poète pour trouver le salut dans le passé se perdrait-elle à nouveau dans un monde de choses, vide et qui s'écroule sur lui-même?» (*ibid.*, p. 378, nous soulignons). Mis à part

une étude linéaire de la versification, identifiant tous les éléments concernant la métrique, les rimes, les allitérations, les ruptures, etc., une étude accompagnée d'un commentaire pour expliquer les obscurités contenues dans chacun des vers du poème. Il semble que le véritable objet d'étude dans ces pages soit, non pas le processus de lecture, mais bien les éléments du texte responsables des impressions musicales et rythmiques que la lecture esthétique est censée procurer. On observe donc dans cette première partie de l'étude de *Spleen* un rabattement de la lecture sur le texte.

En ce qui concerne la seconde analyse, faite dans «l'horizon de la lecture interprétante», elle propose une vue d'ensemble du poème et met de côté l'aspect linéaire du texte. Il y est question de la correspondance entre les aspects formel et thématique du poème, de son caractère allégorique (le spleen est l'allégorie du processus de destruction de soi), des allusions mythiques, etc. Quant à la troisième analyse, faite en fonction des réceptions successives de *Spleen*, elle paraît surtout pour rôle de valider l'interprétation faite auparavant. Les écrits de Baudelaire sont en effet présentés comme un intertexte faisant autorité, comme s'il s'agissait de donner à la thèse de l'allégorie davantage de poids.

Ce qui est frappant dans ces trois analyses, c'est la forte cohérence qui les unit. Elles semblent en fait subordonnées à un but beaucoup plus général: donner une interprétation satisfaisante du poème de Baudelaire. À quoi sert le premier type de lecture sinon à dégager au fil du texte les éléments formels et sémantiques, le second à les articuler et le troisième à valider cette articulation? On est loin d'une étude sur les différents aspects possible du processus de lecture. Plutôt que de s'interroger sur les facettes que peut prendre la lecture du poème de Baudelaire en fonction de sa vitesse, de l'époque à laquelle appartient son lecteur ou encore de son bagage culturel, Jauss choisit de faire concorder les résultats obtenus lors des trois types de lecture pour renforcer son hypothèse interprétative. Cette observation amène la conclusion suivante: si, dans la partie théorique, les trois types de lecture semblent d'importance égale, dans l'analyse du poème, la priorité est donnée à l'attitude interprétative.

Nous verrons plus loin que l'attitude interprétative institue un rapport du lecteur aux indéterminations du texte très différent de celui qui s'instaure lors d'une lecture-en-progression, et que par conséquent il serait dommage de vouloir subsumer sous une seule et même hypothèse interprétative les résultats de recherche obtenus lors de l'examen des deux points extrêmes du processus de lecture. Mais avant cela, examinons un autre pan de la recherche en lecture, une autre façon de penser l'attitude interprétative. C'est en remarquant les

l'aspect interprétatif de ces lignes, il faut souligner le fait que le lecteur qui lit pour la première fois le poème ne peut en aucun cas savoir qu'il s'agit de la dernière tentative.

ressemblances entre deux activités, la lecture et le jeu, que certains théoriciens ont été amenés à identifier une autre approche possible du processus de lecture, à concevoir l'attitude interprétative comme une attitude ludique avant tout.

L'attitude ludique

Dans son livre *La lecture comme jeu*[37], Michel Picard propose d'étudier les textes littéraires en fonction du processus de lecture, dont il veut mettre en évidence les aspects ludiques. C'est lors d'une étude détaillée des théories du jeu que l'expression «attitude ludique» apparaît, expression que Picard utilisera dans le reste de son livre, mais qui a tout d'abord été proposée par le spécialiste du jeu Jacques Henriot. Pour ce dernier, la première dimension de l'attitude ludique est «l'imprévisibilité, l'incertitude, l'aventure[38]». Picard insiste quant à lui sur une autre dimension, celle du plaisir:

> Le plaisir, en effet, semble constituer pour la plupart des spécialistes du jeu un véritable critère de celui-ci[39].

Il faut spécifier tout de suite que, pour l'auteur, le jeu littéraire est un type de jeu parmi d'autres. L'étude de la lecture littéraire devrait se situer dans une «ludologie générale», qui s'intéresserait à tous les types de jeu. Cela donne une idée de la façon dont s'effectue la hiérarchisation des objets d'étude.

L'attitude ludique peut revêtir des aspects très différents suivant qu'elle participe de l'exubérance ou du sérieux, du *playing* ou du *game*[40]. Selon Picard, il devrait y avoir idéalement dans la lecture littéraire un équilibre entre le *playing* et le *game*:

> [...] si le *playing* l'emporte, le protocole de lecture demeure infantile, partiel, fragile, risquant à tout moment de se défaire – et le *playing* de glisser vers la fantasmatisation; si le *game* l'emporte, le protocole est tout aussi partiel, mais autrement: on se maintient sur les hauteurs de l'ironie, du démontage formaliste, de la cérébralité rationalisante – avec le danger d'une efficacité psychique réduite, voire d'une sortie vers le travail, du côté du réel[41].

37. Michel Picard, *La lecture comme jeu. Essai sur la littérature*, Paris, Minuit, coll. «Critique», 1986.
38. Jacques Henriot, *Le jeu*, Paris, Presses universitaires de France, coll. «Initiation philosophique», 1969; c'est une opinion que partage Roger Caillois (*Les jeux et les hommes. Le masque et le vertige*, Paris, Gallimard, coll. «Idées», 1967 [1958]); cités par Michel Picard, *La lecture comme jeu*, *op. cit.*, p. 49.
39. *Ibid.*, p. 212.
40. Cette opposition entre *playing* et *game*, énoncée par Winnicott, rejoint selon Picard celle de Benveniste entre *jocus* et *ludus*, ou encore celle de Caillois entre *paidia* et *ludus* (*ibid.*, p.162-166).
41. *Ibid.*, p. 168.

D'un côté l'exubérance, l'emportement, l'imprévisibilité, l'aventure, de l'autre le sérieux, le travail, la concentration ; autrement dit, l'attitude ludique peut être plus ou moins empreinte de sérieux. Voici comment Picard départage ces deux aspects du jeu :

> Le *playing*, les jeux d'« emportement » [...], la turbulence et la pétulance, même si elles n'atteignent pas le *fooling* (« Allons, restez tranquilles, les enfants, arrêtez de faire les fous, ça va mal finir »), l'exubérance, qui sont sous l'influence du principe de plaisir, et même une certaine créativité, une certaine verve *enjouée*, s'accommodent mal de ce qu'on appelle le sérieux. [...] ce sérieux-là, qui diffère d'ailleurs selon le type de jeu, semble n'être que la manifestation extérieure de la *concentration* du joueur, sur laquelle tous les spécialistes du jeu tombent d'accord[42].

Si Picard ne s'interroge pas expressément sur l'attitude adoptée lors de l'interprétation d'un texte, préférant étudier ce qu'il appelle « la lecture littéraire », cet aspect de la lecture fait l'objet de nombreuses remarques chez Calinescu. Nous avons vu dans le premier chapitre l'importance considérable que revêt la notion de jeu dans sa théorie de la relecture[43]. Selon lui, l'une des attitudes possibles est de coller au texte, de jouer à faire-semblant, de laisser aller son enthousiasme, ses sensations, de s'identifier au personnage, etc. Une autre attitude possible, qui serait prise notamment lors de l'interprétation d'un texte, est de se concentrer sur le texte, de suivre certaines règles du jeu établies par d'autres ou par soi-même, d'aller puiser un savoir extérieur au texte, autrement dit de faire jouer la carte de l'intertextualité, etc. C'est seulement dans ce cas que se pose la question de la validité de l'interprétation :

> [...] *rereading and the characteristic absorption that accompanies it strive for an interpretation of the text in terms of a complete hermeneutic system in which the signifiance of each part is seen in the light of the whole and that of the whole in light of each part*[44].

Le seul critère faisant d'une interprétation une bonne interprétation du texte, c'est le devoir, pour les interprétations, de respecter les règles du jeu qu'elles ont elles-mêmes instaurées. Dans cet ordre d'idées, le caractère infini des interprétations va de soi. L'aspect déterminant de l'attitude interprétative est que les interprétations sont en compétition, une compétition considérée comme ludique : « *It is this competition, based on commonly recognized rules, that founds the critical-institutional game of (re)reading*[45]. » Ajoutons que, pour Calinescu, la relecture peut conduire à une interprétation du texte, même si cela n'est pas toujours le cas. L'interprétation demande de la part du lecteur

42. *Ibid.*, p. 44-46.
43. Voir la partie intitulée « Lecture ou relecture ? » dans la section 1.2.
44. *Ibid.*, p. 168.
45. *Ibid.*

quelque chose de plus que le simple plaisir qu'il peut ressentir en jouant avec le texte ; il lui faut en effet tenter de répondre à l'une des questions posées par le texte :

> [...] *it is true that reading and rereading are activities that always take place within a larger hermeneutic horizon and that they involve myriad minor and major interpretive guesses, decisions, and revisions ; but* interpretation presupposes not only a complete reading and many rereadings of the work but also an attempt to answer in a new, original manner at least some of the major questions raised by the text, *questions that readers or rereaders can afford to leave unanswered without diminishing the* pleasure *they derive from going through the text*[46].

Cette conception de l'interprétation comme la formulation d'une réponse à la question posée par le texte rejoint évidemment celle de Gadamer et de Jauss, mais elle diffère en ceci qu'elle ne subordonne pas à l'attitude interprétative toutes les autres attitudes de lecture.

Si Calinescu oppose lecture et relecture et considère l'interprétation comme l'un des résultats possibles de la relecture, Ross Chambers, dans un article intitulé « Le texte 'difficile' et son lecteur », oppose la *lecture interprétative* à la lecture facile, dite de loisir ou d'évasion, un type de lecture qu'il choisit de ne pas étudier dans son article. Ce qui l'intéresse, c'est de montrer que la lecture interprétative peut être menée sur le mode ludique et entraîner chez le lecteur une sensation de vertige : « Le vertige [...] est au centre de l'expérience du lecteur qui s'engage dans un texte difficile[47]. » Il est question ici de l'expérience du lecteur qui, après avoir affronté une difficulté, décide de s'engager plus avant dans la compréhension du texte. Il s'agit d'une lecture marquée par des *difficultés irréductibles*, et non pas par des difficultés pouvant être résolues au cours de la lecture ; d'une lecture qui amène le lecteur à s'engager dans la texture du texte plutôt que de chercher à récupérer la difficulté par la recontextualisation, ce qui se produit lorsque le texte est placé d'entrée de jeu dans un cadre de référence bien précis et ses éléments opposés un à un avec un savoir extérieur au texte. L'engagement dans la texture du texte peut provoquer l'*angst* (angoisse/peur) ou le jeu. Par exemple, face à un paradoxe[48], le lecteur peut réagir soit avec angoisse, soit sur le mode ludique :

46. Matei Calinescu, *Rereading*, *op. cit.*, p. 16, nous soulignons.
47. Ross Chambers, « Le texte "difficile" et son lecteur », dans Lucien Dällenbach et Jean Ricardou (dir.), *Problèmes actuels de la lecture*, Paris, Clancier-Guénaud, 1982, p. 92.
48. Il s'agit du paradoxe présent dans le fragment de *Cronopes et fameux* de Julio Cortazar et qui se lit ainsi : « Histoire. Un tout petit Cronope cherchait la clef de la porte d'entrée sur la table de nuit, la table de nuit dans la chambre à coucher, la chambre à coucher dans la maison, la maison dans la rue. Là, le Cronope s'arrêta car, pour sortir, il lui fallait la clef de la porte » (Paris, Gallimard, 1977, p. 142 ; cité par Chambers, « Le texte difficile... », *loc. cit.*, p. 91).

> On peut aussi – et c'est une attitude ludique – se plaire à lutter pour formuler le principe régissant le paradoxe du récit, vivre délicieusement l'altérité du monde textuel comme une aventure de l'esprit, mimer euphoriquement en soi le mécanisme verbal producteur d'indécidabilité, quitte peut-être à éprouver un voluptueux vertige en se sentant *glisser*[49]...

Parce qu'une tension s'établit entre deux forces, l'une entraînant la dissolution du moi et l'autre son maintien, le lecteur fait l'expérience du vertige. Chambers décrit donc différentes attitudes interprétatives dans cet article. La première, celle qu'il prône à l'évidence, est l'engagement dans la texture du texte. La deuxième consiste à fonctionner par recontextualisation, à interpréter dans un nouveau contexte. Enfin, la troisième consiste à s'interroger sur les difficultés rencontrées et résolues lors de la lecture du texte ; il s'agit, autrement dit, d'une attitude interprétative ayant pour but de rendre compte de la façon dont un phénomène (la résolution de la difficulté) se produit.

La hiérarchisation des objets d'étude

L'attitude interprétative revêt donc des aspects très différents selon les théories, suivant qu'elle constitue une attitude prédominante ou qu'elle ne représente que l'une des attitudes de lecture possibles. Ce qu'il faut bien voir, c'est que la façon dont les auteurs hiérarchisent leurs objets d'étude compte pour beaucoup dans leur manière de concevoir l'interprétation. Le fait que la théorie de la lecture proposée par Jauss porte le nom d'« herméneutique littéraire », qu'elle se présente comme le réaménagement d'une théorie herméneutique et que le souci de faire des hypothèses sur le sens global du texte occupe le devant de la scène dans l'analyse de *Spleen* de Baudelaire, nous amène à dire que, chez Jauss, la réflexion sur la lecture se trouve subordonnée à la réflexion sur l'interprétation. En effet, dans ce modèle théorique, la lecture n'occupe que la seconde place, la première étant réservée à l'interprétation. Notre ordre de priorité se situe exactement à l'opposé. En considérant l'interprétation comme le témoignage de la lecture approfondie d'un texte, comme l'un des résultats possibles du processus de lecture, un résultat n'ayant rien de commun avec cet autre résultat que constitue l'effet fantastique, nous avons choisi de placer la lecture à l'avant-plan de nos préoccupations. Ce qui revient à dire que la réflexion sur l'attitude interprétative, qui n'est que l'une des attitudes de lecture possibles face à un texte, ne vient qu'en second lieu.

---

49. *Ibid.*, p. 92. Les plaisirs mentionnés renvoient très exactement aux différents types de jeu proposés par Caillois : le plaisir de l'*agôn*, provenant de la tentative de faire rendre au texte les secrets de sa structure ; le plaisir de l'*alea*, ressenti lors de l'engagement dans une aventure de l'esprit ; le plaisir de la *mimicry*, puisqu'en imitant l'écriture on se découvre un nouveau moi ; le plaisir de l'*ilinx*, dans la mesure où l'on s'abandonne volontairement à l'emprise d'un texte qui menace d'extinction le sujet.

En ce qui concerne l'attitude ludique, on observe des positions très variées. Chez Picard, la question de l'interprétation n'est pas directement abordée, car le *playing* et le *game* sont considérés comme deux aspects du jeu littéraire. Pour Calinescu, c'est lors d'un jeu de règles que l'attitude interprétative est adoptée, un jeu exigeant du sérieux, de la concentration, se faisant selon des règles bien précises, où l'intertextualité joue un rôle important et où s'exerce une certaine compétition. Chez Chambers, la hiérarchisation des objets est très différente : l'attitude ludique est nettement privilégiée, mais n'est qu'une attitude interprétative possible parmi d'autres, dont le but peut être d'expliquer comment la difficulté a été résolue au cours de la lecture ou de récupérer la difficulté par recontextualisation. Malgré leurs différences, on voit bien que, dans ces trois modèles théoriques, c'est le jeu qui constitue le cadre général à partir duquel la réflexion sur la lecture s'organise. Les concepts utilisés (playing *vs* game ; jeu de faire-semblant *vs* jeu de règles ; agôn, alea, mimicry, ilinx) viennent des théories du jeu, qui appartiennent majoritairement au domaine de la psychologie. Si les positions de théoriciens tels que Calinescu ou Chambers diffèrent, il n'en demeure pas moins que c'est l'aspect ludique de l'interprétation qui retient leur attention. C'est dans la mesure où elle est d'abord et avant tout une attitude ludique que l'attitude interprétative les intéresse. La priorité est donnée au jeu, et la réflexion sur la lecture y est subordonnée. S'il nous est difficile de souscrire à cette approche, c'est que, depuis le début de notre étude de la lecture du fantastique, nous avons tenté de décrire la lecture comme une activité ne ressemblant à aucune autre. Nous nous sommes efforcée de rester à l'intérieur du champ de recherche que constitue la lecture, d'étudier cette dernière non pas *en fonction d'une autre activité*, déjà connue, ayant déjà fait l'objet d'études, mais bien en essayant de focaliser notre attention sur certains aspects du processus lui-même, notamment sur la façon dont les indéterminations sont gérées au cours de la lecture. Il est temps maintenant d'observer de façon très concrète comment fonctionnent les interprétations d'un récit fantastique.

3.3. LES INTERPRÉTATIONS DE « LIGEIA »

Une lecture en parallèle

Nous utiliserons les interprétations de « Ligeia » comme des témoignages de lectures approfondies d'un texte fantastique ; l'observation de leur fonctionnement devrait nous permettre de mieux comprendre comment les indéterminations sont gérées lors de l'interprétation. Il ne s'agit donc pas pour nous de bâtir une nouvelle analyse du récit de Poe à partir des analyses existantes, ni de fournir une étude comparée des différentes réceptions de ce récit, autrement dit de nous interroger sur «l'application du texte à la situation de l'interprète», comme le préconise Jauss, mais bien d'effectuer une lecture en parallèle de ces interprétations, de les comparer tout en cherchant à dégager certaines caractéristiques des interprétations d'un récit fantastique.

Notre corpus d'analyse est constitué d'une sélection d'articles ou de parties de livres portant sur la nouvelle de Poe, que nous considérons comme des exemples d'interprétation et non pas comme des objets singuliers. Nous avons choisi ces diverses interprétations dans le dessein de donner au corpus la plus grande variété possible. Quand on s'aperçoit que «Ligeia» est, selon les critiques, l'histoire d'une femme qui se soumet au vampirisme de la conscience de son mari (Lawrence)[50], la résurrection d'Elizabeth, la mère de Poe morte quand il avait trois ans (Bonaparte)[51], un conte gothique ayant pour thème la morte-vivante et devant être lu au sens littéral (Lauber)[52], la satire des romantismes anglais et allemand mêlée à la peinture expressionniste du deuil hystérique (Pinto)[53], ou l'illustration de la transmutation du plomb en or (Richard)[54], on ne peut être qu'impressionné par l'aspect kaléidoscopique de l'ensemble. C'est ce qui nous permet d'effectuer une lecture en parallèle. Si les interprétations se ressemblaient trop, les différences seraient difficiles à mettre en évidence. Il s'agit donc pour nous d'un choix méthodologique et il va de soi qu'une autre sélection aurait pu lui être substituée.

Nous présenterons d'abord un résumé de chacune des interprétations retenues, avant de les mettre en parallèle. Comme elles s'étalent sur une période de soixante-dix ans, nous avons choisi pour des raisons pratiques de les présenter par ordre chronologique. Les interprétations de «Ligeia» sont des appropriations personnelles du texte de Poe et possèdent chacune son propre caractère. Pour reprendre la métaphore du jeu, on pourrait dire que l'interprète «joue» le texte à sa façon, en respectant une série de règles. Jeu solitaire, effectué dans une salle de travail face à un ordinateur ou la plume à la main, l'interprétation peut aussi être considérée comme un jeu de société, se faisant dans l'ombre d'une communauté de lecteurs ; des lecteurs ayant déjà été eux-mêmes interprètes du texte

50. D.H. Lawrence, «Studies in Classic American Literature (VI) : Edgar Allan Poe», *English Review*, n° 28, 1919, p. 278-291 ; réédité en traduction dans *Études sur la littérature classique américaine*, Paris, Seuil, 1948, p. 85-106.

51. Marie Bonaparte, «Ligeia», *Edgar Poe, sa vie, son œuvre. Étude analytique. tome II : Les contes : les cycles de la mère*, Paris, Presses universitaires de France, 1958, p. 284-297.

52. John Lauber, «"Ligeia" and Its Critics : A Plea for Literalism», dans William L. Howarth (dir.), *Twentieth Century Interpretations of Poe's Tales*, Englewood Cliffs (NJ), Prentice-Hall, 1971, p. 73-77. Cet article a tout d'abord paru dans *Studies in Short Fictions* (vol. 4, 1966, p. 28-32).

53. Eveline Pinto, «Thème et variations romantiques : les paroxysmes du veuf de Ligeia», *Edgar Poe et l'art d'inventer*, Paris, Klincksieck, 1983, p. 124-131. Rowena est la deuxième femme du narrateur.

54. Claude Richard, «Les contes de Poe ou les modes de la contamination», dans Edgar Allan Poe, *Contes, Essais, Poèmes*, Paris, Laffont, coll. «Bouquins», 1989, p. 57-71.

en question, ou bien des lecteurs «à venir» qui seront commentateurs, critiques, théoriciens, étudiants ou professeurs, mêlés de près ou de loin au phénomène littéraire, bref des participants d'un jeu où la compétition est de mise.

Notons en passant que l'interdépendance du jeu et de l'interprétation s'est ancrée dans les mots de la langue: l'importance donnée en herméneutique aux «règles de l'interprétation» rappelle, sur le mode sérieux, le syntagme figé «règles du jeu», tandis que l'emploi très particulier du mot «interpréter» a souvent été relevé dans le domaine des arts. Il faut ajouter que le musicien ne se contente pas d'*interpréter* un morceau de musique, il *joue* d'un instrument. De la même façon, les personnages d'une pièce de théâtre ou d'un film sont *interprétés* par des acteurs, qui sont tenus de *jouer* chacun son rôle. Et, s'il est admis que le jeu des acteurs peut varier du tout au tout d'une personne à une autre, nous verrons qu'il en va de même pour l'interprétation de «Ligeia» qu'ont faite les auteurs que voici.

«Ligeia», interprétée par...

1) D.H. Lawrence (1919)

Dans son livre portant sur les auteurs classiques américains, D.H. Lawrence consacre un chapitre à Poe, qui commence par une étude de «Ligeia». Il affirme en guise d'introduction que les meilleurs morceaux de Poe sont aussi bien de «terrifiantes histoires de l'âme humaine en cours de désagrégation[55]» que des histoires d'amour, ce qui l'amène à présenter sa propre conception de l'amour et de Dieu. Le fait que «Ligeia» relate les amours de Poe et de sa femme est pour lui quelque chose d'évident: «Ligeia est bien l'histoire même de Poe, et son côté imaginaire la rend encore plus vraie[56].» Voici comment il explique les vers de Glanvill, parlant de mort et de volonté et placés en exergue[57]: l'amour entre Poe et Ligeia est une lutte entre deux volontés, entre deux désirs. Le désir du mari est un désir de connaissance, comme le montre sa recherche sur l'expression des yeux de Ligeia. Quant à Ligeia, qui est une «femme à l'ancienne mode[58]», son désir le plus cher est de se soumettre à son mari. Celui-ci se comporte en fait en véritable vampire, puisque, selon Lawrence, vouloir connaître l'autre, c'est vouloir le tuer:

55. D.H. Lawrence, *Études sur la littérature classique américaine, op. cit.*, p. 85.
56. *Ibid.*, p. 90.
57. Voici pour mémoire comment se lit cette citation: «Et il y a là-dedans la volonté, qui ne meurt pas. Qui donc connaît les mystères de la volonté, ainsi que sa vigueur? Car Dieu n'est qu'une grande volonté pénétrant toutes choses par l'intensité qui lui est propre. L'homme ne cède aux anges et ne se rend entièrement à la mort que par l'infirmité de sa pauvre volonté» (Edgar Allan Poe, *Contes. Essais. Poèmes, op. cit.*, p. 362).
58. D.H. Lawrence, *Études sur la littérature classique américaine, op. cit.*, p. 90.

> [...] essayer de connaître un être humain, c'est vouloir le vider de sa vie. Surtout lorsqu'il s'agit de la femme qu'on aime. L'instinct le plus sacré nous apprend qu'il faut qu'elle demeure inconnue. On la connaît obscurément, par le battement du sang. Vouloir la connaître mentalement, c'est vouloir la tuer. [...] Tentation démoniaque – vampirisme. Telle est cette connaissance[59].

En poussant trop loin leurs désirs d'aimer, de connaître, les deux amants ont péché «contre le Saint-Esprit, qui nous ordonne de rire, d'oublier et de connaître nos limites. Aussi ne furent-ils point pardonnés[60].» La mort de Ligeia symbolise l'échec de la connaissance. Quant au meurtre de Rowena, Lawrence l'explique ainsi: mis au point par les deux amants, qui sont en fait deux vampires, il est en partie exécuté par le fantôme de Ligeia, qui verse du poison dans la coupe de Rowena. L'époux venge ainsi son échec relatif à la connaissance de sa première femme et Ligeia réussit à repousser les limites que la mort a imposées à son amour. Pour Lawrence, l'intervention du fantôme dans le récit n'est pas problématique: «Il est vrai, ainsi que l'admettent William James et Conan Doyle et d'autres encore, que l'esprit peut persister au-delà de la mort[61].»

Il faut ajouter que cette compréhension très personnelle du conte se double d'une sévère critique du style de Poe. N'ayant manifestement pas apprécié la lecture de «Ligeia», Lawrence ridiculise le texte de Poe, affirmant par exemple: «"Sa main de marbre" et "l'élasticité de sa démarche" évoquent plutôt des cheminées et des ressorts de chaises, qu'une créature humaine[62]!»; ou encore: «Parlant de[s] yeux [de Ligeia], [Poe] dit: "Ils étaient, il me semble, beaucoup plus grands que les yeux habituels de notre race" – comme si quiconque pouvait désirer avoir des yeux 'beaucoup plus grands' que les autres[63].»

2) Marie Bonaparte (1958)

L'ouvrage que Marie Bonaparte a écrit sur Poe est précédé d'un avant-propos signé Freud. Il est d'ailleurs précisé dès l'introduction que les thèses freudiennes sont à la base de l'analyse des contes de Poe. Si l'écriture permet aux créateurs de sublimer leurs instincts refoulés, elle a également, du moins pour Poe, des vertus thérapeutiques; c'est ce qui explique pourquoi sa vie n'a pas été ponctuée de séjours à l'hôpital. L'analyse de «Ligeia» est insérée dans le tome 2, consacré au cycle de la mère, dans la section portant le titre: «Cycle de la mère morte-vivante», ce qui résume bien l'hypothèse principale de l'analyse.

---

59. *Ibid.*, p. 92.
60. *Ibid.*, p. 96.
61. *Ibid.*, p. 97.
62. *Ibid.*, p. 90.
63. *Ibid.*, p. 91.

Le premier élément étudié est la description physique de Ligeia, que Bonaparte met en relation avec le portrait d'Elizabeth Arnold, la mère de Poe, portrait placé en frontispice et que le lecteur est prié de consulter. Bonaparte ponctue son analyse de longues citations où Poe est assimilé au narrateur. À propos du passage sur les yeux de Ligeia, elle affirme que Poe se leurre quand il croit chercher la connaissance de l'expression des yeux de Ligeia, car, en réalité, c'est l'identité de la personne à qui ces yeux appartiennent qu'il cherche. Selon Bonaparte, il y a eu une opération de déplacement sur un détail : les yeux. Cette opération de l'inconscient a fait resurgir le refoulé, qui consiste en « désirs incestueux, sadiques, nécrophiles, envers la mère de son enfance[64] ». Les comparaisons, fort nombreuses, auxquelles donne lieu l'impossibilité de définir l'expression des yeux, sont d'autres manifestations de ce déplacement. Quant à la citation de Glanvill, voici ce qu'elle signifie :

> [...] l'orphelin, que sa mère en mourant abandonna, lui attribue un vouloir, c'est-à-dire un amour, tel qu'elle puisse vaincre la mort et lui revenir. Tel est le désir inconscient central qui fut le promoteur du conte de *Ligeia*[65].

L'omniscience de Ligeia vient de ce qu'elle était l'initiatrice sexuelle de Poe, une initiatrice perdue trop tôt car l'enfant n'avait que trois ans quand sa mère est morte. Quant à l'acquisition de l'abbaye et les efforts de décoration qui s'ensuivent, ils semblent relever d'un comportement incohérent, étant donné que le deuil et l'opium ne favorisent pas, d'après les observations faites en psychologie, le fardeau d'une nouvelle installation. Cela amène Bonaparte à déceler l'apparition d'un nouvel élément biographique : l'installation d'Edgar, après la mort de sa mère, dans la demeure de sa mère adoptive, Frances Allan, une demeure beaucoup plus luxueuse que la précédente. Rowena, symbole de l'infidélité, serait un mélange de deux personnes : la mère adoptive de Poe (première infidélité faite par l'enfant à sa mère), et son épouse, Virginia (deuxième infidélité). Le retour à la vie de Ligeia symbolise donc la vengeance de la défunte à qui l'on a été infidèle :

> [...] sans le savoir lui-même, Edgar Poe proclamait que toutes ses amours ultérieures [...] ne seraient jamais que la réincarnation de son premier amour, de sa mère en son inconscient jamais morte et ressuscitée à chacune de ses nouvelles amours[66].

Et elle conclut en disant que l'opium est sans doute l'élément ayant permis le retour du refoulé :

---

64. Marie Bonaparte, *Edgar Poe, sa vie, son œuvre*, *op. cit.*, p. 288.
65. *Ibid.*, p. 289.
66. *Ibid.*, p. 297.

> [...] alors qu'il écrivait ses premiers grands contes, Edgar Poe avait sans doute commencé à s'adonner à l'opium, qui, tels tous les excitants ou stupéfiants, permet, en relâchant la censure du conscient, au refoulé, à l'infantile recélé dans l'inconscient, de resurgir – à Elizabeth-Ligeia de ressortir de sa tombe[67].

3) John Lauber (1966)

Au beau milieu d'une controverse durant depuis une vingtaine d'années, Lauber présente dans un article intitulé « "Ligeia" and Its Critics : A Plea for Literalism » des arguments en faveur d'une lecture littérale du conte de Poe. À la suite de James Schroeter[68], il affirme qu'il s'agit sans l'ombre d'un doute d'un conte gothique, c'est-à-dire d'un récit où un narrateur fiable relate des événements surnaturels. Son article, qui vise à démontrer le bien-fondé de ces propos, s'inscrit en réaction aux allégations de certains critiques stipulant qu'il ne faut pas faire confiance au narrateur, victime d'hallucinations, en proie aux fantasmes et seul responsable du meurtre de Rowena. Pour certains, le récit serait un voyage dans la folie[69], et pour d'autres, l'existence même de Ligeia serait remise en cause[70].

Voici les arguments que Lauber verse au compte de l'interprétation littérale : tout d'abord, la citation de Glanvill annoncerait dès le départ et de façon univoque le thème de la nouvelle : « *The power of the human will and its capacity to triumph over death*[71] ». Les affirmations de Poe sur l'effet à produire, qui soulignent l'importance des premiers mots d'un texte de fiction, servent à appuyer ces propos. En ce qui concerne la mort de Rowena, elle doit être attribuée au fantôme de Ligeia, car rien dans le texte ne permet de penser que le narrateur a lui-même versé le poison. Pour confirmer cette hypothèse, Lauber parle d'une lettre de Poe à un ami, dans laquelle il fait des commentaires sur « Ligeia » et exprime clairement ses intentions[72].

Lauber suppose que, si certains interprètes sont en faveur d'une lecture « non littérale » de « Ligeia », c'est parce qu'ils n'ont pas aimé le conte de Poe, parce que son style les a irrités et qu'ils ont cherché à en donner une version plus compatible avec leurs goûts. Ils défendent l'idée selon laquelle Poe n'a pas pu écrire un conte gothique parce qu'il n'aimait pas le gothique. Face à ces

67. *Ibid.*,
68. James Schroeter, « A Misreading of Poe's "Ligeia" », *PMLA*, n° 76, 1961, p. 397-406.
69. C'est le cas de James W. Gargano, « Poe's 'Ligeia' : Dream and Destruction », *College English*, n° 23, 1962, p. 337-342.
70. Pour Floyd Stovall, le narrateur aurait tout imaginé depuis le début, y compris sa rencontre avec Ligeia (« The Conscious Art of Edgar Allan Poe », *College English*, n° 24, 1963, p. 417-421).
71. John Lauber, « "Ligeia" and Its Critics », *loc. cit.*, p. 74.
72. Il s'agit de la lettre à Cooke, qui est en fait une réponse à des critiques que ce dernier avait faites à Poe. Cet échange est présenté en note dans l'édition de Richard (p. 1336-1337).

affirmations qu'il juge sans fondements, Lauber oppose plusieurs principes, le premier concernant le travail du critique: «*The critic should be aware of what he is doing, rather than disguising his rejection as a reinterpretation*[73].» Le second est un véritable principe d'interprétation:

> *Of two hypothetical explanations of the same phenomena, assuming that both adequately account for every detail, the simpler one should be preferred because it is simpler*[74].

Pour Lauber, l'interprétation doit avoir ses limites et les interprétations symboliques ne sont possibles que si elles respectent la trame réelle des événements relatés. Enfin, le troisième principe, qui conclut son article, est celui de l'ambiguïté. Pour lui, le conte de Poe n'est absolument pas ambigu:

> *The principle of ambiguity does not apply in such cases. Either the narrator murders or does not murder Rowena, either Ligeia revivifies in the body of Rowena and the apparent corpse rises from the death-bed, or the narrator has suffered an hallucination. The critic must choose, and in «Ligeia» there should be no great difficulty in making the choice*[75].

4) Eveline Pinto (1983)

L'analyse d'Eveline Pinto s'intitule «Thème et variations romantiques: les paroxysmes du veuf de Ligeia» et est intégrée à la section «Littératures: sombre récit, conteur plus sombre[76]». En introduction à cette partie, elle dresse le portrait de la société américaine du XIXe siècle sur les plans littéraire et historique, faisant part notamment de la mode du gothique et des peurs suscitées par les maladies que la médecine ne pouvait pas guérir. Elle rappelle les deuils vécus par Poe, sa peur du futur, etc. et soutient que, pour comprendre la signification des textes de Poe, il faut tenir compte du contexte historique et de la personnalité de Poe.

Pinto rappelle que la parution de «Ligeia» est suivie deux mois plus tard de celle d'un conte burlesque intitulé «Comment écrire un article à la Blackwood», qui décrit les procédés de l'écriture d'un récit à sensation, c'est-à-dire de ce que l'on appellerait maintenant une «histoire d'horreur». Puisque l'on retrouve certains de ces procédés dans «Ligeia», il semble possible de considérer cette nouvelle comme une parodie. Dans le contraste entre les deux personnages féminins de la nouvelle, il faudrait voir le pastiche des romantismes allemand et anglais, ou encore de la représentation romantique de la femme. D'un côté, Ligeia la brune, citadine érudite des bords du Rhin,

73. John Lauber, «"Ligeia" and Its Critics», *loc. cit.*, p. 76.
74. *Ibid.*, p. 77, l'auteur souligne.
75. *Ibid.*
76. Les nouvelles étudiées dans cette partie sont: «Roi peste», «Ombre», «Bérénice», «Morella», «Ligeia» et «La chute de la maison Usher».

représenterait le romantisme allemand, fortement teinté de transcendantalisme ; de l'autre, la blonde Rowena de Tremaine, jeune femme anglaise trouvant la mort dans une abbaye au décor macabre, représenterait le romantisme anglais et plus particulièrement la vogue des romans gothiques. Cela n'est toutefois que l'un des aspects du conte. Si Poe semble prendre une distance critique par rapport au motif du deuil frénétique, il s'attache aussi à décrire les sensations paroxystiques d'un veuf, à présenter une peinture assez révélatrice des deuils hystériques qu'a connus le XIXe siècle.

Pinto analyse ensuite la description physique de Ligeia à la lueur des conseils que Blackwood donne à Psyché Zenobia, marqués par le ton élevé, diffus, le ton métaphysique, les allusions savantes, la disposition des mots en tourbillon, les expressions piquantes pour les comparaisons, etc. Voici ce qu'affirme Pinto au sujet du savoir gigantesque de Ligeia : « Probablement il pastiche une image toute littéraire de la femme, issue tout droit du romantisme allemand [...] une image de la femme irrecevable aux États-Unis en 1838[77]. »

Si la cause de la mort de Rowena reste d'abord inconnue, ce qui permet la création d'un effet fantastique, il suffit, selon Pinto, de lire la correspondance de Poe pour connaître ses intentions :

> L'effet fantastique tient à cette incertitude, à cette suspension entre deux explications : par la foi romantique en l'immortalité et au miracle, par des lois plus naturelles relevant de la pathologie mentale. Que, dans la pensée de l'écrivain, la résurrection de Ligeia et la mort de Rowena soient attribuables aux fantasmes de son époux, est attesté par la correspondance. Dans la pensée de l'auteur, il n'y a pas d'ambiguïté fantastique : c'est sur le théâtre privé d'une conscience en proie aux fantasmagories d'un deuil vécu sur le mode pathologique que se déroule la dramaturgie de la mort et de la résurrection de Ligeia[78].

Dès lors, la citation de Glanvill prend des sens différents selon qu'on attribue au narrateur, qui cherche à qualifier l'expression des yeux de sa bien-aimée, à Ligeia, dont le cri de révolte atteint le « ton élevé, diffus », ou encore à l'auteur, qui pastiche ici un procédé de l'écriture romantique. Quant à Rowena, dont le mari s'est transformé en un bourreau s'attachant à faire de la chambre nuptiale une chambre de torture, elle renverrait au « sadisme érotico-macabre des romans gothiques[79] ». Au lieu de voir dans ce texte la parodie de deux représentations romantiques de la femme, on pourrait le considérer comme celle de deux images de la femme à l'intérieur de la littérature américaine :

77. Eveline Pinto, *Edgar Poe et l'art d'inventer*, *op. cit.*, p. 127.
78. *Ibid.*
79. *Ibid.*

> [...] derrière le contraste de leurs deux morts il n'y a pas que le jeu des références cultivées, mais aussi la double représentation de la femme au cours du XIXe siècle américain : La 'Sainte chasteté', l'épouse sacro-sainte, et la femme vénale, la prostituée que rien n'interdit d'associer aux fantasmes érotico-macabres et à ceux de la littérature de substitut[80].

Pinto passe ensuite à l'étude du poème que Ligeia récite pendant son agonie, étude qu'elle appuie sur la représentation chrétienne de la mort. En relevant les correspondances entre le poème et l'*Ars Moriendi*, un opuscule du XVe siècle illustrant les représentations iconographiques de la mort chrétienne, l'auteure souligne un reste de signification religieuse dans la lutte de Ligeia contre la mort. Si la chambre de Ligeia était envahie par les anges (cités dans le poème), celle de Rowena est une véritable chambre infernale, qui rappelle les horreurs de la littérature gothique. En conclusion, Pinto insiste sur l'impossibilité de choisir l'interprétation finale du récit :

> Exercice de style, pastiche et mélange, *Ligeia* a-t-il pour visée de ridiculiser les outrances exagérées et paroxystiques dans l'expression de la douleur et du deuil ? La nouvelle relevant de *l'imagination la plus élevée* stylise et schématise pour les faire accéder au plus haut degré de tension les sentiments les plus aisés à éveiller en 1838 dans l'âme des lecteurs. Peinture expressionniste ou pastiche ? Pour le lecteur d'aujourd'hui, il est difficile, pour ne pas dire impossible, d'en décider[81].

La conclusion de l'analyse porte sur la conception de la mort chez Poe, une conception résolument matérialiste selon laquelle il n'y a rien au-delà de la mort, si ce n'est les fantasmes des survivants.

5) Claude Richard (1989)

En introduction à l'édition complète des contes, essais et poèmes de Poe qu'il a établie en traduction française, Claude Richard propose un article intitulé : « Les contes de Poe ou les modes de la contamination[82] ». Richard met tout d'abord l'accent sur la dimension parodique de l'œuvre de Poe, passe en revue un certain nombre de contes, puis tente de montrer l'importance, dans « Ligeia », de l'intrusion du réel dans le surnaturel. Il relève d'entrée de jeu deux types d'éléments mettant la notion de *transmutation* au premier plan : d'une part, le narrateur est initié à divers discours (transcendantalisme, métaphysique) sur la transmutation du concret en abstrait ; d'autre part, la description physique que le narrateur fait de Ligeia fonctionne principalement sur le mode de l'analogie,

80. *Ibid.*, p. 129.
81. *Ibid.*, p. 131, l'auteure souligne.
82. Claude Richard, « Les contes de Poe ou les modes de la contamination », dans Poe, *Contes. Essais. Poèmes, op. cit.*

qui peut être vue comme une métaphore de la mutation, et contient plusieurs métaphores de la métamorphose : phalène, chrysalide, papillon. Cela amène Richard à affirmer que

> La contamination par les livres et par l'érudition de Ligeia est complète : à la mort de sa femme, le narrateur a reçu en legs un vœu frénétique de survie et son esprit est sous l'empire de la transmutation[83].

Dans un discours se voulant univoque, le narrateur affirme, à la suite de Ligeia « la philosophe » et de Glanvill « l'apprenti sorcier[84] », le triomphe de la volonté humaine sur la mort. Mais il faut bien voir que la vision du monde du narrateur est une vision « saturnienne », « plombée[85] ». Le plomb a une grande importance chez Paracelse, puisqu'il a la couleur de la matière, de la mort, et qu'il est espoir de la transmutation en or. Ce récit, dont la figure principale est la résurrection d'une femme, illustrerait donc également la métamorphose du plomb en or :

> Récit secret d'une dégradation de l'or en plomb suivie de la traditionnelle tentative de transmutation du plomb en or, la confession du narrateur est involontairement polyvalente : ce qui paraissait mauvais goût se révèle goût du mauvais, obsession de la métamorphose, pacte inavoué avec le Satan des Miracles[86].

Quand il épouse Rowena, c'est grâce à la « soif de l'or » de sa famille ; au moment de sa mort, la revivification de Ligeia peut être interprétée comme la revivification du métal. L'auteur relève le fait que la volonté ne suffit pas à tuer Rowena, morte empoisonnée :

> Ce poison – matière de notre monde de matière, intrusion de la chimie matérielle des corps dans les chimies idéales de la volonté – conteste la littéralité fantastique d'un récit censé illustrer le triomphe de la volonté individuelle sur la loi de mort[87].

Si l'on admet que le poison a été versé par Ligeia, il faut constater l'échec du triomphe de la pure volonté de l'esprit étant donné qu'il a fallu une intervention de la matière ; si l'on considère que c'est le narrateur qui a versé le

83. *Ibid.*, p. 62.
84. *Ibid.*
85. *Ibid.*, Richard précise que la vision est « plombée » et non pas « sombre » comme on le lit dans la traduction de Baudelaire. Malheureusement, cet article manque de références exactes au texte de Poe et Richard ne dit pas à quel endroit cet adjectif apparaît. Précisons que Saturne, dans le langage alchimique, désigne le plomb et que la référence au plomb et à un âge d'or disparu apparaît clairement dans une citation que nous avons étudiée dans le second chapitre : « Privée du lustre rayonnant de ses yeux, toute cette littérature, ailée et *dorée* naguère, devenait maussade, *saturnienne* et lourde comme le *plomb* » (*ibid.*, p. 366, nous soulignons), qui est une traduction de : « *Wanting the radiant lustre of her eyes, letters, lambent and golden, grew duller than Saturnian lead* » (Edgar Allan Poe, *Poetry and Tales*, *op. cit.*, p. 266-267).
86. Edgar Allan Poe, *Contes. Essais. Poèmes*, *op. cit.*, p. 62.
87. *Ibid.*, p. 63. Le terme « fantastique » est mis ici pour « surnaturel ».

poison, il faudrait en conclure que tout le reste n'est qu'hallucination et que la prétendue résurrection de Ligeia est à mettre au compte de l'aliénation[88]. On peut donc déceler une intrusion du réel dans le monde surnaturel qui domine l'ensemble du récit. Le narrateur, persuadé que la volonté suffit à dépasser la mort, se trompe. Son discours a donc à première vue les traits d'un « pur maléfice » :

> Pour qui ne peut saisir l'ambiguïté involontaire de son discours, sa parole est pur maléfice. Manier un discours chargé de puissance maléfique ou salvatrice, tel est le destin du poète, seul témoin du monde selon Poe[89].

L'élimination des indéterminations

Les premières remarques que nous ferons au sujet de ces interprétations de « Ligeia » concerneront la façon dont les indéterminations du récit sont gérées. Nous n'entendons aucunement rejeter ni évaluer telle ou telle interprétation en fonction de tel ou tel critère, mais bien plutôt examiner de quelle façon elles ont résolu les indéterminations, ce que nous illustrerons en prenant trois exemples. Le premier est celui de la *citation de Glanvill*. Rappelons que cette citation offre à première vue un sens très obscur, qu'elle est citée quatre fois dans le texte, énoncée par deux personnes différentes (narrateur et Ligeia) et dans différents contextes : exergue, description des yeux, agonie de Ligeia. Les changements de contexte ne rendent pas sa compréhension plus aisée et l'on peut penser que l'indétermination ne vient pas que de l'aspect mystérieux des phrases de Glanvill. Ces dernières n'ont en effet que peu de rapport avec le reste du texte. Le second exemple est l'impossibilité pour le narrateur de définir *l'expression des yeux de Ligeia*. Il s'agit de l'un des éléments d'indétermination les plus importants du récit. Plusieurs points sont à noter : la réflexion sur l'expression des yeux occupe beaucoup de place dans la description de Ligeia ; cet élément, dans lequel l'étrangeté du personnage semble se cristalliser, a suscité de nombreuses recherches infructueuses de la part du narrateur ; quand celui-ci retrouve les yeux étranges de Ligeia à la toute fin du récit, rien ne vient éclaircir le mystère de leur expression. Quant au troisième exemple, *la mort de Rowena*, il s'agit d'un événement central. Dans ce cas-ci, l'indétermination touche un déroulement d'actions. Le récit relate la chute de gouttes rouges

88. Henri Justin propose une troisième possibilité quant au responsable du meurtre de Rowena. Dans son livre intitulé *Poe dans le champ du vertige*, qui étudie l'organisation de l'espace dans l'œuvre de Poe, il affirme que, selon lui, les gouttes de poison auraient pu être secrétées par la chambre elle-même, chambre que les décorations du narrateur ont rendu magique et qui peut être considérée comme une « chambre philosophale ». En plus de son importance dans une signification basée sur l'alchimie, Justin voit dans la structure de la chambre un motif central, un élément métatextuel. D'après lui, la série des chambres dans les textes de Poe illustrerait la recherche d'une forme (Henri Justin, « Ligeia », « La série des chambres », *Poe dans le champ du vertige*, Paris, Klincksieck, 1991, p.140-180).

89. Edgar Allan Poe, *Contes. Essais. Poèmes, op. cit.*, p. 63.

dans le verre de la malade ; il pourrait s'agir aussi bien du résultat d'une action (verser du poison), faisant partie d'un plan criminel, que d'une hallucination, due principalement à l'opium. Le texte ne nous dit pas si la chute des gouttes est consécutive à un geste, ni qui en aurait été l'auteur. La mort de Rowena reste donc inexpliquée et seules les inférences du lecteur peuvent pallier les lacunes du texte.

Le tableau suivant résume ce que disent les cinq interprètes au sujet de ces trois exemples. Nous en ferons dans un premier temps une lecture verticale, visant à mettre en évidence la diversité des interprétations et à questionner les différentes façons de résoudre une indétermination ; dans un deuxième temps, nous compléterons l'analyse en prenant en considération la dimension horizontale du tableau, ce qui nous amènera à examiner la cohérence qui s'établit entre les segments de signification relevés et à les mettre en relation avec le type de savoir qui se profile à l'horizon de ces significations.

1) La citation de Glanvill

Dans son interprétation du conte de Poe Lawrence met la question de l'amour au premier plan. Pour lui, il va de soi que la citation de Glanvill doit être appliquée à la relation amoureuse entre Ligeia et son mari, et qu'elle signifie que *l'amour est une lutte entre deux volontés*, celle du narrateur de connaître sa femme et celle de Ligeia de se soumettre à son mari.

Tableau 3.1 – **Les variations dans l'interprétation de «Ligeia»**

Interprète	Citation de Glanvill	Expression des yeux	Mort de Rowena
Lawrence	L'amour est une lutte entre deux volontés.	Échec de la connaissance.	Vampirisée par Ligeia et son mari.
Bonaparte	L'orphelin désire revoir sa mère.	Désir incestueux envers la mère.	Vengeance de la mère à qui l'enfant a été infidèle.
Lauber	Thème de la volonté humaine triomphant de la mort.	(Rien.)	Événement surnaturel.
Pinto	Trois énonciateurs : le narrateur, Ligeia et Poe (pastiche).	(Rien.)	Pastiche du gothique/ mort profane.
Richard	Observation de la transmutation (mort → vie).	Obsession de la transmutation (description par analogie).	Poison = intervention du réel dans un monde surnaturel.

Bonaparte, quant à elle, discerne dans ces phrases le désir inconscient de Poe, qui est un *orphelin désirant revoir sa mère*. La mort d'un parent est une expérience traumatisante pour un enfant et il espère toujours le voir réapparaître, c'est-à-dire vaincre la mort.

Autre hypothèse, beaucoup plus littérale cette fois : pour Lauber, ces phrases indiquent de façon très claire que le thème principal du récit est le *thème de la volonté humaine triomphant de la mort* et non pas la folie ni les fantasmes entraînés par le deuil, comme le voulaient un certain nombre de critiques.

Quant à Pinto, elle rappelle que cette citation prend des sens différents selon qu'elle est attribuée à l'un des *trois énonciateurs* : le narrateur, qui se souvient de ces phrases quand il tente de décrire l'expression des yeux de sa femme ; Ligeia, qui expire en prononçant ces mots où se devine sa révolte face à la mort ; et enfin Poe lui-même, étant donné que la scène de l'agonie est relatée sur le « ton élevé, diffus » que l'auteur a ridiculisé dans le conte burlesque publié peu de temps après « Ligeia ». C'est comme pastiche d'un procédé de l'écriture romantique que cette citation aurait été utilisée.

Dernière interprétation de la citation : d'après Richard, on peut déceler dans ces phrases de Glanvill *l'obsession du narrateur pour la transmutation.* En effet, son discours est parsemé d'allusions à ce phénomène notoire en alchimie et l'idée de la transmutation, du passage de la mort à la vie, transparaît dans les déclarations de Glanvill, lui-même versé dans l'occultisme[90].

Une première remarque s'impose au sujet de ces différentes interprétations de la citation de Glanvill. On peut en effet y voir deux façons très différentes de résoudre l'indétermination : l'une est d'octroyer une signification univoque à la citation, ce que font Lawrence, Bonaparte, Lauber et Richard ; l'autre, présente chez Pinto, est de tenir compte de la manière dont la citation ponctue le texte. Plutôt que de placer sous le même toit les quatre occurrences de la citation, ce que font implicitement les autres interprétations, Pinto déploie la signification en fonction de ses différents énonciateurs (narrateur, Ligeia) et y ajoute un énonciateur possible : l'auteur lui-même. On peut dire que, dans son cas, l'interprétation tient compte de la pluralité des points de vue, des significations, ce qui la rend plus nuancée que les autres interprétations.

2) L'expression des yeux

En ce qui concerne l'impossibilité pour le narrateur de qualifier l'expression des yeux de Ligeia, les variantes sont moins nombreuses. En effet, deux interprètes (Lauber et Pinto) ne donnent aucune explication à cet élément. Les autres considèrent au contraire que la recherche infructueuse du narrateur signifie quelque chose de très important.

90. Richard mentionne en note que Glanvill est un écrivain anglais, versé dans la magie et les sciences occultes (*ibid.*, p. 62).

Pour Lawrence, elle symbolise l'*échec de la connaissance*. Comme le narrateur a été incapable de définir ce qui rendait l'expression des yeux de Ligeia si particulière, il a échoué dans sa recherche.

Bonaparte considère quant à elle que le passage du texte consacré à l'expression des yeux est le résultat d'une opération de déplacement, phénomène bien connu en psychanalyse et ne suscitant donc aucune explication de sa part. C'est le souvenir du regard de sa mère, et non celui de Ligeia, qui hante Poe. Il faut donc voir dans sa tentative désespérée de décrire les yeux de Ligeia la manifestation de son *désir incestueux pour la mère*.

Richard s'intéresse quant à lui à l'aspect formel de la description de l'expression des yeux. Étant donné que le narrateur se trouve dans l'incapacité de décrire le regard à l'aide de qualificatifs, il a recours à l'analogie et fait la liste de tous les objets lui ayant donné la même impression. Or, l'analogie est un procédé littéraire qui entretient un rapport étroit avec l'idée de la transmutation. Ce qui vient confirmer l'idée que le discours du narrateur, non seulement sur le plan du contenu, mais aussi sur celui de la forme, est dicté par une *obsession pour la transmutation*.

Ce qui apparaît le plus intéressant à noter à propos de ce deuxième exemple d'indétermination, c'est que certains interprètes (Lauber et Pinto) ont omis d'en parler. Quelles peuvent être les raisons de cette absence ? Il importe de se le demander car, comme nous l'avons montré, l'étrangeté des yeux est l'un des éléments d'indétermination les plus importants du récit. On pourrait penser que si les interprètes n'en ont pas tenu compte, c'est parce qu'ils ont jugé qu'il ne valait pas la peine d'être discuté ni simplement mentionné ; autrement dit, il l'ont considéré comme un élément insignifiant. Mais la situation est un peu plus complexe, comme nous allons le voir en essayant d'imaginer ce qu'aurait signifié l'étrangeté des yeux selon la logique des interprétations de Lauber et Pinto.

En voulant montrer que certains de ses prédécesseurs ont eu tort de nier le sens littéral, Lauber s'interroge sur la signification globale du récit. Ce qu'il faut bien voir, c'est que l'étrangeté des yeux ne joue pas un rôle dans le *déroulement des événements* du récit, et ne semble pas avoir de rapport direct avec le thème principal du récit, la volonté humaine triomphant de la mort. Il n'y avait donc pas de raison de lui consacrer un paragraphe explicatif. Nous reviendrons plus tard sur cet aspect de l'interprétation de Lauber.

En ce qui concerne l'interprétation de Pinto, on peut se demander si ce n'est pas pour éviter la redondance qu'elle n'a pas tenu compte de cet élément. En effet, l'examen de ce passage du texte à la lueur de l'œuvre poesque, l'une des méthodes employées par Pinto, aurait mis en évidence l'utilisation des différents procédés énumérés dans le conte burlesque de Poe, ce qu'elle avait déjà fait dans la description physique de Ligeia. On peut penser que, la démonstration du caractère parodique du récit ayant déjà été faite, il n'était pas opportun de revenir sur le sujet.

3) La mort de Rowena

Le troisième élément d'indétermination, la mort de Rowena, est l'un des événements centraux du récit et il est interprété de manières très différentes. Lawrence y voit l'intervention de deux vampires : l'un est le narrateur qui, après avoir tué Ligeia et échoué dans sa recherche de la connaissance, aurait décidé de se venger de son échec en tuant sa deuxième femme. Il obtient pour ce faire l'aide d'un second vampire, Ligeia, dont le désir le plus fort est de repousser les limites de la mort afin de pouvoir continuer à aimer son mari. Elle, ou plus exactement son fantôme, aurait donc versé du poison dans le verre de Rowena, qui meurt, *vampirisée par Ligeia et son mari.* Quant à savoir si l'auteur du geste aurait pu être un fantôme, les propos de William James, spécialiste en matière de sciences occultes, et de Conan Doyle, auteur de romans policiers, permettent de répondre par l'affirmative.

On a vu que, pour Bonaparte, le véritable nom de Ligeia est Elizabeth. C'est l'emménagement de l'orphelin dans la demeure luxueuse de ses parents adoptifs qu'il faut voir en filigrane dans l'installation du narrateur dans l'abbaye auprès de Rowena. Cette dernière symboliserait donc la ou plutôt les femmes ayant pris la place d'Elizabeth dans la vie de Poe, c'est-à-dire sa mère adoptive et son épouse, et sa mort la *vengeance de la mère à qui l'enfant a été infidèle.*

Quant à Lauber, il considère la mort de Rowena comme un *événement surnaturel*, étant donné que l'acteur principal est un fantôme. Afin de pouvoir ressusciter d'entre les morts, le fantôme de Ligeia aurait empoisonné sa rivale avant de prendre possession de son corps. Il ne s'agit donc aucunement d'une hallucination de la part du narrateur.

Selon Pinto, cette scène est un *pastiche du gothique* dans lequel Ligeia incarne le romantisme allemand et Rowena le romantisme anglais[91]. Par ailleurs, le caractère *profane* de la mort, n'ayant rien de commun avec la mort de Ligeia, est à associer avec la représentation de la prostituée dans la littérature américaine.

---

91. Cela se verrait également dans le choix du prénom « Rowena », qui est aussi le prénom de l'héroïne d'*Ivanhoe* de Walter Scott. La présence de ce prénom dans le conte de Poe serait donc une allusion au romantisme anglais. Quant au prénom « Ligeia », il renvoie bel et bien à un autre texte, signé par Poe cette fois. Il s'agit d'un poème intitulé « Al Aaraaf » où Ligeia symbolise l'âme de la pure musique. Poe avait ajouté un commentaire indiquant qu'il s'agissait d'un mot grec signifiant harmonieux ou sonore. S'il s'agit d'un prénom plutôt rare au XIXe siècle, il n'a toutefois pas été inventé par Poe, ainsi que le laisse croire

Enfin, Richard s'intéresse de près à ce qui a causé la mort de Rowena : le poison. Cet élément fait de matière est un intrus dans le monde élaboré par le narrateur, un monde où le surnaturel joue le plus grand rôle, notamment en ce qui concerne la transmutation. Il y a donc *intervention du réel dans un monde surnaturel.* La présence de cet élément fait ressortir le caractère équivoque du discours du narrateur, un discours possédant à la fois une signification littérale (transmutation de la mort en vie) et une signification alchimique (transmutation du plomb en or).

La remarque que nous avons déjà faite à propos de la pluralité des significations dans une même interprétation est encore de mise ici. Chez Pinto, qui considère au moins deux aspects de la mort de Rowena, en la confrontant à un genre littéraire, le gothique, et en étudiant le contraste entre les deux morts du point de vue de la religion, la mort est mise en relation avec deux systèmes différents. Chez Richard, si la dimension alchimique du récit ne fait aucun doute, elle vient remettre en cause les compréhensions du récit voulant que l'enchaînement des événements soit de l'ordre du surnaturel (fantôme versant le poison, morte qui ressuscite, etc.) ou de l'ordre du naturel (narrateur fou, qui assassine sa femme, a des hallucinations, etc.). L'équivocité du discours du narrateur apparaît comme un résultat de l'analyse, une fois que la signification alchimique a été reconnue.

L'examen de ces trois exemples montre que l'on peut adopter face à l'indétermination les attitudes suivantes : ne pas en parler et faire comme s'il n'y avait pas d'indétermination ; combler l'indétermination en donnant une explication univoque ou bien des explications plurielles. À cet examen ponctuel, il faut ajouter une observation d'ordre plus global, visant la lecture du récit dans son ensemble. Il est assez intéressant de voir qu'une seule interprétation, celle de Pinto, mentionne l'existence d'un effet fantastique. Mais, aussitôt émise, cette affirmation est dépassée par quelque chose visant à rétablir la vérité : en disant que les propos de l'auteur dans sa correspondance indiquaient clairement que ce n'était pas le surnaturel mais le naturel (fantasmes d'un veuf) qui intéressait Poe, l'interprète donne un argument en faveur d'une explication rationnelle du texte. Quant aux autres interprètes, ils ne mentionnent pas du tout l'existence d'un tel effet. Nous pouvons tout de même nous demander de quelle façon ils conçoivent le texte. Ambigu, non ambigu ? Quel est l'adjectif accolé au texte de Poe ?

Pinto (*Edgar Poe et l'art d'inventer, op. cit.*, p. 129). Richard rappelle en effet dans les notes explicatives du poème que l'une des sirènes des *Récits merveilleux* d'Aristote s'appelle Ligeia ; dans le poème « Alexandra » de Lycophron, Ligeia est le nom de la sirène à la voix claire ; dans les *Géorgiques* de Virgile, Ligeia est une nymphe ; et dans *Comus* de Milton, une sirène tentatrice a pour nom Ligea, variante orthographique de Ligeia (*ibid.*, p. 1339 ; p. 1513-1514).

Pour Lawrence, Lauber et Bonaparte, le récit n'est absolument pas ambigu, mais pour des raisons différentes. Les deux premiers le considèrent comme un récit d'événements surnaturels, mettant en scène des vampires, des fantômes. Lauber insiste par ailleurs sur le fait que le principe d'ambiguïté ne s'applique pas à ce récit. Il s'agirait sans conteste d'un récit gothique. Bonaparte se contente pour sa part d'indiquer les sources inconscientes du récit et ne parle pas d'un aspect de la théorie freudienne entretenant d'étroits rapports avec l'effet fantastique : l'« unheimliche ». Autrement dit, pour elle, une chose ne souffre pas d'ambiguïté : l'origine du récit.

Pour Richard, les choses se présentent d'une façon différente. Il remet en cause les compréhensions du récit en montrant l'importance d'un élément : le poison. Celui-ci se présente comme un élément incohérent par rapport au discours du narrateur sur la volonté, une incohérence ayant échappé à la première lecture et qui ne peut être perçue que lors d'une relecture axée sur la dimension alchimique. La signification alchimique rend le texte plus ambigu et l'article conclut sur l'équivocité du discours du narrateur. Ce qui nous fait dire que l'ambiguïté se présente comme un résultat de l'interprétation et non comme l'une de ses prémisses. Si l'auteur ne parle pas de la première lecture, c'est parce que, pour lui, l'ambiguïté surgit dans la relecture en profondeur du texte de Poe.

Les interprétations se distinguent aussi par l'utilisation de divers types de discours extérieurs au texte. Si nous avons laissé de côté cette utilisation jusqu'à présent, c'est qu'elle nécessite une réflexion plus spécifique sur les savoirs utilisés, sur les cadres de référence mis en place lors d'une interprétation. Il nous faut donc maintenant reprendre la lecture du tableau là où nous l'avons laissée, et la refaire en fonction des parallèles horizontaux.

L'utilisation des cadres de référence

Quand on regarde comment les interprètes ont expliqué la citation de Glanvill, l'impossibilité de décrire les yeux de Ligeia et la mort de Rowena, on peut parfois deviner à l'horizon la présence de cadres de référence bien précis. Une certaine cohérence relie les trois segments entre eux et l'on pourrait se demander si l'on n'est pas en présence de la schématisation d'un savoir.

Avant de procéder à l'observation des interprétations de « Ligeia » en fonction des cadres de référence, rappelons brièvement ce que nous avons déjà dit sur le sujet dans notre analyse de « L'intersigne ». Cette analyse avait pour but de montrer que l'utilisation des cadres de référence diffère selon que la lecture se fait en progression ou en compréhension, selon que le but du lecteur est de ressentir un effet fantastique ou de parvenir à une meilleure compréhension du récit. La lecture-en-progression de « L'intersigne » se caractérisait par l'enchâssement des cadres de référence, tandis que sa lecture-en-compréhension faisait appel à plusieurs savoirs. Après avoir montré que l'effet fantastique peut se baser sur une instabilité des cadres de référence, il nous faut maintenant nous interroger plus précisément sur le rapport entre le cadre de référence et l'interprétation.

Ce que nous nous proposons de faire, c'est d'examiner l'utilisation des cadres de référence dans les trois exemples d'indétermination déjà étudiés. Ces indéterminations ne concernent pas toutes des *événements*. Pour la première, il s'agit d'un énoncé (la citation de Glanvill) ; pour la seconde, d'un état (l'impossibilité de décrire l'expression des yeux de Ligeia), un état qui est le résultat d'une recherche, d'une action ; seule la troisième a trait à un événement (la mort de Rowena). Cela mérite d'être souligné car, dans l'analyse de « L'intersigne », nous ne nous sommes interrogée que sur les différentes interprétations données aux événements au cours de la lecture-en-progression. C'est d'ailleurs la série *événement, version de l'événement, cadre de référence* qui a servi de base à l'analyse. Nous avions alors pour but de décrire l'enchâssement des cadres de référence et il nous fallait définir les versions de l'événement en fonction de la trame narrative. Ici, la situation est différente étant donné que les critiques ne considèrent pas tous ces éléments en fonction de la trame narrative. Certains s'interrogent sur l'enchaînement des actions et proposent leur propre compréhension du plan narratif, tandis que d'autres réfléchissent sur un autre aspect du texte.

Dans l'analyse qui va suivre, nous mettrons l'accent sur le cadre de référence prédominant pour chacune des interprétations et sur les variations que peut entraîner l'utilisation des cadres de référence. Il ne s'agira donc pas de faire l'éventail exhaustif de tous les cadres de référence utilisés, d'identifier tous les savoirs à l'œuvre dans les interprétations, mais bien plutôt de s'interroger sur ce qui différencie les interprétations, sur les particularités qu'elles présentent dans leur façon de convoquer des cadres de référence. Nous nous interrogerons successivement sur les cinq interprétations de « Ligeia » choisies comme exemples et nous essaierons également, dans la mesure du possible, de les mettre en relation avec les interprétations des récits étudiés dans le deuxième chapitre. Nous entendons ainsi montrer que les questions soulevées lors de cette étude ne sont pas propres à l'interprétation de « Ligeia », mais peuvent être étendues à l'interprétation du récit fantastique de manière générale.

1) La vision personnelle du monde

L'interprétation de Lawrence repose sur une conception très personnelle de l'amour et de Dieu, qu'il présente avant même de commencer l'analyse, laquelle consiste essentiellement à proposer un remodelage de la trame narrative. Dès le début du récit, l'exergue indique le problème principal du récit, qui peut être résumé comme suit : l'amour qui unit Ligeia et son mari est une lutte entre deux volontés. La lutte amène le mari à accomplir un certain nombre d'actions visant la connaissance de Ligeia. Comme nous l'avons déjà dit, ses recherches sur l'expression des yeux de sa femme aboutissent au meurtre de Ligeia, puisque le narrateur se comporte en vampire en voulant tout connaître d'elle, et à un échec, puisque son désir de connaître n'aboutit pas. Cet échec entraîne une vengeance, qui se traduira par le meurtre de Rowena et qui aura pour résultat la résurrection de Ligeia, devenue du même coup vampire. Les trois segments relevés sont donc des éléments d'un enchaînement narratif qui est résumé dans le schéma suivant (s = situation, a = action, R= résultat) :

Figure 3.1 - **L'interprétation de Lawrence**

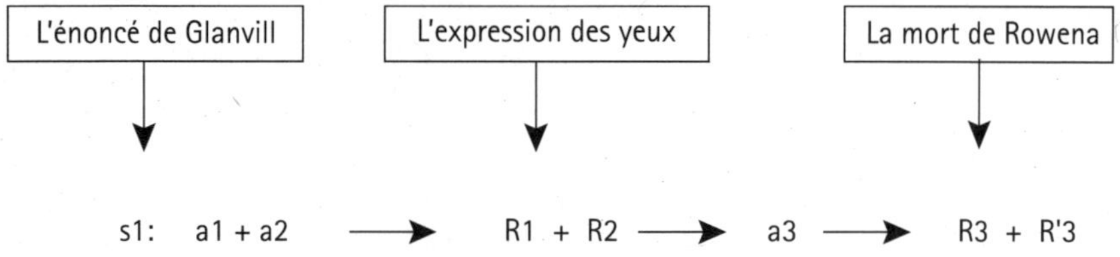

s1 = L'amour entre le narrateur et Ligeia est une lutte entre deux volontés.
a1 = Le narrateur cherche à connaître Ligeia.
a2 = Le narrateur vampirise Ligeia.
R1 = L'échec de la connaissance.
R2 = La mort de Ligeia.
a3 = Le narrateur et Ligeia se vengent.
R3 = La mort de Rowena.
R'3 = La résurrection de Ligeia.

Le cadre de référence de Lawrence consiste en une vision très personnelle du monde, où l'on pourrait voir des réminiscences du paradis perdu, du mythe faustien, puisque c'est la recherche de la connaissance qui perd le héros. Mais il n'en reste pas moins que l'histoire devient une véritable histoire d'horreur, portant l'atrocité à son comble. Lawrence utilise également un savoir général sur les vampires et les fantômes, un savoir certifié par une autorité dans le domaine de l'occultisme : William James. Quant à Conan Doyle, son autorité en tant qu'écrivain est plus difficile à comprendre. Il faut ajouter qu'il s'agit du seul exemple parmi les interprétations de récits fantastiques que nous avons citées où la vision personnelle du monde est utilisée comme cadre de référence.

2) La psychanalyse

Selon Bonaparte, la trame narrative dissimule un enchaînement d'éléments suivant une autre logique, celle du fantasme. La nouvelle de Poe doit être considérée comme le résultat superficiel d'un processus beaucoup plus important (le retour du refoulé), ayant eu des conséquences sur la vie de Poe. N'oublions pas que, selon la psychanalyste, l'écriture a sauvé l'auteur de la folie. Ce que l'on peut lire entre les lignes de «Ligeia», en pointillés, c'est la vie de Poe: voilà quel est le postulat de départ de l'analyse. L'utilisation de la psychanalyse freudienne va donc de pair avec l'utilisation d'un autre savoir: la biographie de Poe[92]. Il s'agit d'appliquer au texte certains principes issus de la psychanalyse. L'enchaînement des éléments est le suivant: la situation de départ montre un petit garçon éprouvant un désir incestueux pour sa mère. Cette situation est reconnue par la mise à jour d'une opération de déplacement dans le motif des yeux. Puisque l'opération suppose la transformation d'un élément psychique, présent dans l'inconscient, en un élément d'ordre textuel, peut-elle être considérée comme une règle d'interprétation spécifique, appartenant au domaine de l'interprétation psychanalytique freudienne? Toujours est-il que la mort de la mère traumatise l'enfant et provoque le désir, connu de tout orphelin, de la voir transgresser les lois de la mort. Notons qu'il y a une inversion dans la séquence narrative par rapport à la nouvelle de Poe. Au lieu d'avoir tout d'abord l'exergue puis le problème de l'expression des yeux, chez Bonaparte, ces deux éléments sont mis dans un ordre différent. L'adoption par une autre femme est par le fait même comprise comme une infidélité à la mémoire de la mère. Rappelons que c'est en établissant une correspondance entre la biographie et certains éléments textuels apparaissant incohérents sur le plan psychologique que Bonaparte interprète cette séquence. C'est pour venger l'infidélité de son fils que la mère ressuscite; il faut voir dans cette dernière séquence la réalisation du désir sur le plan fantasmatique. On a donc les équivalences suivantes:

Figure 3.2 – **L'interprétation de Bonaparte**

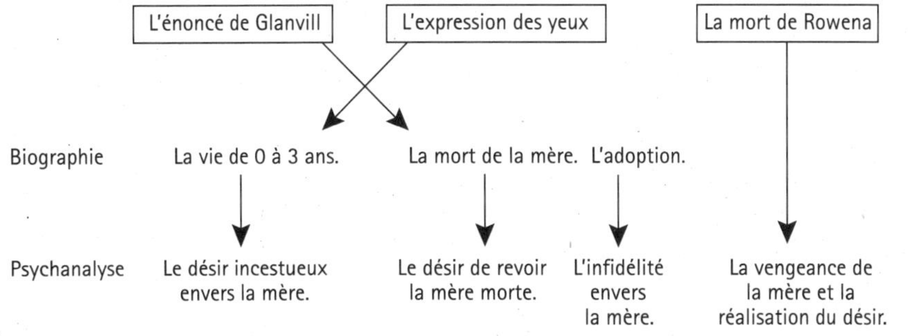

92. Cet usage est d'ailleurs fortement controversé étant donné que Bonaparte se base sur l'ouvrage de Harvey Allen, *Israfel: The Life and Times of Edgar Allan Poe*, paru en 1926 (Georges H. Doran, New York, 2 vol.) et n'étant pas une biographie critique mais un roman inspiré de la vie de Poe, basé sur des documents parfois inexacts. Ses affirmations n'ayant pas été vérifiées, il s'agit de sources plutôt douteuses. Cela est étudié en détail dans la présentation que fait Claude Richard du mythe entourant Poe (Edgar Allan Poe, *Contes. Essais. Poèmes*, *op. cit.*, p. 18-23)

L'interprétation de Bonaparte vise donc à mettre à jour une autre narration, de l'ordre du vécu, et à l'analyser en fonction des opérations de l'inconscient. Les analyses de récits fantastiques ont souvent pour cadre de référence la psychanalyse ; il s'agit d'un type d'interprétation où la navigation à la surface du texte permet de sonder les profondeurs de l'inconscient. En ce qui concerne «La Vénus d'Ille», trois interprétations au moins fonctionnent à partir de ce cadre de référence. Dans «"La Vénus d'Ille" de Mérimée : figuration d'un dualisme[93]», Anne Hiller considère qu'il s'agit de la *Venus libitina*, qui symbolise l'unité ambiguë de la libido. Dans «The Subversion of the Narrator in Mérimée's *La Vénus d'Ille*», Laurence Porter tente de montrer comment s'effectue le retour des désirs sexuels refoulés du narrateur[94]. Quant aux réflexions de Jean Bellemin-Noël sur «Une Vénus mal enchaînée», elles sont consignées dans un livre dont le titre, *Vers l'inconscient du texte*[95], en dit long sur le sujet. Tous trois s'efforcent de déceler, chacun à sa manière, les motifs inconscients à l'œuvre dans le texte de Mérimée. À propos de «L'intersigne», mentionnons l'article d'Esther Raskin intitulé «Secret Crimes, Haunted Signs : Villiers's *L'intersigne*[96]» et reposant sur l'hypothèse du fils illégitime. Enfin, dans son article «Héloïse : la mort dans cette chambre[97]», Lilian Pestre de Almeida s'interroge sur le rapport à la Mère et partage avec les auteurs précédents l'utilisation de la psychanalyse comme cadre de référence.

3) La controverse littéraire

Nous avons déjà souligné la complexité entourant le principal cadre de référence utilisé par Lauber : la controverse littéraire, qui demande à être examinée de près. Il faut d'abord noter que l'article vise à défendre la signification littérale du récit, à réagir face à certaines compréhensions erronées du texte. C'est la trame narrative qui est au cœur du débat. Lauber s'efforce de montrer comment la logique du surnaturel s'applique au texte de Poe, et cela au détriment de ce que Todorov appelle l'explication rationnelle qui met de l'avant l'hypothèse de la folie du narrateur. Comme nous l'avons vu, l'exergue annonce, selon Lauber, le thème du récit : le triomphe de la volonté humaine sur la mort. Le schéma suivant résume l'enchaînement proposé (p = procès ; a = action ; R = résultat) :

93. Anne Hiller, «"La Vénus d'Ille" de Mérimée : figuration d'un dualisme», *loc. cit.*
94. Laurence Porter, «The Subversion of the Narrator in Mérimée's *La Vénus d'Ille*», *loc. cit.*
95. Jean Bellemin-Noël, «Une Vénus mal enchaînée», *Vers l'inconscient du texte, op. cit.*
96. Esther Raskin, «Secret Crimes, Haunted Signs : Villiers's *L'intersigne*», *loc. cit.*
97. Lilian Pestre de Almeida, «Héloïse : la mort dans cette chambre», *Voix et images*, vol. 7, n° 3, 1982, p. 471-481.

Figure 3.3 – **L'interprétation de Lauber**

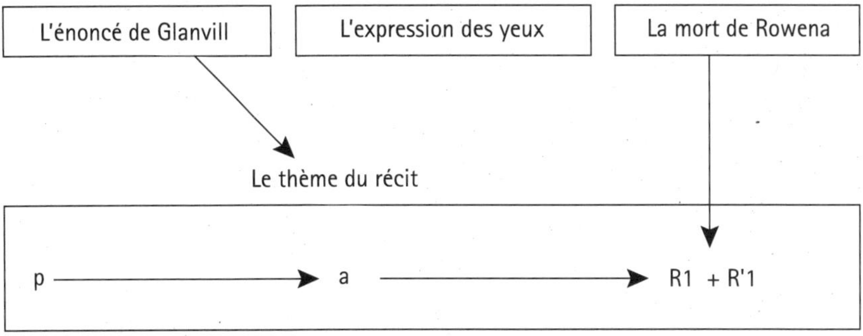

p = Ligeia meurt.
a = Le fantôme de Ligeia empoisonne Rowena.
R1 = Rowena meurt.
R'1 = Ligeia ressuscite.

L'article de Lauber est intéressant, car il montre comment l'indétermination peut susciter, dans le milieu littéraire, des controverses entre différentes communautés interprétatives. La controverse oblige les critiques à se situer d'un côté ou de l'autre et à faire des lectures qui excluent l'ambiguïté. L'hypothèse que nous avons faite sur l'absence d'explication relative à l'énigme des yeux était que cet élément n'avait pas été pris en considération parce qu'il ne jouait pas un rôle important dans l'enchaînement narratif. Comme il ne faisait pas partie des éléments ayant suscité la controverse, il a été laissé de côté. On voit donc l'importance que peut avoir sur l'interprétation la prise en compte d'un cadre de référence aussi précis que celui de la controverse littéraire. Si la somme des interprétations possibles d'un texte constitue pour le nouvel interprète un cadre de référence obligé, étant donné qu'il doit tirer parti du savoir sur le texte qui grossit à chaque nouvelle interprétation du récit, il en va différemment selon que l'interprétation cherche à répondre à des questions soulevées lors d'une controverse ou qu'elle se situe en dehors du débat. En effet, dans le premier cas, la controverse impose certains paramètres, un choix entre plusieurs options et le savoir sur le texte procède par réaffirmation et contestation des hypothèses antérieures.

Bien entendu, il ne s'agit pas du seul cadre de référence utilisé par Lauber, qui met à contribution sa connaissance de l'œuvre de Poe (essais et correspondance), de certaines règles d'interprétation (l'honnêteté du critique, le principe de l'interprétation la plus économique, le principe d'ambiguïté) et de la tradition gothique. Si Lauber place ce récit dans le groupe des récits gothiques, c'est parce que son interprétation ne conserve que la dimension surnaturelle du récit. Déniant au texte tout caractère ambigu, il affirme que les critiques précédents ont eu tort de considérer ce récit sous l'angle de l'aliénation mentale. Ce qu'il est intéressant de remarquer, c'est que la présence de deux interprétations, l'une orientée vers la dimension surnaturelle et l'autre vers l'explication rationnelle, conduit à un affrontement, à une controverse littéraire, et non pas à une hésitation entre les deux. On retrouve ici le fameux dilemme entre l'explication rationnelle et l'explication surnaturelle du récit. Notons en passant qu'il s'agit d'un dilemme très courant dans l'interprétation du fantastique, comme le montre la controverse à laquelle le texte de James *The Turn of the Screw* a donné lieu[98]. La définition de Todorov, que nous avons critiquée dans le premier chapitre, semble bien s'appliquer à un certain nombre d'interprétations du fantastique. L'hésitation du lecteur, la nécessité dans laquelle il se trouve de choisir entre une explication rationnelle ou surnaturelle du récit caractérise davantage la réflexion sur le texte que sa lecture proprement dite.

On a un autre exemple d'hésitation sur le plan interprétatif dans l'interprétation de Pinto qui choisit, pour conclure son analyse, de ne pas décider de la prévalence de l'un ou l'autre aspect du conte. Mais cette fois, l'hésitation touche les dimensions parodique et historique du récit.

4) L'œuvre de Poe et l'histoire

Pinto n'effectue pas de remodelage de la trame narrative. Si elle mentionne l'effet fantastique et tient compte des occurrences de la citation de Glanvill dans le texte de Poe, son étude vise surtout à montrer les dimensions parodique et historique de « Ligeia ». Le premier cadre de référence utilisé est donc l'œuvre de Poe, puisque cette nouvelle est comparée à une autre du même auteur. Il va de soi que la connaissance des traditions littéraires est un autre cadre de référence important dans cette analyse. La deuxième dimension étudiée par Pinto est la dimension historique. En comparant le poème récité par Ligeia à l'*Ars Moriendi*, un document historique du XVe siècle, elle pointe dans la mort de Ligeia la présence d'un reste de sacralité et montre que le contraste entre les deux femmes peut être vu sous l'angle de la double représentation de la femme dans la littérature américaine du XIXe siècle. Rappelons que « Le ver conquérant » est un poème que Poe avait publié précédemment ; il s'agit donc d'un élément venant de l'extérieur, d'un texte dans le texte. Ce deuxième cadre de référence, qui mêle les questions de religion, de représentation de la femme et de représentation de la mort, peut être assimilé de façon générale à celui de l'histoire. La figure 3.4 montre comment nous pouvons résumer les résultats de l'analyse de Pinto en fonction des deux cadres de référence qu'elle emploie.

Il y a donc deux aspects dans l'interprétation, dus à l'utilisation de deux intertextes : le premier situé dans l'œuvre de Poe, le second appartenant à l'histoire. Il est question également de la correspondance de Poe, mais seulement de façon ponctuelle. On constate que, selon les éléments observés, le cadre de

98. Cette controverse est analysée en détail par Christine Brooke-Rose dans son livre *A Rhetoric of the Unreal. Studies in Narrative and Structure, Especially of the Fantastic*, Cambridge, Cambridge University Press, 1981.

référence varie. Cette façon d'éliminer l'indétermination donne au texte une pluralité de significations au lieu de le réduire à une seule. En refusant de trancher entre les différentes significations, Pinto maintient l'ambiguïté du récit.

Figure 3.4. – **L'interprétation de Pinto**

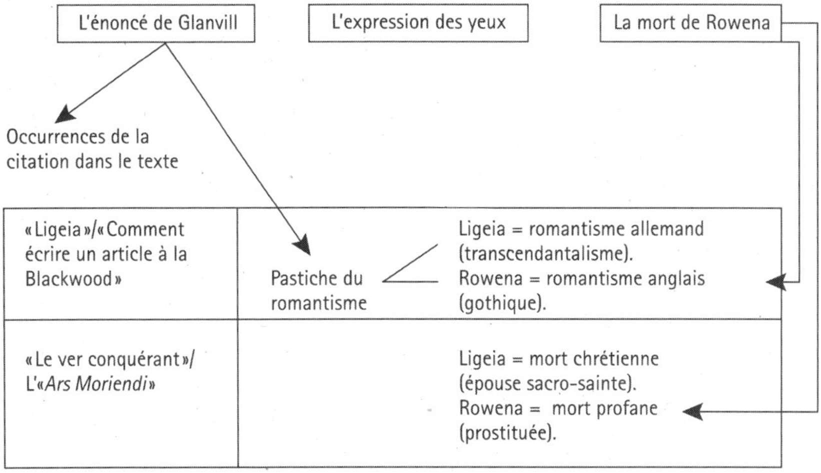

Parmi les études que nous avons citées au cours du deuxième chapitre et qui utilisent le cadre de référence constitué par l'œuvre d'un auteur, il faut mentionner l'article de Risco, «Noces sanglantes chez Mérimée: *La Vénus d'Ille* et *Lokis*[99]», et celui de Backès, «Le système de l'identification dans l'œuvre romanesque d'Anne Hébert[100]», qui étudie *Héloïse* dans son rapport aux autres romans d'Anne Hébert. La stratégie qui fait jouer l'intertextualité à l'intérieur d'une même œuvre est assez proche de celle qui étudie un texte à la lueur d'un texte d'un autre auteur, puisque dans les deux cas il s'agit de lire le texte à la lueur d'un autre texte littéraire. L'article de Pallister «Orphic Elements in Anne Hébert's *Héloïse*», qui tente de montrer les rapports entre *Héloïse* et l'*Orphée*[101] de Cocteau, utilise cette deuxième stratégie.

5) L'alchimie

L'interprétation que fait Richard en s'inspirant de l'alchimie, un cadre de référence à première vue assez éloigné de l'intrigue de «Ligeia», est assez complexe. Pour faciliter les choses, on distinguera deux mouvements dans l'interprétation:

99. Cristina Risco, «Noces sanglantes chez Mérimée: *La Vénus d'Ille* et *Lokis*», *loc. cit.*
100. Jean-Louis Backès, «Le système d'identification dans l'œuvre romanesque d'Anne Hébert», *loc. cit.*
101. Janis L. Pallister, «Orphic Elements in Anne Hébert's *Héloïse*», *loc. cit.*

le premier établissant une correspondance entre les éléments du texte et un processus alchimique, un passage du sens littéral au sens allégorique, du cadre de référence du surnaturel au cadre de référence alchimique[102]. C'est au cours de cette première étape que Richard associe la vie avec Ligeia à l'âge d'or et sa mort avec le déclin (passage de l'or au plomb) ; l'obsession du narrateur pour la transmutation de la mort à la vie, obsession léguée par les philosophes Ligeia et Glanvill, rejoint la nécessité pour un alchimiste d'opérer la transmutation du plomb en or. L'apothéose du récit est la métamorphose du plomb en or, ce qui est symbolisé par la résurrection de Ligeia. Cette première étape est résumée dans le rectangle (1) du schéma suivant :

Figure 3.5 – **L'interprétation de Richard**

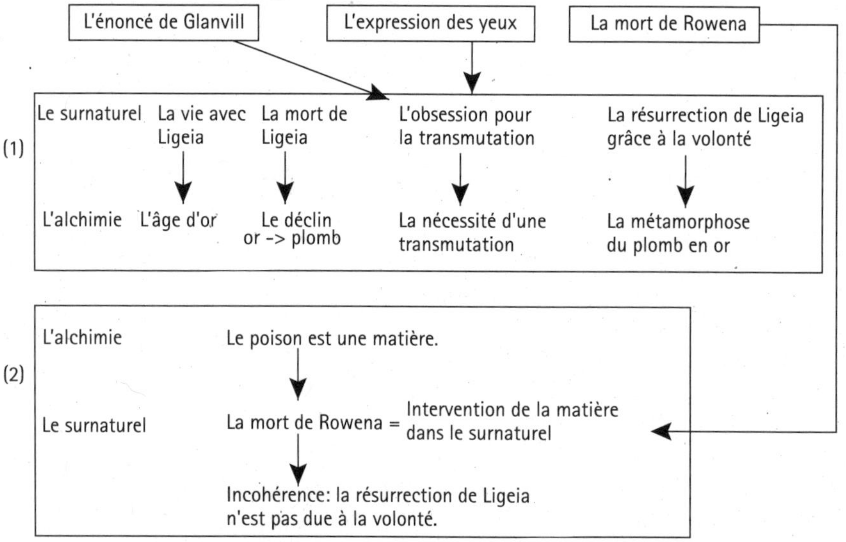

Le rectangle (2) illustre le deuxième mouvement de l'interprétation. Les choses se présentent de la façon suivante : la prise en considération de l'alchimie amène à identifier un élément du texte, le poison, comme une matière. Il s'agit d'un postulat très simple, mais qui opère un grand bouleversement. Est-ce parce qu'en alchimie, on prête une attention toute particulière à tout ce qui est matière, que l'incohérence du texte en ce qui concerne la mort de Rowena a été mise à jour ? Toujours est-il que cette affirmation amène Richard à remettre en cause la compréhension de la mort de Rowena, qui constitue, comme on

102. Dans son essai, Richard ne dit pas explicitement que l'analyse se fait en deux temps, mais la façon dont il présente les choses, en insistant tout d'abord sur la signification alchimique, puis sur la présence inexplicable du poison, ne laisse guère de doutes sur la question.

l'a vu plus tôt, un élément d'indétermination important dans le texte. Ce que Richard démontre, c'est que l'emploi du poison pour tuer Rowena implique qu'il y a eu une intervention de la matière dans le surnaturel. Autrement dit, la résurrection de Ligeia n'est pas uniquement due à sa volonté. Pourquoi Ligeia aurait-elle eu besoin d'un artifice tel que le poison alors que tous les moyens surnaturels étaient à sa portée ? Cette information permet de montrer qu'il y a une incohérence dans l'explication surnaturelle du récit.

Ce sont donc les gouttes de poison qui font déborder du cadre surnaturel et qui obligent de conclure à l'équivocité du discours du narrateur. Ce dernier manipule des significations alchimiques sans même s'en rendre compte, croit au pouvoir de la volonté quand les événements prouvent le contraire. Son discours apparaît donc comme des plus ambigus.

Signalons que cette interprétation de «Ligeia» en fonction de l'alchimie a été reprise et développée par Odile Joguin dans son article «Arcanes des couleurs, des formes et des nombres dans les contes fantastiques d'Edgar Poe[103]». Un autre exemple d'interprétation à l'aide de l'ésotérisme a déjà été cité au cours de nos analyses ; il s'agit de l'étude de Guerrero ayant pour titre «'La Vénus d'Ille' ou le cryptogramme non déchiffré[104]». De façon générale, le domaine de l'ésotérisme, bien que très éloigné des théories littéraires, est souvent évoqué lors de la réflexion sur le discours fantastique. Une récente publication collective porte d'ailleurs le titre «Ésotérisme et fantastique[105]».

D'autres sciences, telles que la philosophie, peuvent également servir de base à l'interprétation. On a déjà parlé de l'essai de Wattée-Delmotte, intitulé *Villiers de L'Isle-Adam et l'hégélianisme. Étude textuelle de Véra*, qui analyse le texte de Villiers d'après les thèses de Hegel et qui le considère comme une

103. Odile Joguin, «Arcanes des couleurs, des formes et des nombres dans les contes fantastiques d'Edgar Poe», dans Jean Marigny (dir.), *Ésotérisme et fantastique*, *Les cahiers du GERF*, n° 3, 1990, p. 143-186. Mentionnons également l'existence d'interprétations de «La chute de la maison Usher» en fonction de l'alchimie. Il s'agit des articles de Jean-Louis Grillou («"The Fall of the House of Usher" : Un cryptogramme alchimique ?», dans Max Duperray [dir.], *Du fantastique en littérature : figures et figurations*, Aix-en-Provence, Université de Provence, 1990, p. 111-126) et de Barton Levi St Amand («Usher unveiled : Poe and the Metaphysics of Gnoticism», *Poe's Newsletter*, vol. 5, n° 1, 1972).

104. Michel Guerrero, «"La Vénus d'Ille" ou le cryptogramme non déchiffré», *loc. cit.*

105. Il s'agit du cahier n° 3 du GERF (Groupe d'études et de recherches sur le fantastique), publié en 1990 sous la direction de Jean Marigny. Comment expliquer l'utilisation de ce cadre de référence ? Est-ce en raison du nombre important de motifs ésotériques dans la littérature fantastique, ou bien parce que certains aspects du discours fantastique sont apparentés à ceux du discours hermétique ? En effet, les éléments essentiels relevés par Eco au sujet du discours hermétique : la coïncidence, l'ambiguïté, la multiplicité des interprétations, le non-dit, l'absence de causalité et l'emploi du discours figuré, sont aussi des éléments importants du discours fantastique («Aspects de la sémiosis hermétique», *Les limites de l'interprétation, op. cit.*).

allégorie[106]. Ailleurs, c'est la mythologie qui sert de cadre de référence, comme dans l'étude de Viegnes «Le retour des anciens dieux : la rêverie mythologique dans "La Vénus d'Ille"[107]» ou dans celle de Bowman intitulée «Narrator and Myth in Mérimée's "Vénus d'Ille"[108]». L'interprétation peut aussi se faire en fonction de cadres de référence beaucoup plus souples, comme celui de l'imagerie animale qu'utilise Amprimoz dans «Survival Disguised as Metaphysics: Anne Hébert's *Héloïse*[109]». La question de l'allégorie peut être liée à d'autres types de savoirs. Mentionnons les réflexions de Pallister et Côté sur *Héloïse*, où ils notent la présence d'une allégorie de l'écriture[110] ; ou l'étude de Jean Fabre sur «Le Horla[111]», qui s'intéresse à ce même type d'allégorie dans le texte de Maupassant. Certaines interprétations peuvent mettre l'accent sur l'intertextualité, sur la recherche d'une correspondance entre deux discours, tandis que d'autres sont basées sur les opérations qui font passer d'un texte à un autre texte, comme dans le cas de Sorin Alexandrescu qui analyse «La nuit» de Maupassant à l'aide de la sémiotique greimassienne[112].

Les caractéristiques des interprétations

Cette réflexion sur les interprétations de «Ligeia» permet d'illustrer certaines caractéristiques de l'interprétation. Selon que son enjeu est individuel ou social, que le point de vue est situé à l'intérieur ou se déplace de l'intérieur à l'extérieur d'un cadre de référence scientifique, que s'effectue ou non le passage d'un cadre de référence à un autre, que le cadre de référence a ou n'a pas été convoqué lors d'une première lecture, l'interprétation change d'aspect.

On observe tout d'abord que les interprétations de Lawrence et de Lauber se situent à l'extrême l'une de l'autre en ce qui a trait à l'enjeu individuel ou social de l'interprétation. En effet, le premier interprète réagit au texte en faisant jouer sa propre conception des choses et présente au lecteur sa compréhension du texte de Poe, sans aucun souci de validation des hypothèses. Pour lui, l'enjeu

106. Wattée-Delmotte, *Villiers de L'Isle-Adam et l'hégélianisme. Étude textuelle de Véra*, *op. cit.* Les rapports entre la philosophie et le fantastique ont fait par ailleurs l'objet de réflexions plus générales, notamment chez Pierre Dumas. Dans son article «Philosophie et fantastique» (*Horizons du fantastique*, n° 16, 1971, p. 60-62), il s'attache à montrer que l'on trouve dans le fantastique des traces de certains éléments de l'ancienne métaphysique que la philosophie contemporaine a rejetés.
107. Michel Viegnes, «Le retour des anciens dieux...», *loc. cit.*
108. Frank Bowman, «Narrator and Myth in Merimée's 'Vénus d'Ille'», *French Review*, vol. 33, n° 5, 1960, p. 475-482.
109. Alexandre L. Amprimoz, «Survival Disguised as Metaphysics...», *Waves*, vol. 10, n° 4, 1982, p. 73-75.
110. Janis L. Pallister, «Orphic Elements in Anne Hébert's *Héloïse*», *loc. cit.* ; Paul-Raymond Côté, «L'euphémisation dans *Héloïse* d'Anne Hébert», *loc. cit.*
111. Jean Fabre, «Le Horla. Un parangon», *Le miroir de sorcière. Essai sur la littérature fantastique*, Paris, Corti, 1992, p. 249-269.
112. Sorin Alexandrescu, «Le discours étrange», *loc. cit.*

de l'interprétation est d'ordre strictement individuel. Pour le second interprète, c'est très différent. Le but de son article est clair, identifié à même le titre («A Plea for Literalism»): rétablir la bonne compréhension du texte car certaines affirmations concernant la nouvelle de Poe sont erronées. La publication de cet article fait de lui un participant actif dans la controverse littéraire entourant «Ligeia». Le problème principal, dans son interprétation du texte, est celui de la validation de l'hypothèse surnaturelle, ce qui l'amène à mettre en place un appareil rhétorique. La critique des thèses de ses adversaires s'accompagne de la présentation des arguments en faveur d'une compréhension «littérale» du texte. Afin de faire ressortir ce qu'il considère comme l'enchaînement réel des événements du récit, il a recours aux affirmations de Poe, présenté comme une autorité en la matière, et rappelle certaines règles de base concernant la critique de façon générale et l'interprétation. Le but de l'interprète est de convaincre, de vaincre dans un débat/combat qui l'oppose à des adversaires, de montrer de quelle façon les lecteurs doivent comprendre le texte de Poe.

Le deuxième aspect de l'interprétation qui peut être pointé du doigt est l'utilisation du discours scientifique. Nous n'insisterons pas sur les différences entre le fait de se servir d'un savoir formel, institutionnalisé, constituant à lui seul un domaine bien précis de la connaissance, et le fait d'utiliser un savoir informel, portant sur un texte littéraire par exemple, ou encore résultant d'un amalgame personnel fait de croyances et de préjugés idéologiques divers. Il nous semble plus important de nous pencher sur les variations qui peuvent affecter l'utilisation d'un discours scientifique à des fins d'interprétation. Dans le corpus étudié, deux interprètes convoquent une science en particulier: Bonaparte et Richard. Le problème qui nous intéresse n'est pas tellement de comprendre ce qui différencie deux sciences telles que la psychanalyse et l'alchimie, mais de connaître les différents modes d'utilisation du cadre de référence scientifique. L'observation de ces deux exemples montre que deux attitudes sont possibles: ou bien le point de vue se situe à l'intérieur d'un cadre de référence, ou bien il se déplace au cours de l'interprétation de l'intérieur vers l'extérieur et vice-versa. Dans le premier cas, qu'illustre bien l'essai de Bonaparte sur Poe, l'utilisation d'un discours scientifique pour expliquer un discours de nature littéraire revient à décoder le texte à l'aide de clés[113]. Depuis que Freud, qui signe l'avant-propos de l'ouvrage de Bonaparte, est devenu une autorité, la psychanalyse constitue un savoir établi. C'est ce qui permet à Bonaparte de présenter son étude sur Poe comme une application des thèses

113. On pourrait aussi se demander si le décodage que Gilbert Durand effectue dans *Les structures anthropologiques de l'imaginaire. Introduction à l'archétypologie générale* (Paris, Dunod, 1990 [1960]) ne fonctionne pas de la même façon. Il étudie des figures souvent présentes dans les récits fantastiques, fréquemment cités, et identifie des archétypes, des mythes, etc. En ce qui concerne les récits de Poe, il se base principalement sur les analyses de Bachelard (*L'eau et les rêves*, Paris, J. Corti, 1942) qui avaient déjà mis en évidence les «clés» de l'imaginaire poesque.

freudiennes. L'interprète se sert des outils de la psychanalyse pour étudier le texte et ses résultats sont également d'ordre psychanalytique, puisqu'au bout du compte l'auteur, par l'intermédiaire de sa biographie, est psychanalysé. L'interprète reste donc à l'intérieur du même cadre de référence tout au long de son examen du texte, lequel est en quelque sorte importé dans un nouveau cadre, placé sous l'éclairage psychanalytique.

Dans le cas de Richard, les choses ne se présentent pas de la même façon. Tout d'abord, la convocation du cadre de référence ne se fait pas dès le départ; c'est l'observation de certains éléments du texte (références à l'or, au plomb, à la transmutation, etc.) qui la rend nécessaire. Autrement dit, la recontextualisation ne précède pas l'analyse comme dans le cas de Bonaparte. Ensuite, l'interprète ne se contente pas de pointer la présence d'une signification alchimique; il relit ensuite le texte à la lueur d'un savoir que l'interprétation alchimique a rendu disponible. L'interprétation délaisse en quelque sorte le cadre de référence alchimique pour revenir sur le texte, ou plus exactement sur la compréhension première du texte. Ce qui au début semblait aller de soi (transmutation de la mort à la vie/résurrection de Ligeia) apparaît soudain incohérent (la volonté n'a pas suffi pour tuer Rowena, il a fallu du poison). Autrement dit, l'intervention du cadre de référence alchimique, en plus de conduire au résultat escompté – mettre en évidence la signification alchimique du récit –, a provoqué une remise en cause de la compréhension initiale du récit, qui à première vue ne posait pas de problèmes de compréhension et sur laquelle se greffait la signification alchimique. Aucun critique, qu'il soit ou non convaincu de la culpabilité de Ligeia, n'a jamais questionné le comportement du fantôme. Pourtant, il faut bien admettre que, compte tenu des pouvoirs surnaturels que possèdent les fantômes, le comportement du fantôme de Ligeia apparaît incohérent. Ce qui est encore plus curieux à observer, c'est que la forme de l'interprétation finit par ressembler à ce qui est dit à propos du contenu alchimique: est-ce par hasard que la lourde insistance sur la notion de transmutation est suivie de l'aveu selon lequel l'interprétation oblige à *transformer* la compréhension initiale du récit?

Le troisième aspect de l'interprétation que nous voudrions mettre en évidence concerne la possibilité pour une interprétation de susciter le passage d'un cadre de référence à un autre. C'est ce que montre à sa façon l'interprétation de Pinto, qui utilise conjointement deux cadres de référence et qui ne choisit pas de faire triompher l'une ou l'autre des significations élaborées au cours de l'analyse. Si l'interprétation consiste de façon générale à décoder le discours fantastique à l'aide d'un autre discours, déjà existant, la méthode utilisée par Pinto a ceci de particulier qu'elle utilise une lecture comparée, qu'elle juxtapose deux textes. En lisant une nouvelle burlesque de Poe parallèlement à «Ligeia», elle peut identifier dans cette dernière une dimension qu'elle ne pouvait pas dégager auparavant. Après quoi, le passage du cadre de référence de l'œuvre de Poe à celui de l'histoire amène l'interprète à considérer le texte d'un autre point de vue, sous un nouvel éclairage, et à construire du même coup une nouvelle signification du récit.

Une autre caractéristique des interprétations de «Ligeia» apparaît quand on les compare aux analyses de la nouvelle de Villiers que nous avons proposées dans le deuxième chapitre. Nous avions utilisé deux cadres de référence, le folklore breton et la religion catholique, et suggéré la possibilité d'en convoquer un troisième, la symbolique des nombres. Le premier jouait un rôle important dans l'enchâssement des cadres de référence se produisant lors de la première traversée du texte, tandis que les deux autres n'avaient pas été utilisés lors de la première lecture. Ces cadres de référence se sont peu à peu imposés au cours de l'analyse, l'un venant prendre le relais de l'autre au fur et à mesure que certaines énigmes étaient sur le point de se résoudre et que d'autres surgissaient. Comme nous allons le voir maintenant, cette façon de convoquer les cadres de référence est très différente de celle empruntée par les critiques de «Ligeia».

Il faut tout d'abord insister sur le fait que le premier cadre de référence en fonction duquel le texte de Villiers a été relu a joué un rôle important dans la lecture-en-progression du texte. En ce qui concerne les cinq interprétations de «Ligeia», qu'il s'agisse de la vision personnelle de Lawrence, de la psychanalyse, de la controverse littéraire, de l'œuvre de Poe, de l'histoire ou de l'alchimie, aucun des cadres de référence utilisés n'a joué un rôle lors de la progression rapide à travers le récit. Certains cadres de référence, convoqués d'entrée de jeu, fournissent eux-mêmes les postulats de l'analyse, comme la conception de l'amour chez Lawrence ou encore la psychanalyse chez Bonaparte. On peut d'ailleurs se demander si, dans ce cas, la cohérence résulte de l'analyse du texte ou n'est pas imposée par un cadre de référence extérieur, choisi avant même que l'analyse commence. Pour d'autres, c'est la présence de certains éléments du texte, repérés lors d'une lecture-en-compréhension, qui amène à convoquer un certain cadre de référence, comme l'œuvre de Poe ou l'histoire chez Pinto, ou encore l'alchimie chez Richard. Autrement dit, la recontextualisation ou bien précède l'analyse ou bien se fait au cours de l'analyse. L'interprétation de Lauber pose un problème assez complexe étant donné qu'elle s'appuie sur une controverse littéraire, ce qui constitue un cadre de référence très particulier formé d'un ensemble de discours critiques sur «Ligeia», un savoir très local élaboré en quelque sorte à partir des interprétations du texte.

Il faut aussi noter que la comparaison de «L'intersigne» avec les autres histoires d'intersignes s'était heurtée à une nouvelle énigme, celle du manteau. Pour la résoudre, il nous avait fallu convoquer un deuxième cadre de référence, la religion catholique, qui n'était pas l'un des cadres de référence «bousculés» lors de la lecture-en-progression. La mise à jour de certains éléments du récit liés de près à la religion catholique nous avait permis de construire des équivalences, d'étayer l'hypothèse selon laquelle «L'intersigne» relatait l'histoire d'un sacrifice chrétien. Ces analyses ont bien entendu nécessité de nombreuses relectures du récit, qui ont fait ressortir certaines régularités en ce qui concerne les nombres du récit. Étant donné que ces éléments pouvaient aussi bien être mis en relation avec le folklore breton qu'avec la religion catholique, nous avons suggéré l'utilisation d'un troisième cadre de référence, la symbolique des nombres, pour mieux comprendre la signification des nombres du récit en fonction des cultures. Même si nous avons choisi d'arrêter là notre démonstration, nous pouvons dire que l'intervention de deux cadres de référence a entraîné la convocation d'un troisième.

Si la lecture-en-compréhension d'un texte fantastique ne met pas en jeu un enchâssement des cadres de référence, comme cela peut être le cas pour la lecture-en-progression du texte, elle peut par contre susciter un véritable *enchaînement* de cadres de référence. Lorsque la relecture conduit à l'identification de nouvelles énigmes, lorsque les réseaux de significations qui sont construits demeurent incomplets, différents cadres de référence sont convoqués au cours de l'analyse. Plutôt que de la considérer comme une lacune à combler à tout prix, on peut voir dans l'indétermination un «espace de jeu» pour la relecture, qui somme toute ressemble assez à la «lecture littéraire» telle que la définissent certains auteurs. Voici par exemple quelles sont les conditions nécessaires d'une telle lecture selon Christian Vandendorpe:

> Ce n'est pas que l'œuvre doive être absolument hermétique ou obscure. Elle doit au minimum faire l'impasse sur ses déterminations et laisser au lecteur un espace de «jeu» – à prendre aux deux sens du terme – qu'il ne pourra pas épuiser et qui lui laissera toute latitude pour instancier les contextes de compréhension dans lesquels l'œuvre fera le plus de sens et contribuera le plus à nourrir son esprit. [...] Cela suppose évidemment aussi que le lecteur ait appris à faire jouer un texte dans des contextes variés, qu'il se soit donné des schèmes de représentation souples et multiples, capables de prendre en compte tous les niveaux d'un texte[114].

Si nous nous en sommes tenue, dans notre analyse de «L'intersigne», à identifier des segments de cohérence au lieu de chercher à redonner une cohérence globale au récit, à ébaucher des significations possibles plutôt qu'à en privilégier une à une autre, c'est parce qu'il nous a semblé intéressant de varier les contextes de compréhension. À chaque fois qu'un nouveau cadre de référence est convoqué, une nouvelle compréhension du texte est proposée. L'intérêt de l'interprétation réside selon nous en ceci que la recherche d'une cohérence peut donner lieu à des compréhensions multiples du récit. Loin de croire qu'elle est un risque inutile à prendre, étant donné son caractère infini,

---

114. Christian Vandendorpe, «Effets de filtre en lecture littéraire», *Tangence*, n° 36, 1992, p. 31-32.

nous pensons que l'interprétation, lorsqu'elle s'interroge sur les indéterminations du récit, enrichit chaque fois la compréhension du texte. La cohérence peut être pensée autrement que comme univocité à partir du moment où l'on considère que chaque nouveau cadre de référence, chaque nouveau contexte de compréhension, peut apporter un éclairage différent sur le texte. Regardons de plus près maintenant comment s'articule le rapport entre l'indétermination et l'interprétation.

3.4. INDÉTERMINATION ET INTERPRÉTATION

Après avoir analysé différentes interprétations d'un récit fantastique, nous sommes en mesure d'identifier certains aspects de ce que nous pouvons appeler l'attitude interprétative. Nous avons considéré l'attitude interprétative comme une attitude de lecture avant tout. Pour nous, l'interprétation est le point extrême du processus de lecture, ce qui revient à dire que les diverses interprétations de textes ne sont jamais que des résultats de lecture.

En fait, la définition de l'attitude interprétative est largement tributaire de la conception de la lecture utilisée. Nous avons vu que Jauss l'examine en fonction de la tradition herméneutique et en particulier des travaux de Gadamer. Cette tradition conserve l'avant-plan de la scène, même si l'objet d'étude est la lecture, et non l'interprétation comme en herméneutique. Pour les tenants de l'approche ludique, deux choix sont possibles : ou bien l'attitude interprétative est conçue d'emblée comme une attitude ludique, et il s'agit de comparer les types de jeu mis en place lors de la première lecture et lors de l'interprétation ; ou bien l'attitude n'est ludique qu'à partir du moment où elle engendre le vertige chez le lecteur. Nous n'avons pas utilisé ces conceptions de l'attitude interprétative pour mener notre enquête sur les interprétations de « Ligeia », parce que nous nous sommes située, depuis le début, dans la perspective de la lecture, et non dans une perspective herméneutique ou ludique. À l'herméneutique et au jeu nous avons substitué la lecture.

Bien sûr, entre le moment où il lit le texte pour la première fois et celui où il envoie son article à la revue, l'interprète fait beaucoup d'autres choses : les nombreuses relectures (supposées) du texte peuvent susciter la lecture de multiples ouvrages, des recherches en bibliothèque, des discussions, l'intervention de cadres de référence bien précis, bref, il s'agit d'un processus complexe, qui dépasse le cadre de notre étude. Notre analyse du processus interprétatif s'est limitée à l'identification des raisons pour lesquelles un processus interprétatif se met en place et à l'examen de son résultat final, autrement dit à l'amorce et à l'achèvement de ce processus.

L'indétermination caractéristique du récit fantastique joue un rôle important dans l'amorce du processus interprétatif: elle déclenche l'interprétation. La saisie de l'indétermination peut en effet amener le lecteur à rechercher une cohérence, le principe de cohérence étant ancré chez la majorité des lecteurs. L'interprétation peut donc consister en une manipulation du texte destinée à lui redonner une cohérence. L'examen des interprétations de «Ligeia» montre que cette manipulation peut prendre les traits d'un remodelage de la trame narrative, d'une mise en parallèle avec d'autres textes ou encore d'une «intégration» du texte dans un cadre de référence particulier.

Par l'analyse des interprétations de «Ligeia», nous voulions mieux comprendre comment est gérée l'indétermination lors de la lecture approfondie d'un texte fantastique. Nous avons d'abord observé la façon dont chaque interprétation avait éliminé les trois indéterminations choisies comme exemples, puis nous avons regardé plus en détail le rôle des cadres de référence dans les interprétations. Rappelons que ces deux paramètres, l'élimination des indéterminations et l'utilisation des cadres de référence, ont servi dans un premier temps à distinguer ce qui ressort de la lecture-en-progression et de l'interprétation du fantastique.

On a vu que les indéterminations présentes dans le texte ne sont pas toutes forcément éliminées lors d'une interprétation, laquelle peut combler les indéterminations qu'elle juge les plus importantes et passer sous silence un certain nombre d'indéterminations pour peu qu'elles ne jouent pas un rôle déterminant dans la signification globale donnée au récit. Autrement dit, la façon dont la cohérence est construite détermine le choix des indéterminations qui seront résolues. Quand elles sont éliminées, les indéterminations du texte donnent lieu à l'élaboration de significations. Dans certains cas, une signification univoque est substituée à la lacune du texte, tandis que dans d'autres, plusieurs significations possibles sont mentionnées.

La plus grande variation vient de l'utilisation des cadres de référence. Premièrement, ce cadre peut être individuel ou social; il joue alors un rôle important dans la forme même de l'interprétation, qui aura tendance à développer l'aspect rhétorique du discours. Deuxièmement, lorsqu'il s'agit d'un savoir formel, institutionnalisé comme dans le cas d'une science précise, l'interprète peut choisir de rester à l'intérieur du cadre de référence et donc de placer le texte sous un seul éclairage, ou d'en sortir afin de changer le point de vue. Troisièmement, l'interprétation peut se cantonner à un seul cadre de référence ou bien susciter le passage d'un cadre de référence à un autre, la confrontation du texte étudié avec d'autres textes, ce qui se fait au moyen d'une lecture comparée. Quatrièmement, l'interprétation peut utiliser un cadre de référence déjà convoqué lors du premier parcours du texte ou bien en faire intervenir de nouveaux. Ces deux modes peuvent d'ailleurs se conjuguer et entraîner la convocation de multiples cadres de référence, un peu comme si la succession des cadres de référence lors de la lecture approfondie d'un texte suivait le principe des réactions en chaîne. Cela se produit lorsqu'il s'avère impossible de rendre compte de tous les aspects du texte à l'aide d'un premier cadre de référence, ou encore parce que l'analyse a entretemps fait surgir de nouvelles énigmes, qu'un second cadre de référence tâchera de résoudre, et ainsi de suite jusqu'à ce que l'on décide de mettre un point final à l'analyse.

Il faut bien voir en effet que si, de manière générale, on peut considérer l'élimination des indéterminations comme l'un des principaux traits de l'interprétation, dans certains cas elle s'accompagne de la découverte de nouvelles indéterminations. C'est un peu comme si, lors du parcours interprétatif, l'indétermination se déplaçait, passait d'un endroit du texte à un autre. Nous avons vu par exemple comment l'une des interprétations de « Ligeia » avait pour résultat la découverte d'une incohérence dans le texte, la remise en cause de la compréhension initiale du récit. L'interprétation a, dans ce cas, fait apparaître un nouvel élément d'indétermination et mis en évidence une indétermination non décelable au premier abord. Ne pourrait-on pas mettre ce phénomène sur le même plan que les effets de l'analyse décrits plus haut dans le deuxième chapitre ? Quand l'interprétation cesse d'être une simple mise en équivalence de divers éléments, lorsqu'elle laisse la place à la découverte de nouvelles indéterminations, qu'elle se contente de bribes de cohérence sans vouloir parvenir au « tout cohérent », est-ce encore une interprétation ? Si l'on en croit les témoignages des interprètes évoqués dans ce chapitre et le précédent, il faut bien admettre qu'en règle générale le plaisir de l'indétermination est absent de l'interprétation du récit fantastique. Pourtant, cet « effet secondaire » de l'interprétation des textes mérite d'être souligné, ne serait-ce que parce qu'il vient remettre en cause l'idée voulant que l'interprétation d'un récit puisse être fixée une fois pour toutes. Pour reprendre la métaphore de la spirale, dont le mouvement ne s'arrête jamais, l'interprétation peut susciter la saisie de nouvelles indéterminations, qui seront elles-mêmes prétextes à de nouvelles interprétations du récit ; ou encore : on aura beau chercher à définir le plus exactement possible les significations du récit, à décrire un par un tous ses aspects, il y aura toujours un courant d'air derrière les tentures...

Conclusion

C'est pour définir le rôle que joue l'indétermination dans la lecture du fantastique que nous avons entrepris dans ces pages une étude du processus de lecture. Nous nous sommes limitée au récit fantastique, le considérant comme un exemple de récit contenant des indéterminations importantes. En décidant de l'observer du point de vue de sa lecture, c'est une nouvelle approche du fantastique que nous avons proposée, les théories du fantastique ayant jusqu'à présent privilégié les approches structurale, thématique, phénoménologique, psychanalytique ou encore épistémologique. En ce qui concerne les théories de la lecture, nous voulions surtout montrer que la lecture peut se définir autrement que comme un processus de détermination, amenant une résolution de l'énigme, définition largement répandue dans ce domaine théorique.

Étant donné que le récit fantastique est un objet que l'on a souvent qualifié d'insaisissable et que l'indétermination est pour sa part une notion qui ne se laisse pas aisément définir, l'exploration de la lecture du fantastique ne se présentait pas au départ comme quelque chose de simple. Mais la situation s'est encore compliquée lorsque d'autres sujets de réflexion sont venus se greffer, comme le caractère paradoxal de la lecture du fantastique, qui est à la fois d'une grande facilité et qui pose des obstacles majeurs à la compréhension, ou encore la présence de variations très importantes dans les interprétations des récits fantastiques.

Les multiples facettes de la lecture du fantastique exigent des approches diversifiées et il est indispensable de réfléchir au problème à la fois du point de vue de la théorie et de la pratique ; il est nécessaire de conserver les variations de lecture qui ont lieu inévitablement. C'est pourquoi nous avons choisi confronter, tout au long de cet essai, des modèles théoriques avec des analyses de textes fantastiques, ou encore avec des analyses de textes critiques dans le dernier chapitre.

C'est pour rendre compte des variations de lecture que nous avons distingué la lecture qui met en place un processus interprétatif de celle où se produit un effet fantastique. Il s'agit d'un *effet de lecture*, et non pas d'un effet textuel, un effet que les mots parviennent difficilement à traduire, car il est de l'ordre du senti, du perçu. Notre propos n'était pas de prouver son existence, attestée par de nombreux amateurs et spécialistes du fantastique, ni d'en chercher les origines dans la psychologie du lecteur, mais d'observer les conditions dans lesquelles cet effet peut avoir lieu. Nous avons retenu les trois paramètres suivants : une progression rapide à travers le texte, le plaisir de l'indétermination et un ensemble de procédés variant selon les textes.

Plutôt que d'axer la réflexion sur le caractère temporel de la lecture, nous avons opté pour une distinction entre progresser et comprendre, une distinction qui concerne donc les mandats que se fixe le lecteur. Nous avons vu qu'en accordant une grande importance à la dimension temporelle, la théorie de la relecture de Calinescu conduisait à une aporie, étant donné qu'elle ne permet pas de rendre compte du phénomène de la double lecture, qui est une première lecture possédant certaines caractéristiques de la relecture. Par contre, en proposant une distinction entre l'économie de la progression et l'économie de la compréhension, la théorie de la lecture élaborée par Gervais permet de résoudre ce problème et de rendre compte adéquatement des différentes façons de lire un récit fantastique. L'effet fantastique ne peut se créer que si le lecteur a pour but de progresser rapidement à travers le texte. Cela correspond souvent à la première lecture du texte, mais il ne faut pas oublier que certains lecteurs se proposent d'autres buts en entreprenant la lecture d'un livre et optent pour une compréhension approfondie du texte dès le début de leur lecture. Dans ce cas, l'effet fantastique ne peut pas se créer.

Si l'étude de la progression rapide à travers le texte est primordiale en ce qui concerne le fantastique, les théories littéraires en tiennent plus ou moins compte. Par exemple, celle de Todorov, qui propose une définition basée sur la notion d'hésitation entre explication rationnelle et explication surnaturelle, définition qui ne s'applique qu'à un petit nombre de récits dits fantastiques, s'intéresse davantage à l'étape de l'interprétation.

L'étude des procédés, visant à comprendre à quel endroit joue l'indétermination dans certains récits, nous a amenée à étudier la façon dont ces récits se donnent à lire, à mimer le premier parcours du texte. Si tous les récits fantastiques présentent une lacune du code énigmatique, étant donné que l'énigme n'est jamais résolue, certains ont beaucoup de suspense, d'ambiguïté, de dédales, tandis que d'autres offrent des jeux sur le temps, l'espace, ou encore sur les cadres de référence. Si nous nous sommes limitée à cet ensemble de procédés, c'est parce que nous voulions donner des exemples permettant de mieux comprendre comment un tel effet peut se produire et non pas établir une liste exhaustive des procédés de l'effet fantastique. Il va de soi que d'autres procédés pourraient être mis en évidence.

Nous avons d'ailleurs souligné que ces procédés quels qu'ils soient ne suffisent pas à susciter un effet fantastique. Il importe également de prendre une posture de lecture particulière, consistant à saisir l'indétermination sans pour autant la résoudre et à en retirer un plaisir de lecture.

Les théories d'Ingarden et d'Iser placent la notion d'indétermination au premier plan : Ingarden fait reposer la définition de l'œuvre littéraire sur la présence de lieux d'indétermination, tandis qu'Iser considère le remplissage des blancs du texte comme l'une des tâches principales. La lecture est conçue chez l'un et l'autre comme un processus de détermination visant à combler les lacunes du texte. L'un des problèmes dans la théorie d'Iser est qu'il met sur le même plan les blancs comblés de façon spontanée et ceux qui déstabilisent le lecteur. Or, ces derniers méritent une attention toute particulière. Quand les indéterminations sont thématisées, comme dans le fantastique, et qu'elles se présentent comme de véritables énigmes, elles n'entraînent pas forcément ni immédiatement une tentative de résolution. Cela nous amène à remettre en cause la conception barthésienne de l'énigme et de la lecture. Étant donné que le récit fantastique présente différentes lacunes, dont une dans le code énigmatique, nous sommes obligée de définir l'énigme autrement que par le couple question/réponse.

Ce que nous pouvons dire maintenant, en nous basant sur l'examen des différentes facettes de la lecture du fantastique, c'est que l'activité de détermination caractérise davantage l'interprétation qui, comme on l'a vu, s'attache à résoudre les indéterminations du texte, alors que l'effet fantastique repose sur la saisie des indéterminations et le plaisir de les laisser irrésolues. C'est donc dans le processus de lecture lui-même que le plaisir de l'indétermination doit être étudié. Le sentiment de l'étrange, l'impression d'irréductible étrangeté, ou encore l'inquiétante étrangeté, dont parlent Vax, Caillois et Freud, créent un plaisir de lecture particulier, basé sur la saisie des lacunes du texte.

S'il est une condition nécessaire pour qu'un effet fantastique puisse avoir lieu, le plaisir de l'indétermination peut aussi venir de l'analyse d'un texte, devenir un objet heuristique au lieu d'être un simple objet d'étude. De la même façon, les procédés de l'effet fantastique peuvent devenir, pour certains, des outils pour la lecture-en-compréhension du récit. Prenons par exemple le cas de l'ambiguïté. Si l'ambiguïté disjonctive et narrative des actions joue un rôle important dans la création d'un effet fantastique, c'est souvent une autre forme d'ambiguïté, plus proche de la polysémie et située sur le plan verbal, par exemple dans les expressions ou encore les motifs, qui caractérise la lecture-en-compréhension d'un texte. Pour l'espace et le temps, c'est un peu la même chose. Lorsque la lecture entraîne une perte de l'orientation, que ce soit à cause des dédales d'un texte ou encore de ses ruptures, les indéterminations spatiales jouent un rôle majeur dans la création d'un effet fantastique. Par contre, lors d'une analyse, la lecture nous offre une plus grande liberté de mouvement, nous amène à élaborer des réseaux résultant de parcours désordonnés du texte, à observer l'espace sous un autre angle, par exemple comme le milieu dans lequel l'air et les sons se propagent. De la même façon, après avoir identifié dans un texte la lacune temporelle responsable de l'effet fantastique, on peut être amené à identifier d'autres lacunes, à relire le texte en fonction du temps cyclique plutôt que linéaire, etc. Quant au suspense, qui est totalement absent lors d'une lecture-en-compréhension, il s'agit d'un cas particulier. Comme il vient de l'attente d'un événement et de l'absence d'explication des phénomènes représentés, il ne joue un rôle que dans la création d'un effet fantastique.

Le problème qui nous a le plus occupée est l'utilisation des cadres de référence qui, comme nous l'avons vu, servent habituellement de balises à la compréhension du récit. Quand il y a des ruptures, le fait de devoir reconstruire continuellement la compréhension d'une scène amène un brouillage des repères. L'étude du corpus d'interprétations nous a permis de constater que lors d'une analyse, par contre, ou bien on choisit un cadre de référence à l'extérieur du texte – ce qu'ont fait les critiques de «Ligeia» – , ou bien on choisit l'un des cadres de référence «enchâssés» et l'on construit non pas un tout cohérent mais des bribes de cohérence – ce que nous avons fait dans la deuxième partie de l'analyse de «L'intersigne» de Villiers. Autrement dit, la progression rapide à travers le texte provoque un enchâssement des cadres de référence, tandis que l'interprétation amène, dans certains cas, l'enchaînement d'un autre groupe de cadres de référence.

Cela n'est qu'un des aspects de l'interprétation du récit fantastique que nous avons dégagés. En effet, nous avons analysé l'interprétation sous trois angles différents. Nous nous sommes tout d'abord posé la question de l'amorce du processus interprétatif, notamment à l'aide des modèles théoriques de Todorov et de Riffaterre, et nous en avons conclu que les indéterminations peuvent constituer un prétexte à l'interprétation. Nous avons ensuite examiné les traits de l'attitude interprétative dans les théories de Jauss, de Picard, de Calinescu et de Chambers. Après avoir remarqué que la lecture est subordonnée à l'interprétation dans le cas du premier, et au jeu chez les autres, nous avons choisi de nous situer dans une autre perspective, considérant au contraire l'attitude interprétative comme une attitude de lecture. L'analyse de certaines interprétations nous a permis de montrer que la tendance principale est d'éliminer l'indétermination et d'utiliser un cadre de référence absent lors de la lecture-en-progression. Enfin, nous avons vu que différentes attitudes sont possibles face au texte, comme rester à l'intérieur d'un cadre de référence ou changer de point de vue, passer de l'un à l'autre, tenir compte ou non de la progression rapide à travers le texte, etc.

Il importe de souligner que ce qui joue un rôle important dans la lecture-en-progression peut devenir un outil pour la lecture-en-compréhension, permettre la mise à jour de nouvelles indéterminations, occasionner des effets qu'il ne faut pas confondre avec l'effet fantastique. Cela permet d'éviter un risque important, propre à toute tentative d'interprétation d'un texte, celui de figer la lecture. Si nous n'avons pas cherché dans nos analyses de récits fantastiques à redonner une cohérence à tout prix, c'est parce qu'il nous a semblé plus intéressant de montrer que l'énigme peut se déplacer et dériver au gré de l'élimination ou de la mise à jour de nouvelles indéterminations.

Les indéterminations jouent un rôle important à toutes les étapes du processus de lecture du fantastique puisqu'elles sont à la base même de l'effet fantastique, qui suppose l'existence d'une attitude de lecture précise, et qu'elles constituent le prétexte, le lieu où une interprétation s'élabore. Nous pourrions aussi nous demander quel est le rôle de l'indétermination dans la lecture d'autres récits, ou encore quels sont, mis à part le plaisir de l'indétermination, les autres plaisirs que la lecture peut susciter. Mais il faudrait pour cela entreprendre de nouvelles recherches, quitter le domaine du fantastique, cesser de nous interroger sur ces étranges récits pour nous intéresser à ce qu'il y a d'étrange dans d'autres lectures...

Bibliographie

Œuvres citées

HÉBERT, Anne, *Héloïse*, Paris, Seuil, 1980, 124 p.

HÉBERT, Anne, *Poèmes*, Paris, Seuil, 1960, 105 p.

JAMES, Henry, *The Turn of the Screw*, dans Leon Edel (dir.), *The Complete Tales of Henry James*, vol. 10, Londres, Rupert Hart-Davis, 1964.

LEWIS, Matthew Gregory, *Le moine*, Verviers, Marabout, 1977, 376 p.

MAUPASSANT, Guy de, *Contes et nouvelles 1875-1884. Une vie*, Paris, Robert Laffont, coll. «Bouquins», 1988, 1156 p.

MÉRIMÉE, Prosper, *Carmen et autres nouvelles*, tome 2, Paris, Librairie Générale Française, 1983, 422 p.

POE, Edgar Allan, *Contes, Essais, Poèmes*, Paris, Robert Laffont, coll. «Bouquins», 1989, 1600 p.

POE, Edgar Allan, *Poetry and Tales*, New York, The Library of America, 1978, 1408 p.

RADCLIFFE, Ann, *Les mystères du château d'Udolphe*, Paris, J. Corti, 1984, 327 p.

RAY, Jean, *Le grand nocturne. Les cercles de l'épouvante*, Bruxelles, Actes sud/Labor, coll. «Babel», 1984, 358 p.

RAY, Jean, *Malpertuis*, Verviers, Gérard, 1962, 252 p.

THÉRIAULT, Marie José, *L'envoleur de chevaux et autres contes*, Montréal, Boréal, 1994, 173 p.

VILLIERS DE L'ISLE-ADAM, Auguste, *Contes cruels*, Paris, Gallimard, coll. «Folio», 1983, 411 p.

WALPOLE, Horace, *Le château d'Otrante*, Paris, J. Corti, 1967, 220 p.

Analyses du corpus

ALEXANDRESCU, Sorin, «Le discours étrange. Essai de définition à partir d'une analyse de "La nuit" de Maupassant», dans Claude CHABROL (dir.), *Sémiotique narrative et textuelle*, Paris, Larousse, 1973, p. 55-95.

AMPRIMOZ, Alexandre L., «Survival Disguised as Metaphysics: Anne Hébert's *Héloïse*», *Waves*, vol. 10, n° 4, 1982, p. 73-75.

AVNI, Ora, «Et la chose fut. "La Vénus d'Ille" de Mérimée», *Poétique*, vol. 12, n° 46, 1981, p. 156-170.

BACKES, Jean-Louis, «Le système d'identification dans l'œuvre romanesque d'Anne Hébert», *Voix et images*, vol. 6, n° 2, 1981, p. 269-277.

BANCQUART, Marie-Claire, *Maupassant, conteur fantastique*, Paris, Minard, coll. «Lettres modernes», 1976, 111 p.

BELLEMIN-NOEL, Jean, «Une Vénus mal enchaînée», *Vers l'inconscient du texte*, Paris, Presses universitaires de France, 1979, p. 139-160.

BESNARD-COURSODON, Micheline, *Étude thématique et structurale de l'œuvre de Maupassant: le piège*, Paris, Nizet, 1973, 279 p.

BONAPARTE, Marie, «Ligeia», *Edgar Poe, sa vie, son œuvre. Étude analytique. Tome II: Les contes: les cycles de la mère*, Paris, Presses universitaires de France, 1958, p. 284-297.

BOUTON, Marie-Thérèse et Bertrand VILLAIN, *Une œuvre: «La Vénus d'Ille». Un thème: l'objet magique*, Paris, Hatier, coll. «Œuvres et thèmes», 1990, 128 p.

BOWMAN, Frank, «Narrator and Myth in Mérimée's "Vénus d'Ille"», *French Review*, vol. 33, n° 5, 1960, p. 475-482.

CARION, Jacques, *Jean Ray. Un livre: Le grand nocturne. Une œuvre*, Bruxelles, Labor, 1986, 64 p.

CARPENTER, Scott, «Metaphor and Madness in Mérimée's *La Venus d'Ille*», *Romance Notes*, vol. 27, n° 1, 1986, p. 75-80.

CASTELLA, Charles, «Une divination sociologique: les contes fantastiques de Maupassant (1875-1891)», dans Louis FORESTIER (dir.), *Agencer un univers nouveau*, Paris, Minard, coll. «Lettres modernes», 1976, p. 63-92.

CASTEX, Pierre-Georges et Joseph BOLLERY, «L'intersigne», *Contes cruels: Villiers de L'Isle-Adam. Étude historique et littéraire*, Paris, J. Corti, 1956, p. 244-259.

CHAMBERS, Ross, «Changing Overcoats: Villiers's "L'intersigne" and the Authority of Fiction», *L'esprit créateur*, vol. 28, n° 3, 1988, p. 63-77.

CHAMBERS, Ross, «Violence du récit: Boccace, Mérimée, Cortazar», *Revue canadienne de littérature comparée*, vol. 13, n° 2, 1986, p. 159-186.

COTÉ, Paul Raymond, «L'euphémisation dans *Héloïse* d'Anne Hébert», *Symposium*, vol. 43, n° 3, 1989, p. 172-183.

CROUZET, Michel (dir.), *Villiers de L'Isle-Adam cent ans après (1889-1989)* (Actes du Colloque international organisé en Sorbonne les 26 et 27 mai 1989), Paris, Société des études romantiques, 1990, 162 p.

DELCOURT, Christian, «Jean Ray et le "Magasin Pittoresque"», dans François TRUCHAUD et Jacques van HERP (dir.), *Jean Ray*, Paris, Éditions de l'Herne, 1980, p. 254-262.

DELCOURT, Christian, *Jean Ray ou les choses dont on fait les histoires*, Paris, A.G. Nizet, 1980, 117 p.

FERRY, Jacqueline, «Héloïse dans le métro», *Lettres québécoises*, n° 21, 1981, p. 24-25.

FINNÉ, Jacques, «Jean Ray ou "la cuisine des anges"», dans François TRUCHAUD et Jacques van HERP (dir.), *Jean Ray*, Paris, Éditions de l'Herne, 1980, p. 191-204.

GRIFFITH, Clark, «Poe's "Ligeia" and the English Romantics», dans William L. HOWARTH (dir.), *Twentieth Century Interpretations of Poe's Tales*, Englewood Cliffs, NJ, Prentice-Hall, 1971, p. 63-72.

GUERRERO, Michel, «"La Vénus d'Ille" ou le cryptogramme non déchiffré», *Europe*, n° 557, 1975, p. 77-91.

HERP, Jacques van, «Avec Jean Ray on ne sait jamais», dans François TRUCHAUD et Jacques van HERP (dir.), *Jean Ray*, Paris, Éditions de l'Herne, 1980, p. 36-46.

HERP, Jacques van, « L'univers de Jean Ray », dans François TRUCHAUD et Jacques van HERP (dir.), *Jean Ray*, Paris, Éditions de l'Herne, 1980, p. 216-233.

HERP, Jacques van, « Quelques sources de Jean Ray », dans François TRUCHAUD et Jacques van HERP (dir.), *Jean Ray*, Paris, Éditions de l'Herne, 1980, p. 251-253.

HILLER, Anne, « *La Vénus d'Ille* de Mérimée : figuration d'un dualisme », *Australian Journal of French Studies*, vol. 12, n° 2, 1975, p. 209-219.

IMO, Wiltrud et Mireille MEHLIS, « Présentation et analyse d'un conte fantastique : "La Vénus d'Ille" de Mérimée », *Neusprachliche Mitteilungen aus Wissenschaft und Praxis*, vol. 38, n° 2, 1985, p. 93-98.

JOGUIN, Odile, « Arcanes des couleurs, des formes et des nombres dans les contes fantastiques d'Edgar Poe », dans Jean MARIGNY (dir.). *Ésotérisme et fantastique*, Les cahiers du GERF, n° 3, 1990, p. 143-186.

JUSTIN, Henri, *Poe dans le champ du vertige. Des contes à Eureka : l'élaboration des figures de l'espace*, Paris, Klincksieck, coll. « Études anglo-américaines », 1991, 378 p.

KENNEDY, J. Gerald, « Poe, "Ligeia", and the Problem of Dying Women », dans Kenneth SILVERMAN (dir.), *New Essays on Poe's Major Tales*, Cambridge, Cambridge University Press, 1993, p. 113-129.

LABARRERE, André, « Logique et chronologie dans *L'intersigne* », *Hommage à Pierre Nardin*, Les Belles Lettres, Annales de la Faculté des lettres et sciences humaines de Nice, n° 29, 1987, p. 187-194.

LAUBER, John, « "Ligeia" and Its Critics : A Plea for Literalism », dans William L. HOWARTH (dir.), *Twentieth Century Interpretations of Poe's Tales*, Englewood Cliffs, NJ, Prentice-Hall, 1971, p. 73-77.

LAWRENCE, D.H., « Edgar Allan Poe », *Études sur la littérature classique américaine*, Paris, Seuil, 1948, p. 85-106.

LEMONNIER, Léon, « Villiers de L'Isle-Adam », *Edgar Poe et les conteurs de son temps*, Paris, Aubier, 1947, p. 71-86.

MARCOTTE, Gilles, « Anne Hébert et la sirène du métro », *L'actualité*, vol. 5, n° 6, 1980, p. 82.

MELLERSKI, Nancy C., « Structures of Exchange in Villiers de L'Isle-Adam's "L'intersigne" », dans Olena H. SACIUK (dir.), *The Shape of the Fantastic*, New York, NY, Greenwood Press, 1990, p. 135-142.

MORRIS, D. Hampton, « Variations on a Theme. Five Tales of Horror by Maupassant », *Studies in Short Fiction*, vol. 17, n° 4, 1980, p. 475-481.

NAZAIRE GARANT, France, *Eve ou le cheval de grève. Contribution à l'étude de l'imaginaire d'Anne Hébert*, Québec, Nuit blanche, CRELIQ, coll. «Essais», n° 7, 1988, 183 p.

NÉRY, Alain, «Cruauté et sacrifice dans les "Contes Cruels"», dans Michel CROUZET, *Villiers de L'Isle-Adam cent ans après (1889-1989)*, Paris, Société des études romantiques, 1990, p. 101-108.

OWEN, Thomas, «Présence de Jean Ray», dans Michel OTTEN *et al.*, *Études de littérature française de Belgique* (offertes à Joseph Hanse pour son 75e anniversaire), Bruxelles, Jacques Antoine, 1978, p. 209-215.

PALLISTER, Janis L., «Orphic Elements in Anne Hébert's *Héloïse*», *Québec Studies*, n° 5, 1987, p. 125-134.

PASCO, Allan H., «The Evolution of Maupassant's Supernatural Stories», *Symposium*, vol. 23, n° 2, 1969, p. 150-159.

PATERSON, Janet M., «Héloïse», *Anne Hébert. Architexture romanesque*, Ottawa, Éd. de l'Université d'Ottawa, 1985, p. 155-158.

PESTRE DE ALMEIDA, Lilian, «Héloïse: la mort dans cette chambre», *Voix et images*, vol 7, n° 3, 1982, p. 471-481.

PICARD, Michel, «Notes sur le fantastique de Villiers», *Revue des sciences humaines*, 1959, p. 315-326.

PINTO, Éveline, «Thème et variations romantiques: les paroxysmes du veuf de Ligeia», *Edgar Poe et l'art d'inventer*, Paris, Klincksieck, 1983, p. 124-131.

PIRARD, Père Pierre, «Jean Ray le fantastique», dans François TRUCHAUD et Jacques van HERP (dir.), *Jean Ray*, Paris, Éditions de l'Herne, 1980, p. 205-207.

PORTER, Laurence M., «The Subversion of the Narrator in Mérimée's *La Vénus d'Ille*», *Nineteenth-Century French Studies*, 1982, vol. 10, nos 3-4, p. 268-277.

PUNTER, David, «Edgar Allan Poe: Tales of Dark Heat», dans Clive BLOOM *et al.* (dir.), *Nineteenth-Century Suspense. From Poe to Conan Doyle*, Basingstoke et Londres, Macmillan Press, 1988, p. 1-13.

RAMSLAND, Marie E., «Inspiration avec un sourire ironique: *La Vénus d'Ille* de Mérimée», *Essays in French Literature*, n° 23, 1986, p. 19-28.

RASHKIN, Esther, «Secret Crimes, Haunted Signs: Villiers's *L'intersigne*», *Stanford French Review*, vol. 6, n° 1, 1982, p. 65-76.

RICHARD, Claude, «Les contes de Poe ou les modes de la contamination», dans Edgar Allan POE, *Contes, Essais, Poèmes*, Paris, Robert Laffont, coll. «Bouquins», 1989, p. 57-71.

RISCO, Cristina, «Noces sanglantes chez Mérimée: *La Vénus d'Ille* et *Lokis*», *Littératures*, n° 22, 1990, p. 83-91.

ROY, Lucille, «Héloïse ou la dialectique de la lumière et de l'ombre», *Entre la lumière et l'ombre. L'univers poétique d'Anne Hébert*, Sherbrooke, Éd. Naaman, 1984, p. 155-174.

RUSSEL, Delbert W., «Héloïse (1980)», *Anne Hébert*, Boston, Twayne Publishers, 1983, p. 109-112.

SCHASCH, Nafissa, *Guy de Maupassant et le fantastique ténébreux*, Paris, Nizet, 1983, 222 p.

SIMHON, Jean, *«La Vénus d'Ille»: Prosper Mérimée*, Paris, Bertrand Lacoste, coll. «Parcours de lecture», 1992, 127 p.

UCHERKOWA, Urzula, «La projection du lecteur dans *La Vénus d'Ille* et *Lokis* de Mérimée», dans Alain MONTANDON (dir.), *Le lecteur et la lecture dans l'œuvre*, Clermont-Ferrand, Faculté des lettres et sciences humaines de l'Université de Clermont-Ferrand, 1982, p. 35-42.

VERHESEN, Fernand, «L'écriture de Jean Ray», dans François TRUCHAUD et Jacques van HERP (dir.), *Jean Ray*, Paris, Éditions de l'Herne, 1980, p. 211-215.

VIEGNES, Michel, «Le retour des anciens dieux: la rêverie mythologique dans "La Vénus d'Ille"», *Nineteenth-Century French Studies*, vol. 20, n°s 3-4, 1992, p. 283-294.

VUIJLSTEKE, Marc, «Les univers intercalaires de Jean Ray», dans François TRUCHAUD et Jacques van HERP (dir.), *Jean Ray*, Paris, Éditions de l'Herne, 1980, p. 234-247.

Ouvrages et articles théoriques

ABRAHAM, Bertrand, «À propos de la relecture», dans Groupe de recherches en linguistique et en sémiotique, *Semen 1: Lecture et lecteur*, Paris, Les Belles-Lettres, 1983, p. 83-104.

ALTIERI, Charles, «Literary Procedures and the Question of Indeterminacy», *Act and Quality: A Theory of Literary Meaning and Humanistic Understanding*, Amherst, MA, University of Massachusetts Press, 1981, p. 214-237.

BACHELARD, Gaston, *L'eau et les rêves. Essai sur l'imagination de la matière*, Paris, J. Corti, 1942, 265 p.

BAHTI, Timothy, «Ambiguity and Indeterminacy: The Juncture», *Comparative Literature*, vol. 38, n° 3, 1986, p. 209-223.

BARONIAN, Jean-Baptiste, *Panorama de la littérature fantastique de langue française*, Paris, Stock, 1978, 334 p.

BARTHES, Roland, «Sur la lecture», *Le bruissement de la langue. Essais critiques IV*, Paris, Seuil, 1984, p. 33-36.

BARTHES, Roland, *S/Z*, Paris, Seuil, coll. «Points», 1984 [1970], 413 p.

BARTHES, Roland, «Analyse textuelle d'un conte d'Edgar Poe», dans Claude CHABROL (dir.), *Sémiotique narrative et textuelle*, Paris, Larousse, 1973, p. 29-54.

BARTHES, Roland, *Le plaisir du texte*, Paris, Seuil, coll. «Points», 1973.

BARTHES, Roland, «L'effet de réel», *Communications*, n° 11, 1968, p. 84-89.

BELLEMIN-NOËL, Jean, «Notes sur le fantastique», *Littérature*, n° 8, 1972, p. 3-23.

BELLEMIN-NOËL, Jean, «Des formes fantastiques aux thèmes fantastiques», *Littérature*, n° 2, 1971, p. 103-118.

BELLERT, Irène, «On Condition for Text Coherence», *Semiotica*, vol. 2, n° 4, 1970, p. 353-363.

BESSIERE, Irène, *Le récit fantastique. La poétique de l'incertain*, Paris, Larousse, 1974, 256 p.

BOIVIN, Aurélien, Maurice ÉMOND et Michel LORD (dir.), *Les ailleurs imaginaires. Les rapports entre le fantastique et la science-fiction*, Québec, Nuit blanche, coll. «Les cahiers du CRELIQ», 1993, 306 p.

BOIVIN, Aurélien, Maurice ÉMOND et Michel LORD (dir.), *Bibliographie analytique de la science-fiction et du fantastique québécois (1960-1985)*, Québec, Nuit blanche, coll. «Les cahiers du CRELIQ», 1992, 577 p.

BOUVET, Rachel, «Le déchiffrement des incohérences au cœur de l'énigme», dans Bertrand GERVAIS et Jean VALENTI (dir.), *Scalaire et lecture*, prépublication, Montréal, GREL (Groupe de recherche sur la lecture), «Recherches et documents», n° 9, 1994, p. 35-49.

BOUVET, Rachel, «La variation des représentations de l'action: l'*Iliade* et ses versions», *RS/SI*, vol. 12, n° 3, 1992, p. 25-48.

BOUVET, Rachel, Ghislaine THÉBERGE et Jean VALENTI, *Bibliographie annotée sur la lecture* (3e édition), prépublication, Montréal, GREL (Groupe de recherche sur la lecture), «Recherches et documents», n° 5, 1994, 134 p.

BRINKER, Menachem, «Two Phenomenologies of Reading. Ingarden and Iser on Textual Indeterminacies», *Poetics Today*, vol. 1, n° 4, 1980, p. 203-212.

BROOKE-ROSE, Christine, *A Rhetoric of the Unreal. Studies in Narrative and Structure, Especially of the Fantastic*, New York et Londres, Cambridge University Press, 1981, 446 p.

CAILLOIS, Roger, *Obliques précédé de Images, images...*, Paris, Stock, 1975, 256 p.

CAILLOIS, Roger, *Anthologie du fantastique*, Paris, Gallimard, 1966, 2 tomes.

CAILLOIS, Roger, «Au cœur du fantastique», *Cohérences aventureuses*, Paris, Gallimard, coll. «Idées», 1965, p. 69-192.

CALINESCU, Matei, *Rereading*, New Haven et Londres, Yale University Press, 1993, 327 p.

CASTEX, Pierre-Georges, *Le conte fantastique en France de Nodier à Maupassant*, Paris, J. Corti, 1987, 468 p.

CHAMBERS, Ross, «Le texte difficile et son lecteur», dans Lucien DALLENBACH et Jean RICARDOU (dir.), *Problèmes actuels de la lecture*, Paris, Clancier-Guénaud, coll. «Bibliothèque des signes», 1982, p. 81-93.

CHAMBERS, Ross, «La lecture comme hantise: *Spirite* et *Le Horla*», *Revue des sciences humaines*, vol. 1, n° 177, 1980, p. 105-117.

CHARLES, Michel, *Rhétorique de la lecture*, Paris, Seuil, coll. «Poétique», 1977, 297 p.

CHAROLLES, Michel, «Text Coherence and Text Interpretation Processing», dans M. CONTE, J.S. PETOFI et E. SOZER (dir.), *Text and Discourse Connectedness*, Amsterdam, Johns Benjamins, 1989, p. 377-386.

CHAROLLES, Michel, «Coherence as a Principle in the Interpretation of Discourse», *Text*, vol. 3, n° 1, 1983, p. 71-97.

CHAROLLES, Michel, «Sur la compréhension des énoncés en langage naturel», *Cahiers du CRELEF*, n° 3, 1981, p. 25-41.

CHAROLLES, Michel, «Introduction aux problèmes de la cohérence des textes», *Langue française*, n° 38, 1978, p. 7-41.

CHARTIER, Roger (dir.), *Pratiques de la lecture*, Marseille, Rivages, 1985, 241 p.

CIXOUS, Hélène, «La fiction et ses fantômes. Une lecture de l'"Unheimliche" de Freud», *Poétique*, n° 10, 1972, p. 199-216.

COLLINS, Christopher, *The Poetics of the Mind's Eye. Literature and the Psychology of Imagination*, Philadelphia, University of Pennsylvania Press, 1991, 188 p.

COOK, Deborah, «Reading for Pleasure», *Poetics Today*, vol. 8, n°s 3-4, 1987, p. 557-563.

CROQUET, Jean-Pierre, «Fantastique et policier», *Proxima*, nº 4, 1985, p. 53-62.

CULLER, Jonathan, «Hedonist», *Roland Barthes*, New York, NY, Oxford University Press, 1983, p. 91-100.

CURY, Maurice, «La notion du temps dans la nouvelle», *Europe*, vol. 47, nº 482, 1969, p. 89-92.

DALLENBACH, Lucien et Jean RICARDOU (dir.), *Problèmes actuels de la lecture*, Paris, Clancier-Guénaud, coll. «Bibliothèque des Signes», 1982, 219 p.

DENHIERE, Guy (dir.), *Il était une fois... compréhension et souvenirs de récits*, Lille, Presses universitaires de Lille, 1984, 410 p.

DENIS, Michel, *Image et cognition*, Paris, Presses universitaires de France, coll. «Psychologie d'aujourd'hui», 1989, 284 p.

DENTAN, Michel, «Villiers de L'Isle-Adam, entre la dérision et l'ineffable», *Le texte et son lecteur*, Lausanne, L'aire critique, 1983, p. 33-55.

DOVE, George, *Suspense in the Formula Story*, Bowling Green, Bowling Green University Popular Press, 1989, 137 p.

DUMAS, Pierre, «Philosophie et fantastique», *Horizons du fantastique*, nº 16, 1971, p. 60-62.

DUPERRAY, Max (dir.), *Du fantastique en littérature : figures et figurations*, Aix-en-Provence, Université de Provence, 1990, 212 p.

DURAND, Gilbert, *Les structures anthropologiques de l'imaginaire. Introduction à l'archétypologie générale*, Paris, Dunod, 1990 [1960], 536 p.

ECO, Umberto, *Les limites de l'interprétation*, Paris, Grasset, 1992, 406 p.

ECO, Umberto, *Lector in fabula. Le rôle du lecteur ou la coopération interprétative dans les textes narratifs*, Paris, Grasset et Fasquelle, 1985, 315 p.

ECO, Umberto, *L'œuvre ouverte*, Paris, Seuil, 1965, 314 p.

ÉMOND, Maurice (dir.), *Les voies du fantastique québécois*, Québec, Nuit blanche, coll. «Séminaires», 1990, 244 p.

ÉMOND, Maurice, «Le fantastique au Québec : le XXe siècle», *Québec français*, nº 50, 1983, p. 27-31.

FABRE, Jean, «Pour une sociocritique du fantastique et de la science-fiction», dans Aurélien BOIVIN, Maurice ÉMOND et Michel LORD (dir.), *Les ailleurs imaginaires. Les rapports entre le fantastique et la science-fiction*, Québec, Nuit blanche, coll. «Les cahiers du CRELIQ», 1993, p. 109-120.

FABRE, Jean, *Le miroir de sorcière. Essai sur la littérature fantastique*, Paris, Corti, 1992, 517 p.

FAIVRE, Antoine, «Genèse d'un genre narratif, le fantastique (essai de périodisation)», dans Antoine FAIVRE (dir.), *La littérature fantastique* (actes du colloque de Cerisy), Paris, Albin Michel, coll. «Cahiers de l'hermétisme», 1991, p. 15-43.

FAIVRE, Antoine (dir.), *La littérature fantastique* (actes du colloque de Cerisy), Paris, Albin Michel, coll. «Cahiers de l'hermétisme», 1991, 247 p.

FINNÉ, Jacques, *La littérature fantastique. Essai sur l'organisation surnaturelle*, Bruxelles, Éditions de l'Université de Bruxelles, 1980, 216 p.

FREUD, Sigmund, «Au-delà du principe de plaisir», *Essais de psychanalyse*, Paris, Payot, coll. «Petite bibliothèque Payot», 1985, p. 7-81.

FREUD, Sigmund, *L'inquiétante étrangeté et autres essais*, Paris, Folio, coll. «Essais», 1985, 340 p.

FUCHS, Catherine, «Ambiguïté, vague, polysémie et continu», *Quaderni-di-Semantica*, vol. 8, n° 2, 1987, p. 299-305.

FUCHS, Catherine (dir.), *Aspects de l'ambiguïté et de la paraphrase dans les langues naturelles*, Berne, Peter Lang, 1985, 215 p.

FUCHS, Catherine et Pierre LE GOFFIC, «Ambiguïté, paraphrase et interprétation», *Modèles linguistiques*, 1re partie - vol. 2, 1983, p. 109-136 ; 2e partie - vol. 7, 1985, p. 27-51.

GADAMER, Hans-Georg, *Vérité et méthode. Les grandes lignes d'une herméneutique philosophique*, Paris, Seuil, coll. «L'ordre philosophique», 1976 [1960], 347 p.

GERVAIS, Bertrand, *À l'écoute de la lecture*, Montréal, VLB éditeur, coll. «Essais critiques», 1994, 238 p.

GERVAIS, Bertrand, *Récits et actions. Pour une théorie de la lecture*, Longueuil, Le Préambule, coll. «L'Univers des discours», 1990, 411 p.

GLOWINSKI, Michael, «Reading, Interpretation, Reception», *New Literary History*, vol. 11, n° 1, 1979, p. 75-82.

GOIMARD, Jacques et Roland STRAGLIATI, *La grande anthologie du fantastique*, Paris, Presses Pockett, 1977, 8 volumes.

GOODMAN, Nelson, *Ways of Worldmaking*, Indianapolis, Hackett Publishing Company, 1978, 142 p.

GRIVEL, Charles, «Horreur et terreur : philosophie du fantastique», dans Antoine FAIVRE (dir.), *La littérature fantastique* (actes du colloque de Cerisy), Paris, Albin Michel, coll. «Cahiers de l'hermétisme», 1991, p. 170-187.

HEATH, Stephen, *Vertige du déplacement. Lecture de Barthes*, Paris, Fayard, 1974, 214 p.

HOLUB, Robert C., *Reception Theory. A Critical Introduction*, Londres et New York, Methuen, coll. «New Accents», 1984, 189 p.

INGARDEN, Roman, *L'œuvre d'art littéraire*, Lausanne, L'âge d'homme, coll. «Slavica», 1983, 341 p.

INGARDEN, Roman, *On the Cognition of the Literary Work*, Evanston, IL, Northwestern University Press, 1973, 436 p.

ISER, Wolfgang, «Indeterminacy and the Reader», *Prospecting: From Reader Response to Literary Anthropology*, Baltimore, The John Hopkins University Press, 1989, p. 3-30.

ISER, Wolfgang, *L'acte de lecture. Théorie de l'effet esthétique*, Bruxelles, Mardaga, coll. «Philosophie et langage», 1985, 405 p.

JACKSON, Rosemary, *Fantasy: The Literature of Subversion*, New York et Londres, Methuen, coll. «New Accents», 1982, 211 p.

JAMES, D.L., *Wolfgang Iser's Concept of Indeterminacy and its Application to Stendhal's Fiction*, thèse en philosophie, Université d'East Anglia, 1988, 200 f.

JAUSS, Hans Robert, *Pour une herméneutique littéraire*, Paris, Gallimard, coll. «Bibliothèque des idées», 1988, 457 p.

JAUSS, Hans Robert, «La jouissance esthétique. Les expériences fondamentales de la poiesis, de l'aithesis et de la catharsis», *Poétique*, vol. 10, n° 39, 1979, p. 261-274.

JAUSS, Hans Robert, *Pour une esthétique de la réception*, Paris, Gallimard, coll. «Tel», 1978, 305 p.

KERBRAT-ORECCHIONI, Catherine, *L'implicite*, Paris, A. Colin, 1986, 403 p.

KINCAID, James R., «Coherent Readers, Incoherent Texts», *Critical Inquiry*, n° 3, 1977, p. 781-802.

KOELB, Clayton, *The Incredulous Reader. Literature and the Function of Disbelief*, Ithaca, Cornell University Press, 1984, 239 p.

LE BRAZ, Anatole, *La légende de la mort chez les Bretons armoricains*, Paris, Honoré Champion, 1990 [1893], 448 p.

LECARME, Jacques et Bruno VERCIER (dir.), *Maupassant: miroir de la nouvelle* (actes du colloque de Cerisy), Paris, Presses universitaires de Vincennes, 1988, 284 p.

LECARME-TABONE, Eliane, «Énigme et prostitution», dans Jacques LECARME et Bruno VERCIER (dir.), *Maupassant: miroir de la nouvelle* (actes du colloque de Cerisy), Paris, Presses universitaires de Vincennes, 1988, p. 111-123.

LÉVY, Maurice, «Le roman gothique, genre anglais», *Europe*, n° 659, 1984, p. 5-13.

LÉVY, Maurice, «Gothique et fantastique», *Europe*, n° 611, 1980, p. 41-48.

LÉVY, Maurice, «De la spécificité du texte fantastique», *Recherches anglaises et américaines*, n° 6, 1973, p. 3-13.

LORD, Michel, *La logique de l'impossible. Aspects du discours fantastique québécois*, Québec, Nuit blanche, 1995, 361 p.

LOVECRAFT, H.P., *Épouvante et surnaturel en littérature*, Paris, Christian Bourgois, 1969, 164 p.

MALRIEU, Joël, *Le fantastique*, Paris, Hachette supérieur, coll. «Contours littéraires», 1992, 160 p.

MAN, Paul de, *Allégories de la lecture*, Paris, Galilée, coll. «La philosophie en effet», 1989, 358 p.

MARIGNY, Jean (dir.), *Ésotérisme et fantastique*, Les cahiers du GERF, n° 3, 1990, 265 p.

MAUPASSANT, Guy de, «Le fantastique», *Le Gaulois*, 7 octobre 1883.

McGRAW, Betty, «Barthes's *The Pleasure of the Text*: An Erotics of Reading», *Boundary* 2, vol. 5, n° 3, 1977, p. 943-952.

MELLIER, Denis, *L'écriture de l'excès: fiction fantastique et poétique de la terreur*, Paris, H. Champion, 1999.

MIALL, David S., «Beyond the Schema Given: Affective Comprehension of Literary Narratives», *Cognition and Emotion*, vol. 3, n° 1, 1989, p. 55-78.

MIALL, David S., «Affect and Narrative. A Model of Response to Stories», *Poetics*, n° 17, 1988, p. 259-272.

MIALL, David S., «The Inderminacy of Literary Texts: The View from the Reader», *Journal of Literary Semantics*, n° 17, 1988, p. 155-171.

MICHAUD, Ginette, *Lire le fragment. Transfert et théorie de la lecture chez Roland Barthes*, Montréal, Hurtubise HMH, coll. «Brèches», 1989, 321 p.

MOLINO, Jean, «Trois modèles d'analyse du fantastique», *Europe*, n° 611, 1980, p. 12-26.

MORIN, Lise, *La nouvelle fantastique québécoise de 1960 à 1985. Entre le hasard et la fatalité*, Québec, Nuit blanche, 1996, 301 p.

NAVET, Michèle et Jean-Luc NESPOULOS, «Fonctionnement de la cohérence. Études de textes littéraires et pathologiques», *RS/SI*, vol. 3, n° 2, 1983, p. 141-158.

PARADIS, Andrea (dir.), *Visions d'autres mondes. La littérature fantastique et de science-fiction canadienne*, s.l., Quarry Press et Bibliothèque nationale du Canada, 1995, 286 p.

PICARD, Michel et Didier ANZIEU (dir.), *La lecture littéraire*, Paris, Clancier-Guénaud, coll. «Bibliothèque des signes», 1987, 328 p.

PICARD, Michel, *La lecture comme jeu. Essai sur la littérature*, Paris, Minuit, coll. «Critique», 1986, 319 p.

PONNAU, Gwenhaël, *La folie dans la littérature fantastique*, Toulouse, Éditions du CNRS, 1987, 355 p.

PONNAU, Gwenhaël, «La perte du sens et le blanc du texte: l'envers du décor», *La licorne*, n° 10, 1985, p. 81-95.

PRINCE, Gerald, «Introduction à l'étude du narrataire», *Poétique*, n° 14, 1973, p. 178-196.

REINHART, Tanya, «Conditions for Text Coherence», *Poetics Today*, vol. 1, n° 4, 1980, p. 161-180.

RICŒUR, Paul, *Temps et récit* (3 vol.), Paris, Seuil, coll. «Essais», 1983-1985.

RIFFATERRE, Michael, *Sémiotique de la poésie*, Paris, Seuil, coll. «Poétique», 1983, 254 p.

RIFFATERRE, Michael, «L'illusion référentielle», dans Roland BARTHES (dir.), *Littérature et réalité*, Paris, Seuil, coll. «Points», 1982, p. 91-118.

RIFFATERRE, Michael, *Essais de stylistique structurale*, Paris, Flammarion, coll. «Nouvelle bibliothèque scientifique», 1971, 365 p.

RIMMON, Shlomith, *The Concept of Ambiguity – The Example of James*, Chicago, IL, The University of Chicago Press, 1974, 257 p.

ROUSSET, Jean, «La question du narrataire», dans Lucien DALLENBACH et Jean RICARDOU (dir.), *Problèmes actuels de la lecture*, Paris, Clancier-Guénaud, coll. «Bibliothèque des signes», 1982, p. 23-34.

ROUSTANG, François, «De la relecture», *Modern Language Notes*, vol. 101, n° 4, 1986, p. 796-807.

SAINT-GELAIS, Richard, «"Je le quittai sans qu'il eût achevé de la lire..." Lecture, relecture et fausse lecture du roman policier», *Tangence*, n° 36, 1992, p. 63-74.

SCHNEIDER, Marcel, *Histoire de La littérature fantastique en France*, Paris, A. Fayard, 1985, 425 p.

SMITH, Allan Gardner, «The Occultism of the Text», *Poetics Today*, 1982, n°s 3-4, p. 5-20.

SPEHNER, Norbert, *Écrits sur le fantastique*, Longueuil, Le Préambule, 1986, 349 p.

STEINMETZ, Jean-Luc, *La littérature fantastique*, Paris, Presses universitaires de France, coll. «Que sais-je?», 1990, 126 p.

STURGES, Robert S., «Indeterminacy of Literary Meaning and Medieval Culture», *Medieval Interpretation. Models of Reading in Literary Narrative. 1100-1500,* Carbondale, Southern Illinois University Press, 1991, p. 1-31.

SULEIMAN, Susan R. et Inge CROSMAN (dir.), *The Reader in the Text. Essays on Audience and Interpretation*, Princeton, Princeton University Press, 1980, 441 p.

THÉRIEN, Gilles, «Lire, comprendre, interpréter», *Tangence*, n° 36, 1992, p. 96-104.

THÉRIEN, Gilles, «Pour une sémiotique de la lecture», *Protée*, vol. 18, n° 2, 1990, p. 67-80.

TODOROV, Tzvetan, *Symbolisme et interprétation*, Paris, Seuil, coll. «Poétique», 1978, 167 p.

TODOROV, Tzvetan, *Introduction à la littérature fantastique*, Paris, Seuil, coll. «Points», 1970, 188 p.

TOMPKINS, Jane P. (dir.), *Reader-Response Criticism. From Formalism to Post-Structuralism*, Baltimore et Londres, The Johns Hopkins University Press, 1980, 275 p.

TROUSSON, Raymond, «Jean Ray et le "discours fantastique": *Malpertuis*», dans Michel OTTEN *et al.*, *Études de littérature française de Belgique* (offertes à Joseph Hanse pour son 75e anniversaire), Bruxelles, Jacques Antoine, 1978, p. 201-208.

TRUCHAUD, François et Jacques van HERP (dir.), *Jean Ray*, Paris, Éditions de l'Herne, 1980, 415 p.

TURNER, Mark, *Reading Minds. The Study of English in the Age of Cognitive Science*, Princeton, NJ, Princeton University Press, 1991, 298 p.

VAILLANCOURT, Daniel, «Littérature et théories de la cohérence: un rendez-vous reporté», *RS/SI*, vol. 10, n° 2, 1990, p. 57-72.

VANDENDORPE, Christian, «Pouvoirs du héros et rationalité dans le fantastique et la science-fiction», dans Aurélien BOIVIN, Maurice ÉMOND et Michel LORD (dir.), *Les ailleurs imaginaires. Les rapports entre le fantastique et la science-fiction*, Québec, Nuit blanche, coll. «Les cahiers du CRELIQ», 1993, p. 243-263.

VANDENDORPE, Christian, «Effets de filtre en lecture littéraire», *Tangence*, n° 36, 1992, p. 19-33.

VANDENDORPE, Christian, *Apprendre à lire des fables. Une approche sémio-cognitive*, Longueuil, Le Préambule, coll. «L'Univers des discours», 1989, 191 p.

VAX, Louis, *Les chefs-d'œuvre de la littérature fantastique*, Paris, Presses universitaires de France, 1979, 230 p.

VAX, Louis, *La séduction de l'étrange. Étude sur la littérature fantastique*, Paris, Presses universitaires de France, coll. «Quadrige», 1965, 313 p.

VET, Co, *Temps, aspects et adverbes de temps en français contemporain. Essai de sémantique formelle*, Genève, Droz, 1980, 185 p.

WALTON, Kendall, «Fearing Fictions», *The Journal of Philosophy*, vol. 75, nº 1, 1978, p. 5-27.

WARNKE, Georgia, *Gadamer. Herméneutique, tradition et raison*, Bruxelles, De Boeck-Wesmael, coll. «Le point philosophique», 1991, 217 p.

WATTÉE-DELMOTTE, Myriam, *Villiers de L'Isle-Adam et l'hégélianisme : étude textuelle de Véra*, Louvain-la-Neuve, Unité de littérature française, 1984, 51 p.

MARQUIS
Marquis imprimeur inc.

Québec, Canada
2007

Imprimé sur du papier Silva Enviro 100% postconsommation traité sans chlore, accrédité Éco-Logo et fait à partir de biogaz.

certifié

procédé sans chlore

100 % post-consommation

PERMANENT
archives permanentes

BIO GAZ ÉNERGIE
énergie biogaz